油气田区高瓦斯长大高速铁路隧道施工关键技术研究

徐世权 ◎ 编著

西南交通大学出版社
·成　都·

图书在版编目（CIP）数据

油气田区高瓦斯长大高速铁路隧道施工关键技术研究 / 徐世权编著. —成都：西南交通大学出版社，2023.5
ISBN 978-7-5643-9273-4

Ⅰ. ①油… Ⅱ. ①徐… Ⅲ. ①高速铁路－铁路隧道－瓦斯隧道－隧道施工－研究 Ⅳ. ①U459.1

中国国家版本馆 CIP 数据核字（2023）第 078456 号

Youqitianqu Gaowasi Changda Gaosu Tielu Suidao Shigong Guanjian Jishu Yanjiu
油气田区高瓦斯长大高速铁路隧道施工关键技术研究

徐世权　编著

责任编辑	王　旻
特邀编辑	孟苏成
封面设计	GT 工作室
出版发行	西南交通大学出版社 （四川省成都市金牛区二环路北一段 111 号 西南交通大学创新大厦 21 楼）
发行部电话	028-87600564　028-87600533
邮政编码	610031
网　　址	http://www.xnjdcbs.com
印　　刷	成都中永印务有限责任公司
成品尺寸	170 mm × 230 mm
印　　张	14.5
字　　数	216 千
版　　次	2023 年 5 月第 1 版
印　　次	2023 年 5 月第 1 次
书　　号	ISBN 978-7-5643-9273-4
定　　价	68.00 元

成都至自贡铁路线路正线（简称成自线）北起成都东站，经成都天府站、天府机场站、资阳西、资中西、威远，终点接拟建川南城际铁路自贡东站。该线通过川南城际自贡至宜宾段接规划渝昆铁路，共同构成川西、西北等地区至云南的快速客运通道；是成都（天府新区）与重庆间第二客运通道的重要组成部分；是成都（天府新区）与贵州、华南等地区间客运交通的重要通道；同时该线路还满足了沿线地区间城际客运交流，缩短了地区间的时空距离。

龙泉山一号隧道为该路线中穿越油气田区的特长双线单洞高瓦斯隧道，隧道长 8 456 m，最大埋深约 285 m，矿山法施工。隧道瓦斯区段长度占比高达 100%，富含油气瓦斯，设计最大绝对瓦斯涌出量达 5.1 m^3/min，施工期发生瓦斯爆炸和瓦斯燃烧风险极高。

龙泉山一号隧道的建设从勘察设计到土建施工等全过程都受到各方的高度重视，进行了充分的研究论证，为后续施工安全提供了强有力的技术保证。工程实施也得到了各方的支持，为工程施工提供了强大保障，中铁十九局集团有限公司及全体建设者充分发扬“铁军”精神，敢于打攻坚战、不畏艰难，把龙泉山一号隧道打造成为一项精品工程、安全工程。

本书通过对龙泉山一号隧道施工的关键技术研究，开展油气型高瓦斯隧道瓦斯喷涌超前地质预报，掌握构造裂隙导气构造的超前探测方法，形成油气田区瓦斯隧道精准地质预报系统工作方法；通过研究油气型高瓦斯隧道施工期智能通风技术、油气型高瓦斯隧道施工期瓦斯浓度监测方法及预警管理研究，将现有瓦斯隧道施工技术进一步创新和完善。

目前国内油气型长大高瓦斯隧道施工经验较少，缺乏成套关键技术，需研究加以解决。希望通过对龙泉山一号油气田区高瓦斯隧道的关键技术研究，能创造良好的经济效益和社会效益，并为下一步指导同类工程施工积累经验，为进一步提高铁路建设水平起到借鉴和参考作用。

作　者

2023 年 2 月

目录

第 1 章
绪　论

1.1 研究背景

我国作为一个多山的国家，山地和重丘在全部国土面积中占了大约75%，而交通线路在穿越山区时必然需要修建大量的隧道工程，隧道工程建设中不可避免地要遇到穿越煤系地层和赋存瓦斯的地区。我国在大量的瓦斯隧道建设过程中，既积累了丰富的经验，也有过深刻的教训。南昆铁路的家竹箐隧道、内昆铁路的朱嘎隧道、水柏铁路的发耳隧道、宜万铁路的野三关隧道、合武铁路的红石岩隧道、广蓥高速的华蓥山隧道、都汶高速的紫坪铺隧道是近几年修建的瓦斯隧道，在修建瓦斯隧道时存在两个巨大风险：① 有瓦斯爆炸的可能；② 瓦斯压力高的地层有瓦斯突出的可能。这些隧道在修建过程中都遇到了诸如瓦斯窒息、燃烧、爆炸事故和瓦斯突出的危险。

瓦斯灾害事故在煤矿中频频发生，过去在修建铁路隧道时，都尽可能采取避绕措施避开瓦斯地质区，只有代价巨大时才不得不从瓦斯地层中穿过。21世纪以来，我国隧道与地下工程得到了长足的发展。仅据铁路系统统计，2018年新增开通运营线路隧道550座，总长1 005 km。其中，长度10 km以上的特长隧道12座，总长约144 km；在建铁路隧道3 477座，总长7 465 km。规划隧道6 327座，总长15 634 km[1]。随着我国交通运输事业的不断发展，在有瓦斯地区通过并修筑隧道的机会越来越多，穿越多高瓦斯地区的隧道也不断增加。据不完全统计，2000年至2013年，我国修建的瓦斯隧道已有70余座，其中长度3 km以上隧道就有43座。

油气型瓦斯不同于一般的类似于煤层一样的瓦斯储存载体，特别是构造连通型瓦斯隧道主要以游离瓦斯为主，其特征是压力低、流量低而稳定、分布不均匀、瓦斯涌出的随机性很强，由于其分布运移规律极其复杂、瓦斯聚集和涌出随机性大，在施工过程中的风险极高，一旦发生事故将造成大量的人员伤亡及经济损失，后果异常严重。

基于以上背景，结合龙泉山一号隧道工程实际情况，本书对油气田区高瓦斯隧道在施工过程中的关键控制技术做了一定的研究，希望通过本研究，为以后类似隧道的修建提供参考。

1.2 国内外研究现状

国内外对于油气田区瓦斯隧道施工技术的研究非常有限，现有的研究文献主要是集中在油气田区瓦斯的生成、汇聚、储量等勘查阶段技术工作，以及对于隧道施工危害的定性或者定量的研究。而在施工过程中所采取的技术手段，则借鉴煤矿区施工对于瓦斯的防护措施。

1.2.1 国内研究现状

闫光明[2]于 1994 年 4 月 3—4 日达成铁路炮台山隧道发生非煤系瓦斯爆炸，造成重大伤亡事故后，在总结专家意见的基础上，认为浅层天然气分布规律极其复杂，带有很大的偶然性，建议成立专门的研究机构，填补这一空白，以修订和补充《铁路瓦斯隧道施工安全技术暂行规定》。他在“炮台山隧道施工中的瓦斯治理”一文中，对炮台山隧道瓦斯赋存的机理进行了分析，认为隧道穿越的上侏罗统蓬莱镇组地层存在圈闭构造带，汇集了来自下方 3 000 m 的须家河组地层生成的天然气。开挖过程表明，构造带内瓦斯含量具有极大的随机性。文章还介绍了强通风、超前水平钻探、瓦斯监测等有效预防瓦斯爆炸的技术手段。

姚海波[3]于 2010 年在成简快速路龙泉山二号隧道施工过程中，通过对龙泉山区域地质构造的研究，在认清隧址区地质构造格架的基础上，采用地质分析、物探和钻探相结合的方法，准确预报了赋存瓦斯的断层、节理构造带，成功避免了瓦斯地质灾害，保证了施工的安全。

苏培东[4]等于 2013 年研究认为，龙泉山是具备油气生储盖组合的含油气构造，隧道所处的构造位置和围岩地层是决定隧道瓦斯含量高低的决定因素。在区域构造分析的基础上，给出了 7 个构造高点。认为隧道离含油气构造高点越近，在穿越裂隙发育的地层时，其钻孔天然气浓度越高，隧道受浅层天然气危害越大。

王光能[5]于 2014 年在对云桂铁路老石山隧道构造地质条件研究的基础上，结合隧道开挖前后天然气浓度检测结果分析认为，浅层天然气主要来源于隧道底板下深部岩层，而隧道洞身岩层可能已受油气浸染，在个别地段有富集的可能；最后通过对天然气分布特征及形成模式的分析研究得出，老石山隧道浅层天然气的成因模式，即气体来源于深部志留系和寒武系筇竹寺组的页岩天然气，沿龙泉寺断裂带向上运移至隧道溢出。

岳志勤[6]等在2015年对成贵铁路勘察过程中，对川南、川西南线路地质条件进行了勘察研究，认为油气储集主要为裂隙、孔隙型，油气垂向运移浸染上部盖层，使得浅表红层砂泥岩中普遍含有天然气，且在垂向上深度与含气量呈正相关关系，部分深大裂隙具有导气功能。地面以下 70 m可作为本地区瓦斯风化带界线。通过隧道浅层天然气单位时间最大涌出量估算，确定3座高瓦斯隧道和22座低瓦斯隧道。

王威[7]等研究发现川西坳陷洛带气田沙溪庙组砂岩地层是浅层天然气主要储气层。袁慧强调油气田区瓦斯不同于煤层瓦斯，其分布特征是分散、随机，无处不在，地质构造只要有断层、节理发育带存在，通常就会有瓦斯溢出。

1.2.2 国外研究现状

在国外，Wheeler 和 Sills[8]对含有封闭大气泡的黏性土进行系统研究后发现，黏土中封闭的大气泡将对土体变形性质产生两方面影响：

（1）气泡会增加土的压缩性，可能引起膨胀，地基的沉降也随之增加，因而浅层天然气也是引起崩塌、滑动和沉降的原因之一。

（2）气泡也破坏了土的骨架结构和阻断地下水的流动，影响沉积物的渗透性，当土体长期得不到固结时，土的承载力将降低；当土体受到外荷作用时，气泡周围的土体骨架中会产生应力集中，造成土体抗剪强度降低，气泡越多，土体抗剪强度下降也越大。

1.2.3 总　结

上述研究主要集中在瓦斯赋存、运移的地质条件，对于与隧道施工紧密相关的关键技术，还没有专门的研究。在实际施工中，都是采用煤矿瓦斯防护的做法。

2019年，国家铁路局发布了《铁路瓦斯隧道技术规范》（TB 10120—

2019)，其各项内容完全是针对煤系地层瓦斯防护和揭煤施工，对于油气田区瓦斯的致灾机理和防护措施，并没有系统地涉及。

2020 年，交通部发布了《公路瓦斯隧道设计与施工技术规范》(JTC/T 3374—2020)，其主要内容涉及公路瓦斯隧道勘察、设计、施工、揭煤防突、施工安全管理、运营管理、质量检验、工程验收等，也是针对煤层瓦斯的公路隧道技术标准。

综上所述，对于油气型高瓦斯长大隧道施工关键技术的研究还停留在初级阶段。由于缺乏对油气田瓦斯产生机制、赋存和运移规律的深入研究，没有建立对隧道围岩中瓦斯含量、可能溢出量和溢出速度准确的评价方法，因而无法建立瓦斯隧道分级标准和设防标准。因此，加强油气型高瓦斯长大高速铁路隧道施工关键技术的研究，已显得刻不容缓。

1.3 研究内容与意义

在隧道施工过程中，通过瓦斯地层时风险非常高，隧道内一旦发生瓦斯爆炸或者瓦斯突出等灾害事故，往往会造成极大的生命财产损失和极其恶劣的社会影响，后果十分严重。杜绝隧道瓦斯灾害事故的发生，已经成为我国瓦斯隧道建设的一个急需解决的问题。

国内外已有的瓦斯隧道建设中多数为煤层瓦斯隧道，而龙泉山一号隧道为油气田区瓦斯隧道，特别是铁路瓦斯隧道施工过程中如何控制瓦斯的突出，至今未有较为完善的施工技术措施，对于施工和安全监控来说，难度比较大。

隧道施工过程中控制瓦斯浓度的措施主要有瓦斯涌出超前预测预报、智能通风、瓦斯浓度实时监测及预警管理。油气型瓦斯没有类似于煤层一样的瓦斯储存载体，特别是构造连通型瓦斯隧道主要以游离瓦斯为主，其特征是压力低、流量低而稳定、分布不均匀、瓦斯涌出的随机性很强[9]，由于其分布运移规律极其复杂、瓦斯聚集和涌出随机性大，目前尚无非常有效的精确超前预测预报手段，仍然以常规的超前地质预报手段为主，对瓦斯的预报是其中的一个关键技术问题。通风是保证瓦斯隧道安全施工的最重要手段，油气田瓦斯隧道瓦斯动态涌出随机性大，其需求的风量也相应变化，常规压入式通风方式不能实时响应瓦斯涌出量的动态变化下的风量需求，因而从经济角度出发，应充分利用信息化监测技术，对关键地段的风速进行实时监测，开展智能通风技术研究，及时调整主通风机的功率，并对通风效果反馈实时评价，做到通风系统的工作状态的健康自诊断，有效控制瓦斯浓度。瓦斯隧道施工中很难完全做到不动火施工，同时存在不可预见的静电火花和物体撞击火花等，因此，要防止火花在高瓦斯隧道施工中导致瓦斯爆炸，最主要措施是实时监测火源周围环境瓦斯浓度，当瓦斯浓度超限预警时立即启动闭锁断电，瓦斯浓度实时监测及预警管理是一个关键技术。

本研究结合工程实例，在天然气气包分布不均匀、瓦斯溢出无规律性的条件下对于铁路浅层天然气瓦斯隧道施工技术进行研究，将科学技术与工程实践相结合，进行油气田区高瓦斯长大高速铁路隧道施工关键技术研究，通过开展油气型高瓦斯隧道瓦斯喷涌超前地质预报方法研究、油气型高瓦斯隧道施工期智能通风技术研究、油气型高瓦斯隧道施工期瓦斯浓度监测方法及预警管理研究，将现有瓦斯隧道施工技术进一步创新和完善，以创造良好的经济效益和社会效益。目前国内油气型长大高瓦斯隧道施工经验较少，缺乏成套关键技术，需研究加以解决，并为下步指导同类地下工程施工积累经验。

第 2 章
依托工程概况分析

2.1 线路及隧道概况

成都至自贡线路正线北起成都东站，经成都天府站、天府机场站、资阳西、资中西、威远，终点接拟建川南城际铁路自贡东站；资阳北支线由天星井线路所引出向东接入成渝客专资阳北站。线路通过川南城际自贡至宜宾段接规划渝昆铁路，共同构成川西、西北等地区至云南的快速客运通道；是成都（天府新区）与重庆间第二客运通道的重要组成部分；向南连接成贵铁路宜宾至贵阳段，也是成都（天府新区）与贵州、华南等地区间客运交流的重要通道；本项目还满足了沿线地区间城际客运交流，缩短了地区间的时空距离，是沿线居民出行的便捷客运通道。

本文设计段落段位于天府站进站端至龙泉山一号隧道出口（DK24 + 055 ~ DK39 + 406 段）。

2.2 沿线隧道分布情况

本次设计范围正线建筑长度 15.005 km，新建双线隧道 1 座（龙泉山一号隧道），长度 8.456 km，占线路长度的 56.35%，对高瓦斯隧道，按Ⅰ级高风险隧道进行管理。正线隧道简表及分布见表 2-1。

表 2-1　隧道正线简表

隧道名称	隧道洞口		中心里程	全长/m
	进口里程	出口里程		
龙泉山一号隧道	D1K30 + 950	DK39 + 406	D1K35 + 178	8 456

龙泉山一号隧道位于成都市境内，全长 8 456 m，出口紧邻天公水库大桥桥台。进口里程为 D1K30 + 950，出口里程为 D1K39 + 406，中心里程 D1K35 + 178，隧道划分为 250 km/h 与 350 km/h 两段不同速度进行设计，其中 DK34 + 750 之前设计速度为 250 km/h，DK34 + 750 之后设计速度为 350 km/h，隧道最大埋深约 320 m。

2.3　不良地质及特殊岩土分析

2.3.1　不良地质

段内主要不良地质有浅层天然气、危岩落石、泥岩的风化剥落等。

1. 浅层天然气

成自线龙泉山一号隧道对部分钻孔进行了现场浅层天然气测试，测试钻孔均有浅层天然气显示，说明浅层天然气对隧址区地层浸染十分普遍。隧道与左侧相距约 130 m 处为成都轨道交通 18 号线龙泉山隧道，基本与之并行至出口，洞身段局部偏离较远，最远为 400 m。地层岩性、地质构造、蓄气条件两隧道基本一致，故采用类比法判定该隧道天然气情况。通过工程类比，根据构造部位，与油气田关系，以及地层岩性、隧道埋深等因素，综合判定成自线龙泉山一号隧道为高瓦斯隧道，结合相应埋深以及构造发育的区域，划分里程 D1K31 + 600 ~ D1K33 + 300、D1K34 + 550 ~ D1K36 + 900、DK37 + 100 ~ DK38 + 250 段为高瓦斯段；D1K30 + 950 ~ D1K31 + 600、D1K33 + 300 ~ D1K34 + 550、D1K36 + 900 ~ D1K37 + 100、DK38 + 250 ~ DK39 + 406 为低瓦斯段。

2. 危岩落石

本线主要穿越砂泥岩地层，沿线砂岩、泥岩差异风化明显，泥岩易风化剥落形成空腔（岩腔），其上部相对悬凸的砂岩因节理切割形成不稳定岩块，龙泉山一号隧道共有 1 处危岩落石。

隧道出口洞身地表分布一层砂岩（DK39 + 370 ~ DK39 + 390），岩层产状近水平，节理裂隙发育，主要为青灰、灰绿色厚层状砂岩夹泥岩，泥岩的抗风化能力较差，表层易逐渐崩解剥落，局部在砂岩层下部形成凹腔，上部砂岩在自重和卸荷张节理作用下易形成危岩，平面上沿陡崖呈带状分布，左右长度为 160 m，崖高 15 ~ 20 m。厚度按 0.5 m 考虑，总方量约为 1 600 m^3。若按左右两侧各 50 m 的处理方式，清除方量约 1 000 m^3。

3. 泥岩风化剥落及基底变形

隧道进口及浅埋段上部多为土质边坡，下部为岩质边坡，在外营力作用下，泥岩呈碎屑状剥落，局部形成浅表层坍滑，严重影响边坡和基坑的稳定。隧道通过龙泉山断裂破碎影响带，岩体风化严重，各项工程指标均较低，同时由于隧道洞身段范围岩层产状平缓，且砂岩透水性好，泥岩隔水，在砂泥岩接触带富集裂隙水，进一步软化泥岩，可能导致隧道洞室边墙及仰拱底泥岩在上部岩体自然营力作用下出现下沉、挤压变形，甚至大变形的可能。

2.3.2 特殊岩土

特殊岩土为人工填土、膨胀土、软土、压碎岩、膨胀岩。

1. 人工填土

人工填土主要分布于 DK37 + 000（为成都轨道交通 18 号线的弃渣场），厚 2 ~ 10 m。

2. 膨胀土

膨胀土主要为成都黏土，有棕黄、褐黄色、灰黄等色，硬塑，含铁锰结核，黏性强，厚 2 ~ 6 m，局部稍厚，分布于隧道进口前低洼沟槽内。据土工试验资料，成都黏土自由膨胀率为 40% ~ 72%，液限为 38% ~ 50.6%，蒙脱石含量 M = 13.29% ~ 39.55%，阳离子交换量 CEC（NH_4^+）= 158 ~ 295.7 mol/kg，属弱 ~ 中等膨胀土，按中等膨胀土考虑，具遇水软化、膨胀、强度降低、失水收缩、开裂、干硬等特征，对隧道进口有一定影响。

3. 软　土

软土主要为黏土，有棕黄、褐黄色等色，软塑状，土质较纯，分布于测区缓坡或水塘表层，厚 2 ~ 6 m，局部稍厚，位于龙泉山一号隧道进口以前鱼塘或沟槽内，属Ⅱ级普通土。

4. 压碎岩

隧址区发育龙泉山断层、马鞍山断层，岩体破碎，节理裂隙发育，影响范围较大，压碎岩破碎，完整性差，对隧道进出口及洞身影响较大，隧道施工易出现涌水、坍方、掉顶、仰拱下沉等现象。

5. 膨胀岩

隧址区下伏基岩白垩系中统灌口组、侏罗系上统蓬莱镇组和遂宁组、中统上沙溪庙组地层中基岩多为泥岩，紫红色，泥质结构，泥质胶结，含有较多亲水矿物，中厚层状，岩质较软，易风化剥落，具遇水软化崩解、失水收缩开裂等特性，含水率变化时发生较大体积变化，根据引用以及参考成都轨道交通 18 号线试验资料，有 10 组泥岩样品做膨胀性试验，自由膨胀率 5%～22%，膨胀力 21～336 kPa，饱和吸水率 3.55%～14.02%。根据相关判定原则，综合分析判定本隧道泥岩为弱膨胀岩，膨胀力指标推荐值为 112 kPa，隧道施工过程中，由于原始应力状态改变，岩体近水平，基岩为泥岩夹砂岩，局部隧道可能发生上拱破坏。

2.4　天然气瓦斯地层

2.4.1　龙泉油气田区高瓦斯发育分析

根据区域地质与地球物理的研究，龙泉山为一深大断裂带。其南自仁寿，向北经老君场后走向渐转为北 20°东，绵延超过 120 km。地貌表现为南高北低，构造带核部出露最老地层为中件罗统沙溪庙组。构造带轴部平缓，两翼倾斜，局部陡立，东、西两翼各发育 1 条走向逆冲断层，中间夹持地体整体隆升，地面形态呈“箱状”或“似箱状”褶皱，形成逆冲-地垒型构造模式。以中部李家咀所在的 2 km 典型地垒构造区段为过渡段，因两翼犁式逆冲断层优势地位不同而使其平面上呈“S”形展布。在北段，以西翼逆冲断层为优势断层，构造带向西凸出，剖面形态为西高东低，地面背斜构造形态较为典型、完整。在南段，则以东翼逆冲断层为主，向东凸出，剖面形态为东高西低。

研究表明，龙泉山油气产自上三叠统须家河组烃源层，上覆的侏罗系地层无生烃能力。该地层具有以下特征：

（1）生气经源岩厚度大。上三叠统须家河组地层厚度 300 ~ 1 100 m，一般大于 500 m，拗陷中心高达 1 100 m。

（2）有机质丰度高。地层泥岩有机碳含量 0.5% ~ 6.5%，平均为 1.83%。

（3）生气强度高。龙泉山油气田区目前正处于生气高峰期，南部地区油气储量大于 $50\times10^{8}\ m^{3}/km^{2}$，北部地区油气储量为（20 ~ 40）$\times10^{8}\ m^{3}/km^{2}$。上三叠统烃源岩生烃高峰期为白垩纪—早第三纪。现今上三叠统烃源岩干酪根热演化程度高，处于高成熟 ~ 过成熟阶段，属湿气 ~ 干气生气范围，现正处于生气高峰期，为川西侏罗系沙溪庙组浅层气藏形成提供了充足的物质基础，如图 2-1 所示。从图中可知，龙泉山区域油气储量为 $6\times10^{9}\ m^{3}/km^{2}$[10]。

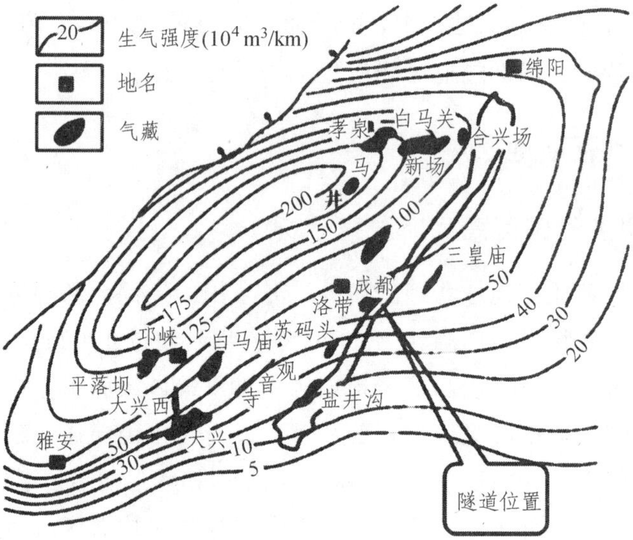

图 2-1　龙泉山储油分布图

2.4.2　龙泉山瓦斯灾害孕育机制

龙泉山油气藏成藏机制，即孕灾机制如下：

（1）三叠系须家河组地层是本区天然气的生气层，由于沉积层厚，有机质丰度高且正处于生气高峰期而成为优质气源。

（2）上覆侏罗系、白垩系地层虽然同属中生代沉积盖层，但不具有生烃能力，因而本身不产气。但其中的砂岩层空隙、次生溶孔形成了良好的储气空间。

（3）印支、喜山期的造山运动，对四川台坳产生了强烈的水平挤压和大规模的褶断作用，形成大型的表皮滑脱构造（如龙泉山断裂带），同时伴生了规模各异的短轴背斜、穹隆和鼻状等表层圈闭构造和各种尺度的断层与裂隙带，为气藏的运移和储存提供了有利条件。

（4）中生代盖层属河湖相沉积，纵向上泥岩与砂岩频繁互层且以泥岩为主，产状平缓，为天然气的富集提供了良好的盖层条件。

2.4.3　工程地点瓦斯地层分析

1. 龙泉山一号隧道瓦斯分布

龙泉山一号隧道瓦斯分布情况见表 2-2。

表 2-2　龙泉山一号隧道瓦斯段一览表

序号	名称	起止里程		长度/m	备注
1	龙泉山一号隧道正洞	D1K31 + 600	D1K33 + 300	1 700	高瓦斯
2		D1K34 + 550	D1K36 + 900	2 350	高瓦斯
3		D1K37 + 100	D1K38 + 250	1 150	高瓦斯
4		D1K30 + 950	D1K31 + 600	650	低瓦斯
5		D1K33 + 300	D1K34 + 550	1 250	低瓦斯
6		D1K36 + 900	D1K37 + 100	200	低瓦斯
7		D1K38 + 250	D1K39 + 406	1 156	低瓦斯
8	龙泉山一号隧道 1 号斜井	X1DK0 + 000	X1DK0 + 430	430	高瓦斯
9	龙泉山一号隧道 2 号斜井	X2DK0 + 000	X2DK0 + 475	475	高瓦斯
10	龙泉山一号隧道 3 号斜井	X3DK0 + 000	X3DK0 + 541	541	高瓦斯
11	龙泉山一号隧道 4 号斜井	X4DK0 + 000	X4DK0 + 661	661	高瓦斯

2. 施工工区划分及瓦斯分类

根据工期进度计划安排，本隧道设置 4 座斜井，长度分别为 430 m、475 m、661 m、541 m，采用双车道无轨运输。针对本隧道工程特点，并考虑任务量和管理跨度的大致平衡，将龙泉山一号隧道划分为 6 个施工工区组织施工。

根据成兰公司要求，项目隧道全部按高瓦斯工区进行管理。瓦斯工区分类见表 2-3。

表 2-3　瓦斯工区分类

项目部	队伍名称	所属工区	主要工作内容	正洞施工起止里程		瓦斯工区分类
第三项目部	隧道1队	进口	负责 D1K30＋950～D1K32＋029 龙泉山一号隧道进口工区施工，共计正洞 1 079 m	D1K30＋950	D1K32＋029	高瓦斯
	隧道2队	1号斜井	负责 D1K32＋029～D1K33＋688 龙泉山一号隧道 1 号斜井 D1K32＋900 工区施工，共计正洞 1 659 m、1 号斜井 430 m	D1K32＋029	D1K33＋688	高瓦斯
第三项目部	隧道3队	2号斜井	负责 DK33＋688～DK35＋447 龙泉山一号隧道 2 号斜井 D1K34＋500 工区施工，共计正洞 1 759 m、2 号斜井 475 m	D1K33＋688	D1K35＋447	高瓦斯
第四项目部	隧道4队	4号斜井	负责 DK35＋447～DK37＋063 龙泉山一号隧道 4 号斜井 DK36＋450 工区施工，共计正洞 1 616 m、4 号斜井 661 m	D1K35＋447	DK37＋063	高瓦斯
	隧道5队	3号斜井	负责 DK37＋063～DK38＋500 龙泉山一号隧道 3 号斜井 DK37＋850 工区施工，共计正洞 1 437 m、3 号斜井 541 m	DK37＋063	DK38＋500	高瓦斯
	隧道6队	出口	负责 DK38＋500～DK39＋406 龙泉山一号隧道出口工区施工，共计正洞 906 m	DK38＋500	DK39＋406	低瓦斯

2.4.4　工程难点

龙泉山一号隧道工程难点在于围岩内富集大量瓦斯，伴随施工，瓦斯将渗入隧道内，增加施工风险。之所以将瓦斯问题定为影响施工的主要问题，是基于以下 5 个方面的考量。

1. 瓦斯分布广

根据地质勘查阶段的竖向钻孔报告显示，龙泉山隧道全线各区段围岩中均含有瓦斯，瓦斯问题将伴随施工的全过程。

2. 高瓦斯区段隧道比例大

为合理评价浅层天然气对龙泉山隧道的危害，在工程踏勘阶段，对隧址区进行浅层天然气检测工作，以探孔检测结果为依据，发现该隧道中高瓦斯工区所占比例近似为 80%，即该隧道在施工中需采取大量预防措施以保证施工的安全进行。

3. 瓦斯具体富集位置不确定

在煤系隧道中，可根据煤层的分布大致圈定瓦斯的富集区域，但在油气田地层中，瓦斯富集区域的确定相对复杂，需要进行进一步的探测工作才可以完成。加之受隧址区不良地质构造影响，增加了瓦斯赋存的不确定性，为后期瓦斯富集位置的确定工作增加了难度与工作量。

4. 瓦斯储量难以确定

龙泉山隧道位于成都东部，该区域周边有苏码头气田、三大湾气田和洛带气田，均会对隧址区瓦斯储量产生影响，且该影响无法量化判断，增加了隧址区内围岩瓦斯储量确定的难度。

5. 施工对围岩内瓦斯产生影响程度不明确

目前关于煤系地层中，隧道施工对煤层中瓦斯的影响研究较多，认识较深，可用于指导施工，但对在油气田地层中修建隧道时，围岩内瓦斯有何变化的研究较少，暂无可直接借鉴的成果，无法对现场施工进行指导。

通过对龙泉山一号隧道工程情况的分析，发现瓦斯问题为制约龙泉山一号隧道施工的主要问题，为增加施工的安全性，本研究针对龙泉山一号隧道，进行更为详尽的分析研究。

第 3 章

油气型高瓦斯隧道瓦斯喷涌超前地质预报方法技术研究

3.1 龙泉山一号隧道瓦斯来源分析

线路穿越龙泉山背斜为含油气构造，主要产气层为背斜底部须家河组地层。区内天然气一般被上部厚层泥岩所阻隔，瓦斯含量较高，局部受龙泉驿断层及龙泉山背斜影响，岩体节理裂隙发育、岩体破碎，天然气可能沿断层带及裂隙带溢出。

龙泉山隧道属油气田区高瓦斯隧道，开挖油气田区的高瓦斯隧道，有着极高的危险性。隧道底部围岩为油气层，是隧道施工瓦斯的补给源，不同于煤层瓦斯的是，油气田区瓦斯无处不在，只要有断层、节理带存在，通常就会有瓦斯溢出。所以，在油气田区，必须密切关注节理、断层的位置，查明其位置、性质、产状、规模，判断其是否成为导气构造，以便及时采取措施，保证施工安全。

根据其他类似工程经验，下伏天然气在隧道开挖期间的涌出主要与天然气压力、构造发育、围岩透气性有关，而与天然气气源深度关系较小。如达成铁路炮台山隧道、达成铁路复线云顶、天台寺隧道，下伏天然气气源深度约 3 000 m，在隧道施工期间出现较大天然气涌出，甚至发生钻孔瓦斯喷出现象，被定性为高瓦斯隧道；成渝客运专线龙泉山隧道下伏天然气，设计为高瓦斯隧道，施工期间曾多次出现构造通道天然气涌出，涌出时间持续数月，经处理后才恢复正常，最大瓦斯涌出量 2 m^3/min 以上。成都轨道交通 18 号线穿越龙泉山，设计为高瓦斯隧道，施工期间曾多次出现构造通道天然气涌出，涌出时间持续数月，经处理后才恢复正常，最大瓦斯涌出量 5.1 m^3/min。

隧道所穿地层中所含天然气一般在爆破时、超前钻孔时、打炮眼时涌出，涌出时间短、衰减快，炮后瞬间瓦斯涌出量有时很大，超过 0.5 m^3/min；对存在补给通道天然气涌出，一般涌出时间很长、衰减慢，在采取相应的技术措施后可有效缩短涌出时间，减少涌出量。

3.2 高瓦斯超前地质预报方法研究现状

3.2.1 超前探测预报解译技术的研究现状

国外对超前探测预报技术研究相对较早些，在世界各国的系统研究当中，也研制出了许多探测预报设备。进入到 21 世纪，超前探测技术相对成熟，人们把对预报技术的研制转向了超前探测解译技术方面的研究。超前探测预报解译技术朝着两个方面发展：一方面是研究数据处理的方法，进而提取出更多有用的数据；另一方面是研究数值模拟模型，通过对模型的正演反演计算，总结探测剖面信息的规律，从而提高解译精度[11]。

TSP（隧道地震勘探）是一种基于三维空间的超前探测预报系统，对 TSP 采集数据的解译主要依靠其自身配备的 TSPwin 数据处理软件，提取出掌子面前方的地质界面相关参数值，进而对掌子面前方的地层岩性与地质状态作出判断。提高 TSP 数据解译的正确性依然是超前探测预报的重点，国内外学者在对 TSP 解译与应用的研究中做了大量的工作。Alimoradl[12]等对探测系统建立神经网络模型，根据模糊评价法对掌子面前方的高风险不良地质进行准确的判断；Gallardo[13]等以 TSP 系统为基础，将多元信息的超前探测方法联合起来，形成一个反演地球物理模型，避免解译的多解性问题；Perello[14]于 2011 年提出使用软件程序得到的经验参数，建立起地电模型等级评价系统，根据软件系统进行不良地质体的解释；刘鑫[15]通过一种新的从共中心点道集提取 Q 值的方法，进而提高解译地震图像的分辨率；舒森[16]针对提高 TSP 解译准确性提出了规范数据的采集和合理的数据处理方法；林义[17]等利用有限元正演模拟，结合时间记录与波场快照方法研究断层对于隧道中地震波传播的作用与影响，并将断层结果进行反演，得到的隧道中断层位置与用 TSPwin 数据处理软件上的位置相同；刘阳飞[18]等总结和补充了降低 TSP 超前探测中遇到的干扰而采取的相应措施，并总结出不良地质条件下的资料解译快速分析方法；付代光[19]等研究了 TSP 数据处理滤波频带对解译结果的影响，提出不同地质情况下对滤波频谱选取的合理范围。地质雷达超前探测发射的电磁波在地下的传播非常复杂，电磁波常常受到各种干扰的影响而导致产生干扰波，通常对地质雷达超前探测数据解译可使用 Randan 或者 Reflexw 软件，通过数据文件编辑、数字滤波、偏移处理等常规步骤对探测到的电磁波图像进行解译处理。国内外学者在地质雷达解译与应用的研究中做了大量的工作，Cai[20]等应用射线追踪法开展二维介质中雷达波的传播与模拟研究；Carcione[21]等阐述了有耗介质中地质雷达波的传播理论，以及二维 TM 及 TE 模式波场的数值模拟；Giannakis[22]等使用机器学习方法替代传统的时域有限差分正演模拟方法，通过训练好的神经网络模型来输出采集数据信号，提高了正演模拟的运算速度；许新刚[23]等对雷达图形解译，总结了探测过程中的干扰波特征，并提出去除干扰波的处理对策；李树[24]才等研发出全空间地质雷达数据处理系统，对含水体的解译判断进行了优化；凌瑶[25]等通过编写的正演模拟，研究震后的断层破碎带对于塌方的影响；袁莉萍[26]等通过建立模型研究断层破碎带、岩性交界面、溶洞、富水带、施工机械、拱架等雷达解译图像特征；张胜[27]等采用时域有限差分法对掌子面前方的空洞进行模拟与模型试验研究，对提高现场超前预报解译提供了参考。

虽然超前探测预报技术在对不良地质体探测当中应用得非常广泛，并且在对数据解译方法的过程中也取得了很大的进展，但是物理探测存在的多解性仍然会造成解译结果的错误判断。所以，提高预报解译精度仍然是国内外学者研究的技术难题。

3.2.2 资料智能化管理在超前探测预报中的应用现状

隧道地质情况千变万化，在判断地质灾害的发生时，决策者面对的是大量的超前探测预报资料及数据，怎样高效地整理和科学地分析这些预报资料和数据是一项既费时又费力的工作，所以需要借助计算机平台，开发隧道超前探测预报综合信息管理系统，为决策者提供决策支持。

国外对于超前探测预报智能化计算机辅助系统方面研究得较早，并研发出了应用软件，例如德国的 Beam 预报方法及其软件系统等。国内也进行了大量的研究工作。时永肝[28]等与郭福安[29]等开发出隧道综合预报信息化管理系统，实现了探测数据的综合管理与查询等功能，但是他们研发出的系统不能针对不良地质进行预测预报。为了实现超前探测预报信息智能化解译，人们转变方向，开始研究具有预报预测功能的智能化系统。李晓红[30]等开发出动态设计地质信息软件，实现了在进行信息管理的同时，可以进行智能化预测在隧道掘进过程中会出现的不良地质问题；周建晖[31]等在隧道智能化信息管理的基础上，提出结合数值模拟的分析计算功能，实现了数据信息的图形建模与图纸绘画管理等功能；薛翊国[32]等开发出隧道地质灾害超前预报智能化选择系统，超前预报人员针对不同的岩性以及水文地质构造选择出合理的预报方法，以提高探测结果的准确性；刘宗辉[33]开发出隧道地质综合超前预报辅助决策系统，实现了宏观地质分析、地质雷达法、TEM 法的半智能解译，并且可以在各个预报方法的基础上对前方地质情况作出综合判断；刘润华[34]等较为系统地开发出铁路隧道地质预报信息管理软件，该软件在具有各种信息管理功能的同时，还可以进行地质预报临近延误提示，实现了各个参与建设单位的实时数据共享和及时掌握施工现场动态等情况。

综上所述，国内外对于资料智能化管理系统的开发方面取得了很大的进展，对实际的隧道安全施工具有重要的意义，但针对不良地质条件下隧道超前探测预报资料智能化管理软件并不多，且通用性不高。本研究在对资料智能化管理系统开发研究现状全面了解的基础上，研究了适用性较高的隧道超前探测预报综合信息管理体系。

3.3　高瓦斯超前地质预报方案研究

3.3.1　高瓦斯超前地质预报的目的

（1）进一步查明前期没有探明的、隐伏的重大地质问题，进而指导隧道施工的顺利进行，减少隧道施工的盲目性。

（2）降低隧道施工地质灾害发生的概率，保证隧道施工安全。

（3）为隧道动态设计和信息化施工提供基础资料，使隧道设计施工更科学、安全和快捷。

（4）为编制竣工文件提供地质资料，为隧道长期安全运营提供基础资料。

3.3.2　高瓦斯超前地质预报主要内容

隧道施工中的超前地质预报是在充分研究该地区地质特点及分布规律的基础上，充分利用现有物探、地质、化探的观测技术对隧道开挖掌子面前方（预报要求范围内）围岩变化及不良地质体的工程性质、位置、产状、大小、发生概率等进行探测，分析解译及预报。目前，国内外已经形成的超前探测预报方法很多，从探测的位置上可分为地面（洞外）预报与掌子面（洞内）预报；从预报采取的技术手段上可分为物探方法、地质方法、化探方法；从预报的距离上可分为长距离预报与短距离预报[35]。

具体到高瓦斯隧道超前地质预报，主要分为以下 3 项内容：瓦斯的地层岩性预测预报、瓦斯地质构造预测预报及瓦斯涌出量以及压力预测预报。

3.3.3 高瓦斯超前地质预报的主要特点

瓦斯隧道的超前地质预报对比普通隧道主要有以下特点：

（1）高瓦斯溢出的随机性增加了预报的难度。因节理、裂隙的发育具有随机性，瓦斯作为密度小的气体，见缝就钻、见隙就溢，并且溢出的时间及部位均表现出明显的随机性。

（2）由于高瓦斯溢出的随机性，要准确预报瓦斯，首先应对掌子面前方的裂隙、破碎带位置、规模和性质进行准确预报。探明掌子面前方是否存在裂隙、破碎带，判定是否存在瓦斯气包和瓦斯突出危险，是瓦斯隧道超前预报的重点。

（3）瓦斯预报的充分条件是瓦斯浓度的变化，因此，要准确预报瓦斯，还应对隧道开挖揭露的裂隙、破碎带附近的瓦斯浓度进行监测，根据隧道内裂隙、破碎带和分布情况监测瓦斯浓度变化的时空分布，掌握掌子面前方的可能瓦斯聚集情况。

（4）由于瓦斯无味、无色、易燃、易爆，这就对瓦斯地质预报提出了严格的要求：预报仪器系统不能激发火花或点火花，仪器系统应为防爆设备，预报工作人员禁止携带易燃、易爆设备和物品。

3.3.4 高瓦斯超前地质预报方案设计研究

研究既有区域地质、工程地质资料，必要时进行地表补充测绘，以达到对整个地区地质情况有一个比较全面和深刻的认识，进而通过分析和判断，制定预报预案，针对不同地段的地质情况进行地质预报重要性分级，不同级别的地段采取不同的预报手段，以达到既预报准确又节省有限预报资源的目的。

根据地质灾害对隧道施工安全的危险程度，一般分为以下4级。

A级：存在重大地质灾害隐患的地段，如大型暗河系统，可溶岩与非可溶岩接触带，软弱、破碎、富水、导水性良好的地层和大型断层破碎带，特殊地质地段，重大物探异常地段，可能产生大型、特大型突水突泥地段，诱发重大环境地质灾害的地段以及高地应力、瓦斯、天然气问题严重的地段以及人为坑洞等。

B级：中、小型突水突泥地段，较大物探异常地段，断裂带等。

C级：水文地质条件较好的碳酸盐岩以及碎屑岩地段、小型断层破碎带，发生突水突泥可能性较小地段。

D段：非可溶岩地段，发生突水突泥可能性极小。

根据不同的地质灾害分级，针对不同类型的地质问题，选择不同的方法和手段开展超前探测预报：

A级预报：采用地质分析法、地震波反射法或者声波反射法、地质雷达、红外探测、超前水平钻探等手段进行综合预报。首先以地质分析法进行长距离预测预报，然后采用一种或几种短距离物探方法相结合进行预报，同时进行多孔超前钻探探查。

B级预报：采用地质分析法、地震波反射法或声波反射法，辅以红外探测、地质雷达，进行必要的超前水平钻孔。当发现局部地段工程地质条件比较复杂时，按照A级要求实施。

C级预报：以地质分析法为主。对重要的地质地层界面、断层或物探异常地段可采用地震波反射法或声波反射法进行探测，必要时采用红外探测和超前水平钻孔。

D级预报：采用地质分析法。

由此可见，由于高瓦斯隧道属于A级预报方式，在施工监控中，应当根据隧道的具体情况，采用地质分析法、合乎工程本身特点的一种或几种物探方法、超前钻孔探测有机结合的方式进行超前地质预测预报。

3.3.5 龙泉山一号隧道正洞地质预报方法设计

龙泉山一号隧道正洞、斜井地质预报方法设计见表 3-1、表 3-2。

表 3-1 龙泉山一号隧道正洞地质预报方法统计

序号	起止里程		长度/m	地质预报方法	
1	D1K30 + 950	DK39 + 406	8 456	地质调查法	
2	D1K31 + 230	D1K31 + 290	60	物探法	WT1：地质雷达法
	D1K31 + 290	D1K31 + 400	110		WT2：地震波反射法（TSP）
	D1K31 + 400	D1K31 + 600	200		WT3：地震波反射法（TSP）+瞬变电磁法
	D1K31 + 600	D1K33 + 560	1 960		WT2：地震波反射法（TSP）
	D1K33 + 560	D1K33 + 990	430		WT3：地震波反射法（TSP）+瞬变电磁法
	D1K33 + 990	D1K34 + 450	460		WT2：地震波反射法（TSP）
	D1K34 + 450	D1K34 + 800	350		WT3：地震波反射法（TSP）+瞬变电磁法
	D1K34 + 800	DK38 + 030	3 230		WT2：地震波反射法（TSP）
	DK38 + 030	DK38 + 500	470		WT3：地震波反射法（TSP）+瞬变电磁法
	DK38 + 500	DK39 + 325	825		WT2：地震波反射法（TSP）
	DK39 + 325	DK39 + 385	60		WT1：地质雷达法
3	D1K31 + 230	D1K31 + 400	170	钻探法	ZT3 钻孔 1 孔 + 加深炮孔 5 孔
	D1K31 + 400	D1K31 + 600	200		ZT5 钻孔 1 孔 + 加深炮孔 7 孔
	D1K31 + 600	D1K33 + 300	1 700		ZT4 钻孔 2 孔 + 加深炮孔 7 孔
	D1K33 + 300	D1K33 + 560	260		ZT3 钻孔 1 孔 + 加深炮孔 5 孔
	D1K33 + 560	D1K33 + 990	430		ZT5 钻孔 1 孔 + 加深炮孔 7 孔
	D1K33 + 990	D1K34 + 450	460		ZT3 钻孔 1 孔 + 加深炮孔 5 孔
	D1K34 + 450	D1K34 + 600	150		ZT5 钻孔 1 孔 + 加深炮孔 7 孔
	D1K34 + 600	D1K34 + 800	200		ZT5 钻孔 2 孔 + 加深炮孔 7 孔
	D1K34 + 800	D1K36 + 900	2 100		ZT4 钻孔 2 孔 + 加深炮孔 7 孔
	D1K36 + 900	DK37 + 100	200		ZT3 钻孔 1 孔 + 加深炮孔 5 孔

续表

序号	起止里程		长度/m	地质预报方法	
3	DK37 + 100	DK38 + 030	930	钻探法	ZT4 钻孔 2 孔 + 加深炮孔 7 孔
	DK38 + 030	DK38 + 250	220		ZT5 钻孔 2 孔 + 加深炮孔 7 孔
	DK38 + 250	DK38 + 500	250		ZT5 钻孔 1 孔 + 加深炮孔 7 孔
	DK38 + 500	DK39 + 385	885		ZT3 钻孔 1 孔 + 加深炮孔 5 孔

注：ZT3：贯通施作超前钻孔 1 孔。如遇高瓦斯，则按 ZT4 执行；若遇高压富水地段，则按 ZT5 执行。

ZT4：贯通施作超前钻孔 2 孔。如遇高压富水地段，则按 ZT5 执行。

ZT5：贯通施作超前钻孔 1 孔或 2 孔。根据现场情况，确定钻孔是否需设置关水阀门及测压装置。

表 3-2　龙泉山一号隧道斜井地质预报方法统计

斜井	序号	起止里程		长度/m	地质预报方法		备注
1 号斜井	1	X1DK0 + 000	X1DK0 + 430	430	地质调查法		
	2	X1DK0 + 000	X1DK0 + 370	370	物探法	WT2：地震波反射法（TSP）	
		X1DK0 + 370	X1DK0 + 430	60		WT1：地质雷达法	
	3	X1DK0 + 000	X1DK0 + 330	330	超前钻探法	ZT4 钻孔 1 孔 + 加深炮孔 3 孔	
		X1DK0 + 330	X1DK0 + 430	100		ZT3 钻孔 1 孔 + 加深炮孔 3 孔	
2 号斜井	1	X2DK0 + 000	X2DK0 + 475	475	地质调查法		
	2	X2DK0 + 000	X2DK0 + 415	415	物探法	WT2：地震波反射法（TSP）	
		X2DK0 + 415	X2DK0 + 475	60		WT1：地质雷达法	
	3	X2DK0 + 000	X2DK0 + 475	475	超前钻探法	ZT3 钻孔 1 孔 + 加深炮孔 3 孔	
4 号斜井	1	X4DK0 + 000	X4DK0 + 661	661	地质调查法		
	2	X4DK0 + 000	X4DK0 + 582	582	物探法	WT2：地震波反射法（TSP）	预估
		X4DK0 + 582	X4DK0 + 661	79		WT1：地质雷达法	
	3	X4DK0 + 000	X4DK0 + 582	582	超前钻探法	ZT4 钻孔 1 孔 + 加深炮孔 3 孔	
		X4DK0 + 582	X4DK0 + 661	79		ZT3 钻孔 1 孔 + 加深炮孔 3 孔	

续表

<table>
<tr><th>斜井</th><th>序号</th><th colspan="2">起止里程</th><th>长度/m</th><th colspan="2">地质预报方法</th><th>备注</th></tr>
<tr><td rowspan="5">3号斜井</td><td>1</td><td>X3DK0+000</td><td>X3DK0+541</td><td>541</td><td colspan="2">地质调查法</td><td rowspan="5">预估</td></tr>
<tr><td rowspan="2">2</td><td>X3DK0+000</td><td>X3DK0+466</td><td>466</td><td rowspan="2">物探法</td><td>WT2：地震波反射法（TSP）</td></tr>
<tr><td>X3DK0+466</td><td>X3DK0+541</td><td>75</td><td>WT1：地质雷达法</td></tr>
<tr><td rowspan="2">3</td><td>X3DK0+000</td><td>X3DK0+466</td><td>466</td><td rowspan="2">超前钻探法</td><td>ZT4钻孔1孔+加深炮孔3孔</td></tr>
<tr><td>X3DK0+466</td><td>X3DK0+541</td><td>75</td><td>ZT3钻孔1孔+加深炮孔3孔</td></tr>
</table>

注：ZT3：贯通施作超前钻孔1孔。若遇高瓦斯，则按ZT4执行。
ZT4：贯通施作超前钻孔1孔。若遇异常情况可增设1～2孔。

3.4 地质调查

地质法是隧道地质超前预报采用的一种基本方法，主要是根据隧道施工期掌子面地质条件，如岩体结构面产状及其发育状况、岩体破碎程度、岩石的变质程度等的变化特征，结合地表地质调查结果，采用相关分析（包括结构面统计分析、构造相关分析等）进行超前预报。主要预报隧道掌子面前方存在的断层、不同岩类间的接触界面、隧道前方围岩的稳定性及失稳破坏形式等。

地质调查的主要内容包括：不同岩性、地层在隧道地表的出露及接触关系，岩层产状及变化情况；构造在隧道地表的出露、分布、性质、变化规律及产状变化；地表岩溶发育情况和分布规律。

1. 地面调查

（1）调查目的。核对勘测资料，掌握隧道所在地区的地层岩性、地质构造、不良地质及水文地质情况，为隧道内地质预报提供方向性的依据。

（2）调查范围。根据勘察单位提供的隧道工程地质图，调查范围主要为隧道进出口及隧道中线两侧各1～2.5 km。

（3）调查内容。

① 地层岩性：主要调查地层的地质时代、岩层厚度、层间结合程度、岩层产状、岩性、岩石硬度、风化程度等。

② 地质构造：主要调查断层二破碎带及节理裂隙特征。断层的产状、性质、破碎带宽度、破碎带的成分、破碎带的含水情况以及与隧道的关系。节理裂隙的组数、产状、间距、充填物质、延伸长度、张开度及节理面的起伏情况，节理裂隙的组合状况。

③ 不良地质：主要调查隧址断层的性质、规模，以及对隧道的影响。

④ 地下水的特征：调查隧道范围内的泉水、井水、水塘、水库、沟水、河水及其水量、水文、水质的变化等。

2. 洞内地质调查

洞内地质调查主要沿隧道边墙进行，应包括以下内容：

（1）地层、岩性描述（包括岩石风化破碎程度、岩体结构状态等）。

（2）地层分界面产状及其里程位置确定。

（3）地层产状及其变化测定。

（4）构造（断层等）位置、产状、宽度测定，断层性质描述。

（5）节理裂隙统计，包括发育分布位置、产状、组数、节理面闭合张开状态、节理面形态、节理面充填情况，节理玫瑰花图制作。

（6）临空面涌滴水位置确定，涌滴水量测定或估算。

（7）特殊地质现象描述（如施工揭穿岩溶洞穴位置、形状、充填物性质，坍方体出现位置、方量等）。

3. 地质编录

在每次表面雷达测试或孔内雷达测试时，应对隧道新开挖掌子面及侧壁揭露的主要地质现象进行素描与编录，一般情况隧洞每掘进 5 m 进行一次掌子面地质素描。

现场地质编录是针对新开挖掌子面及洞壁揭露的主要地质现象进行简要的素描与编录，包括地层岩性、断层、较大节理面、破碎带、地下水流量及位置、规模与产状等，以及掘进过程中遇到的主要地质现象与状况。

（1）由专业地质人员对本隧道及平行导坑的工程地质、水文地质特性进行详细的地质编录，这是地质调查的细化和补充。根据编录资料结合勘察设计的地质资料，对掌子面前方地质情况进行预测，并提出工程实施意见，为隧道运营维护提供全面准确的地质资料。

（2）编录内容。

① 做好隧道洞内地层、岩性的划分和描述。核对包括地层岩性、断层构造等在内的主要地质界线在隧道洞身的实际位置；进一步确定各断层带以及主、次断层（包括影响带）的位置、产状，断层带的物质组成、宽度、富水程度及工程性质。

② 对洞壁岩体主要结构面（断层、层理及节理、裂隙等）进行定性及定量统计量测，查明主要结构面的产状、性质、延伸长度、张开宽度、粗糙程度、蚀变情况、密度、地下水及充填情况等，并分析优势结构面对围岩稳定性的影响。

③ 对塌方地段，记录塌方的部位、方式与规模及其随时间的变化特征，并分析产生塌方的地质原因。

④ 对岩体受构造影响程度、节理发育程度、岩体完整程度、富水程度及围岩稳定状态等进行详细编录，据此对围岩级别及其他地质参数进行修正，并提出有针对性的支护、衬砌或超前加固措施意见。

⑤ 对重点地段，如断层、节理密集带、岩性接触带、地下水富集带、高地应力区、岩性变化频繁或软硬相间及掌子面地质情况与原设计地质条件出入较大等重点地段，除地质编录外，还要进行必要的地质调绘和测试。

⑥ 对地下水发育地段，应描述地下水的分布、出露形态、水量、水压、水温、颜色及泥沙含量，以及地下水活动对围岩稳定性的影响；对涌水量较大的地段，必要时进行长期观测，并取样分析，判定地下水对结构材料的腐蚀性。

4. 围岩稳定性评价和预报

根据地质编录得到地层岩性、地质构造、不良地质、水文地质特征等，判定围岩完整性和围岩分级，结合勘察和地质调查取得的地质资料预测隧道前方地质情况。

5. 资料提交

每循环开挖后对拱顶、掌子面和左右边墙进行地质编录，必要时进行数码摄像。编录的原始记录、图、表当天整理（绘制）。施工一定距离后，做出分段（60 m/张）完善的地质展示图和总结。

3.5 地质素描

地质素描是隧道开挖后及时记录隧道洞身和掌子面地质情况的一种方法，它是地质调查的细化和补充，结合勘察和地质调查取得的地质资料，可以对隧道掌子面前方地质情况进行预测，并提出工程措施意见，同时为隧道运营维护提供全面准确的地质资料。

3.5.1 素描内容

1. 地层岩性

描述洞内地层、地质时代、岩层厚度、层间结合程度、岩层产状、岩性、岩石硬度、风化程度等；核对地层界线在隧道洞身的实际位置。

2. 地质构造

确定各断层带以及主、次断层（包括影响带）的位置及与隧道的关系，描述各断层的产状、宽度、富水程度、断层带的物质组成及其胶结程度。

对洞内岩体节理、裂隙进行定性及定量统计量测，查明其性质、组数、产状、间距、延伸长度、张开宽度、粗糙程度、蚀变情况、密度、地下水及充填情况，以及节理裂隙的组合状况等，并分析优势结构面对围岩稳定性的影响。

3. 岩　溶

描述岩溶规模、形态、位置、所属地层和构造部位，充填物成分、状态，以及岩溶展布的空间关系。

4. 特殊地层

膨胀岩层等应单独进行描述。对存在的有害气体及放射性危害，应分析描述危害源存在情况。

5. 塌　方

应记录塌方部位、方式与规模及其随时间的变化特征，并分析产生塌方的地质原因及其对继续掘进的影响。

6. 地下水的特征

围岩的透水性，出水点位置、出露形态［渗水、滴水、滴水成线、股水（涌水）、暗河］、水量、水压、水温、水色、悬浮物（泥沙等）测定；出水点和地质环境（地层、构造、岩溶、暗河等）的关系；进行地表相关气象、水文观测，判断洞内涌水与地表径流、降雨的关系；必要时进行水样分析。

7. 其　他

在对岩体受构造影响程度、节理发育程度、岩体完整程度、富水程度及围岩稳定状态等进行详细编录的基础上，对围岩级别及其他地质参数进行修正，并提出有针对性的支护、衬砌或超前加固措施意见。

对重点地段，如岩溶、断层、节理密集带、岩性接触带、地下水富集带、岩性变化频繁或软硬相间及掌子面地质情况与原设计地质条件出入较大等重点地段，除地质编录外，还要进行必要的地质调绘和测试。

3.5.2　围岩稳定性评价和预报

根据地质素描得到地层岩性、地质构造、不良地质、水文地质特征等，判定围岩完整性和围岩分级，结合勘察和地质调查取得的地质资料预测隧道前方地质情况。

3.5.3　资料提交

每循环开挖后对拱顶、掌子面和左右边墙进行地质编录，并进行数码摄像。编录的原始记录、图、表当天整理（绘制）。施工一定距离后，做出分段（60 m/张）完善的地质展示图和总结。

3.6　物探法

根据不同地质情况及物探预报方法适用条件，物探法分为以下 4 类，见表 3-3。

表 3-3　物探法适用条件及分类

序号	适用条件	物探类型	物探方法
1	洞口 60 m 范围	WT0	地质雷达法
2	非可溶岩且无构造的一般地段	WT1	地震波反射法
3	非富水构造地段（非富水断层及其破碎带、非富水褶皱及其破碎带）；浅埋低洼地段	WT2	地震波反射法＋地质雷达法
4	富水构造地段（富水断层及其破碎带、富水褶皱及其破碎带）；浅埋下穿河道及水库地段	WT3	地震波反射法＋地质雷达法＋瞬变电磁法

3.6.1　TSP 超前地质预报

TSP 超前地质预报系统是专门为隧道和地下工程超前地质预报研制开发的设备，它能方便快捷地预报掌子面前方较长范围内的地质情况，弥补了传统地质预报方法只能定性预报无法定量预报的缺陷，为更准确的地质预报提供了一种强有力的科学方法和工具。它不仅可以及时地为隧道施工变更施工工艺提供依据，而且可以减少隧道施工中突发性地质灾害的危险性，为隧道施工提供了安全保障，减少了人员和设备的损伤，同时也带来了很大的经济效益。

较弱、破碎底层或岩溶发育区，每次预报距离采用 100 ~ 120 m，前后两次搭接长度 10 m 以上；岩体完整的硬质岩地层，每次预报距离采用 120 ~ 150 m，前后两次搭接长度不小于 10 m。每次探测结果与开挖揭示情况对比分析。

3.6.1.1　TSP 超前预报原理

TSP 超前预报系统主要是由记录系统、爆破系统和接收系统所组成。该系统在隧道洞内掘进面后方的墙壁上指定范围内，由人工布设规则且等间距排列的爆破点，随着爆破会产生轻微震源。如图 3-1 所示，波的传播是以球面扩散的形式，一部分地震波在前方不均匀地质层界面处产生反射现象，一部分地震波则继续向前传播，伴随着球面范围的扩大与传播距离的增长，直至能量太小而不能继续被接收为止。被反射回来的波的反射信号被接收传感器记录，由于直达波的传播路径时间较反射波传播的路径时间短，则可根据地震波的直达波信号到达传感器的时间计算出地震波的传播波速：

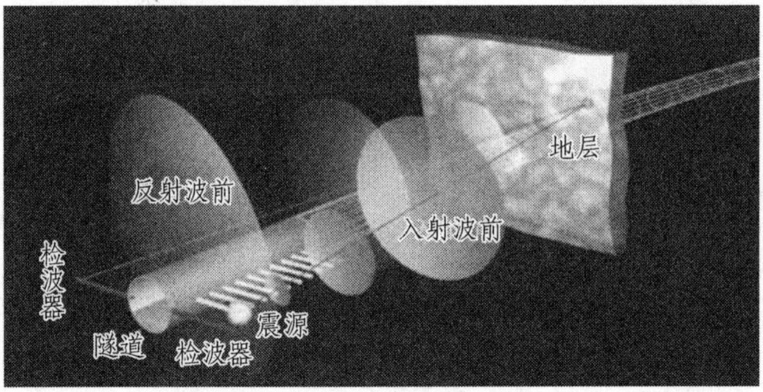

图 3-1　TSP 超前探测原理

$$v = \frac{S_1}{T_1}$$

式中　S_1——爆破孔与传感器之间的距离（m）；

T_1——直达波信号的传播时间（s）。

已知地震波的传播波速，即可由探测得到的反向传播回来的反射波信号传播时间推导出探测地质体与传感器之间的距离：

$$T_2 = \frac{2S_2 + S_1}{v} = \frac{S_2 + S_3}{v}$$

式中　T_2——反射波信号的传播时间（s）；

S_2——爆破孔到反射界面之间的距离（m）；

S_3——传感器到反射界面之间的距离（m）。

同时，反射波信号的振幅相较于直达波信号的振幅小，在一般情况下，反射系数 R 的定义公式为：

$$R = \frac{Z_2 - Z_1}{Z_2 + Z_1}$$

$$Z_1 = \rho_1 v_1$$

$$Z_2 = \rho_2 v_2$$

式中　Z_1、Z_2——反射界面前后的波阻抗；

ρ_1、ρ_2——反射界面两侧的岩石密度；

v_1、v_2——反射界面两侧的传播波速。

根据 Z_1 与 Z_2 的相对值可判断出岩体的致密程度。当 $R>0$ 时，探测后侧岩体较前侧岩体致密；当 $R<0$ 时，探测后侧岩体较前侧岩体松散。

另外，由于横波不能在液体中传播，而纵波不受限制，所以横波比纵波反射回来得早且能量大。

通过回波信号相应的速度、延迟时间等特性来分析隧道掘进前方和周围地区的地质信息情况，以达到超前探测预报的目的。

隧道地震波超前预报方法是利用地震波在不均匀、不连续地质界面产生反射，实现隧道地质超前预报的目的。地震波震源采用小药量炸药震源，激发孔在洞壁一侧沿直线布置，一般采用 24 个炮孔激发，激发炮点的数量与采集的地震波信息量有关。地震波接收器安置在孔中，采取左右洞壁各布置一个接收器的原则。地震波在岩体中以球面波形式传播，当地震波遇到弹性波阻抗存在差异的界面时，例如地层界面、节理面，特别是断层破碎带、溶洞、暗河、岩溶陷落柱、岩溶淤泥带等不良地质，一部分地震信号反射回来，一部分信号透射进入前方介质继续传播，在传播过程中重演着反射与透射的不断过程，陆续反射回来的地震波信号被仪器设备采集下来。地震反射波信号的旅行时间与距离成正比，与传播速度成反比，通过分析各种波形的传播时间、波形特征和强度变化，实现预报隧道掌子面前方地质条件的目的，如图 3-2 所示。

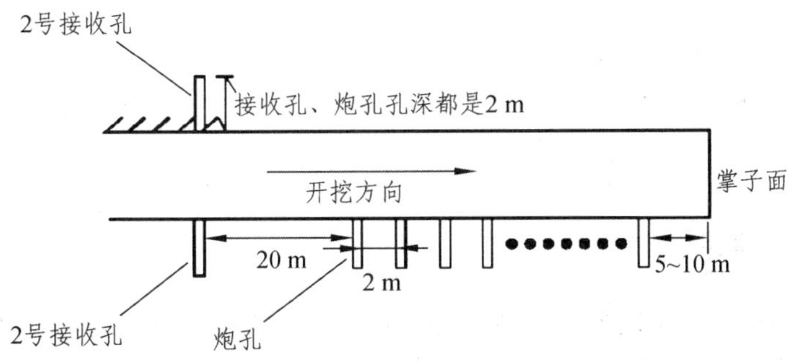

图 3-2　TSP 超前预报测线平面示意图

3.6.1.2 设 备

采用 TSP203A 超前地质预报系统，系统主要组成。

（1）记录单元：12 道，24 位 A/D 转换；采样率：0.01、0.02、0.05、0.1、0.2、0.5、1 ms；记录长度：20.48 ~ 8 192 ms，动态范围 120 dB。

（2）接收器（检波器）：三分量加速度地震检波器，灵敏度为 1 000 mV/g ± 185%，频率范围为 10 ~ 5 000 Hz，共振频率 9 000 Hz，横向灵敏度>1%，操作温度 0 ~ 65 °C。

（3）TSPWIN 5.0 版隧道预报处理软件。

3.6.1.3 测线布置设计

1. 接收器孔

位置：在隧道边墙（面对掌子面），距离掌子面大约 70 m；

数量：2 个，隧道左、右边墙各 1 个；

直径：Φ50 mm/孔深 2 m；

布置：垂直于隧道轴向，用环氧树脂固结，水平布置；

高度：离地面 1 m。

2. 炮 孔

位置：在隧道的左（右）边墙，第一个炮孔离接收器 15 ~ 20 m，其余炮孔间距为 1.5 ~ 2 m；

数量：24 个；

直径：50 mm/孔深 2 m；

布置：沿轴径向，向下倾斜 10° ~ 15°（激发时水封填炮孔）；

高度：离地面约 1 m。

3.6.1.4 数据采集与分析

TSP203A 超前地质预报系统分为洞内数据采集和室内分析处理两大部分。

1. 洞内数据采集

洞内数据采集主要由接收器、数据记录设备以及起爆设备三大部分组成，洞内数据采集包括打接收器孔、爆破孔、埋置接收器探头、连接接收信号仪器、放炮接收信号等过程。

（1）钻接收器孔 2 个，如图 3-3 所示。

（2）钻爆破孔 24 个，如图 3-3 所示。

（3）接收探头的安装。

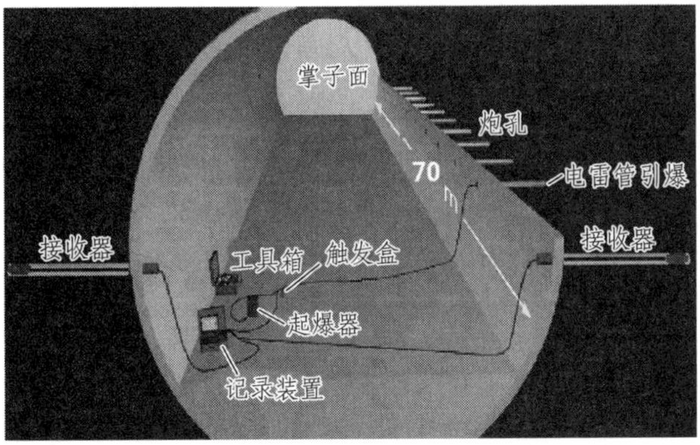

图 3-3　TSP203A 洞内数据采集部分示意图

（4）装药：每爆破孔装药量大约 75 g（岩石 2#乳化炸药），根据围岩软硬完整破碎程度与距接收器位置的远近而不同。

（5）连线：将设备各组件及爆破导火线连接好。

（6）放炮、接收信号。

（7）拆线、清理设备。

2. 室内计算机分析处理

“TSPwin 处理系统”的编程依据隧道地震反射波和绕射波原理，采用多波、多分量分析处理技术，对于处理中简单重复费时的步骤尽量采取自动的处理方式，对于涉及解释重要结论的处理过程，程序设立了源生对比检查的方式和利用多参数综合成果对比功能，为了方便进行地质分析推断解释，处理系统具有提供二维成果图和三维空间成果图件的功能。“TSPwin 处理系统”的预报数据处理流程如图 3-4 所示。

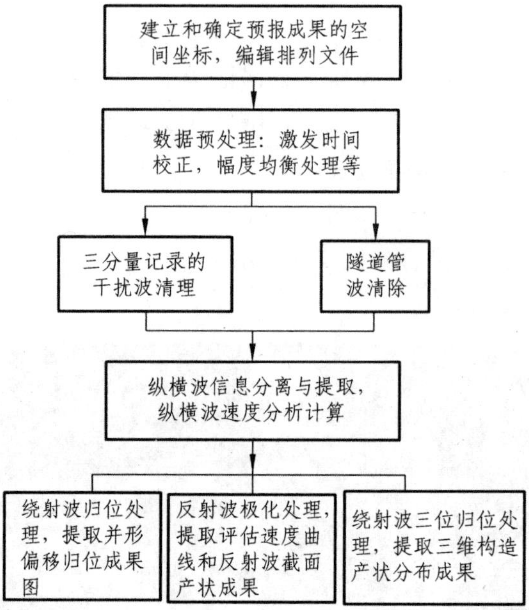

图 3-4 “TSPwin 处理系统”预报数据处理流程

通过“TSPwin 处理系统”的处理，可以获得 P 波、SH 波、SV 波的时间剖面、深度偏移剖面、提取的反射层、岩石物理力学参数、各反射层能量大小等成果，以及反射层在探测范围内的 2D 或 3D 空间分布。

3.6.1.5 提交资料

室内分析处理一般在 24 h 内完成并可提交正式成果报告，报告一般包括如下内容：工作概况、探测的方法、设备及原理、测线布置、对测试结果的初步分析、结论。

TSP 报告中应附的成果图表：现场数据记录表；TSP 地震波超前预报成果图标，主要包括：地震波三分量原始记录图、水平剖面与铅垂剖面地震波偏移归位成果图、TSP 综合地质预报成果图、三维空间地质界面分布图和岩体比速度参数成果图、三维空间横断面扫描成果图。

3.6.1.6 预报范围

一般预报距离为 150 m，在地质情况复杂地段，如岩溶发育、断层、岩性接触带、褶皱带等特殊地段，为提高精度，采用连续重叠式预报，按平均每次预报 120 m 考虑，搭接 10 m。

3.6.2　地质雷达技术探测技术

1. 预报原理

地质雷达通常是由计算机系统、控制单元、发射天线和接收天线所组成。

如图 3-5 所示，雷达通过天线发射高频电磁波，从隧道掌子面发射到隧道前方的地层当中，然后经过地层界面的反射后返回到掌子面处，并通过接收天线将信号送入放大器，经接收机放大后，放大信号经过处理被记录，将接收到的电磁波经过解译处理，最终推断出地下不明异常体。

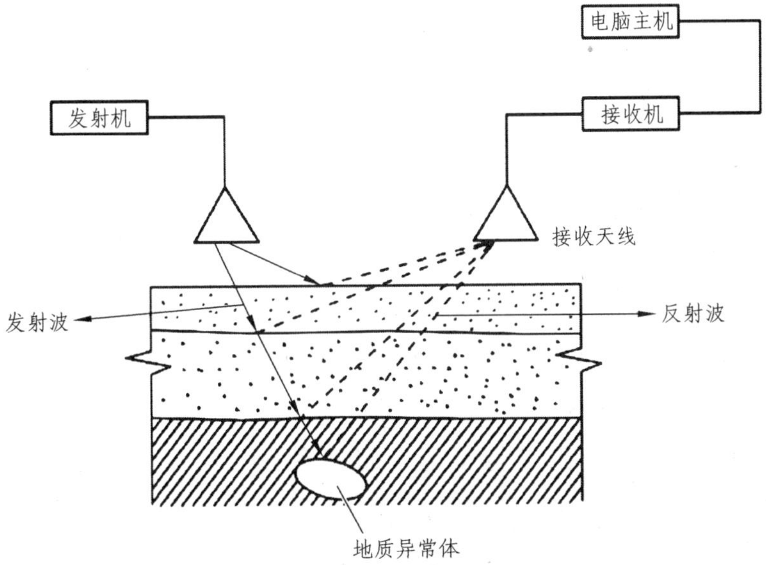

图 3-5　地质雷达探测示意原理

电磁波向地下介质传播过程中，遇到不同的波阻挠界面时，将产生反射波和透射波，用反射系数 r 的大小来判明界面的异常情况，r 主要取决于相对介电常数。

$$r=\frac{\sqrt{\varepsilon_1}-\sqrt{\varepsilon_2}}{\sqrt{\varepsilon_1}+\sqrt{\varepsilon_2}}$$

根据电磁波在地层中的传播速度 v 和传播时间 t，可计算地质界面的位置：

$$h=vt/2$$

v 可按经验公式计算 $v=\frac{c}{\sqrt{\varepsilon_{\mathrm{r}}}}$

式中　r——反射系数；

v——速度；

ε_1、ε_2——反射界面两侧的相对界电常数；

ε_{r}——探测地质层的相对介电常数；

c——光速（c = 0.3 m/ns）。

下角标 1、2 分别表示上、下介质。空气的相对介电常数为 1（最小），水的相对介电常数为 81（最大）。

结合地质雷达探测图像（见图 3-6）进行解析，可知介质内有无空洞、水、质量缺陷等。

高瓦斯隧道可采用美国休斯敦大学研发的 SSL 无线便携式地质雷达（公路隧道、道路、建筑等专用，见图 3-7、图 3-8），天线选择中心频率 100 MHz 和 1 000 MHz。

其中，100 MHz 天线用于地质超前预报，探测深度 20 ~ 30 m。1 000 MHz 天线用于衬砌质量探测。沿纵向每 10 ~ 20 m 探测一次，每次探测应当有 5 ~ 10 m 搭接重复。在地质断裂带适当加密探测次数。根据隧洞内地质情况与当时开挖方法，剖面的测线采用“一”字形（台阶法开挖时）、“十”字形或“井”字形（全断面法开挖）布置，掌子面或侧壁不同高程处如果确有必要可适当增加布置雷达测线。

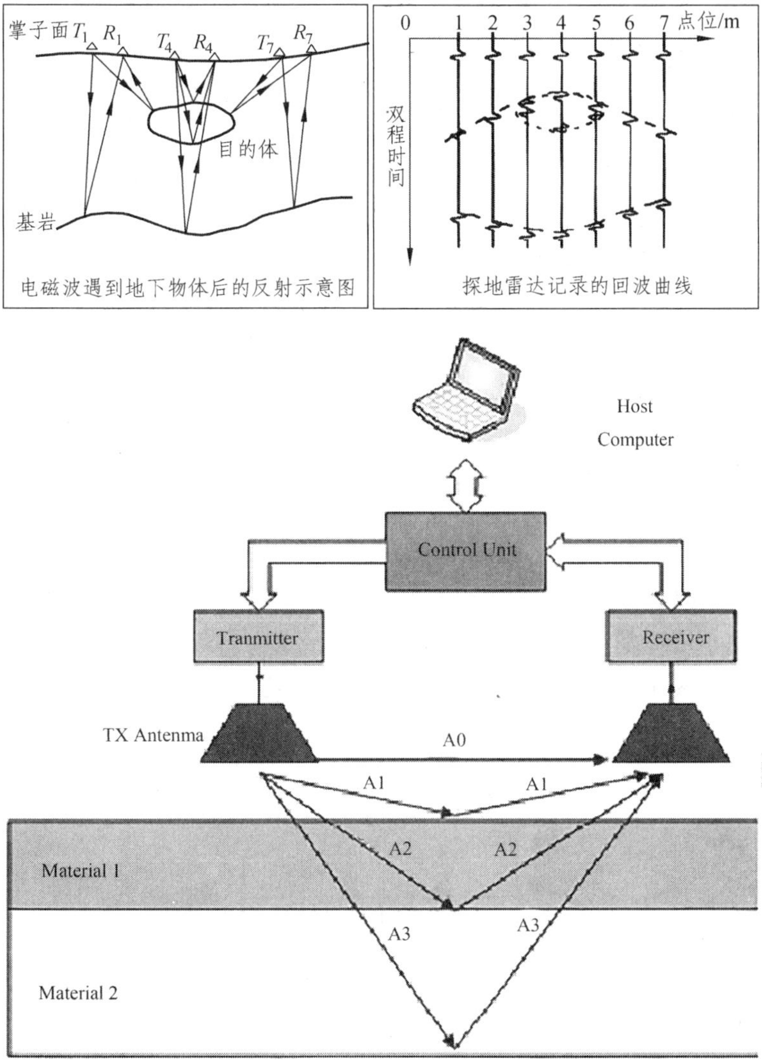

图 3-6　地质雷达原理图

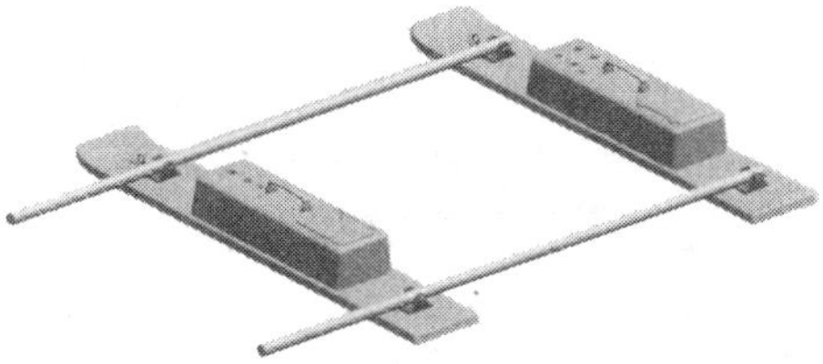

图 3-7　100 MHz 天线 SSL 无线便携式地质雷达

图 3-8　1 000 MHz 天线 SSL 无线便携式地质雷达

2. 预报目的

对 TSP203A 预报的异常点和设计的断层和岩溶异常区采用地质雷达作为补充手段，进而确定异常体的规模、性质等。

3. 预报方法

探测的具体布置根据 TSP203A 的预报结果和现场掌子面的具体情况，测线主要布置在掌子面上，正洞每个掌子面布置 4 条测线，辅助坑道每个掌子面布置 3 条测线。测线布置如图 3-9 所示。

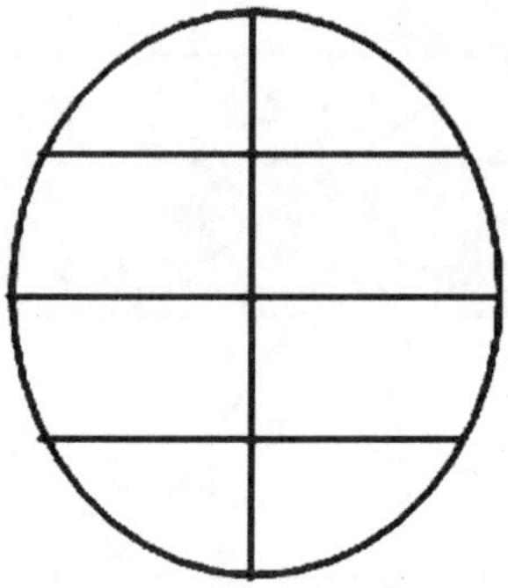

图 3-9　正洞掌子面地质雷达测线布置示意图

地质雷达数据采集时的信号触发方式一般有 3 种，即测量轮触发、时间触发和键盘触发。测量轮触发方式一般要求测量表面比较光滑，保证测量轮正常滚动，以使雷达数据长度能够和实际测线长度相符。因为隧道掌子面凹凸不平，所以一般不能保证测量轮的正常工作，因此不采用这种触发方式；时间触发方式是地质雷达系统按照一定的时间间隔自动采集数据，要求天线按照合适的速度匀速前进，天线底部和测量表面允许一定的间隙，一般≤20 cm，无论天线是否移动，系统都会按照设定好的速度自动采集数据，因此雷达数据长度会与实际测线长度不符，所以最好不要采用这种触发方式；键盘触发方式是通过电脑键盘发送指令给雷达控制系统，按一下键盘采集一道数据。天线按固定间距移动，移动一次采集一道数据，这种信号触发方式非常适合掌子面恶劣的工作条件。

4. 探测范围

地质雷达法探测可用于断层破碎带、软弱夹层等不均匀体和人为坑洞的探测，每次预报距离控制在 30 m 左右，前后两次搭接长度 5 m 以上。其相关技术要求按《铁路隧道超前地质预报技术规程》办理。

5. 与施工工序衔接

地质雷达探底要在隧道铺底之前完成。掌子面前方探测，数据采集前要求工区配合对掌子面进行平整处理，移走掌子面附近其他的金属物体，使雷达天线与掌子面能有较好的耦合。

6. 现场测试方法

（1）表面雷达预报宜使用先进的地质雷达，选用 100 MHz 雷达天线，若有必要可使用其他频率天线作为辅助探测手段。

（2）仪器设备的信号增益控制具有指数增益功能，模数转换大于 16 bit，具有 8 次以上信号叠加功能，连续测量时，扫描速率大于每秒 128 次。

（3）通过试验选择合适的仪器参数，采样率宜选用天线中心频率的 6 ~ 10 倍。

（4）支撑天线的器材应选用绝缘材料，天线操作人员不应佩戴金属物件。

（5）测试过程中，天线应紧贴岩壁，水平测线高度基本一致，垂直测线应保持铅直。

（6）现场采用连测时，应匀速缓慢移动天线，保证点距不大于 20 cm；采用点测时，点距宜为 20 cm，采样时保持天线静止。

（7）采用测量轮标注时，宜每 5 m 校对 1 次。

（8）现场测试时，应移走或尽量避开测线附近的机械设备与金属物体、导线等。

（9）每次现场测试同时必须对隧洞掌子面及侧壁进行简要地质素描，了解隧洞掘进情况，以有助于雷达图像的地质解释与前期雷达成果报告的比对分析与复核。

7. 成果资料

室内计算机分析处理一般在 24 h 内完成并报告有关部门。

资料整理要求：

（1）由于高频雷达信号衰减并且容易受到干扰，现场采集的雷达数据必须使用专用的雷达处理软件，经过频谱分析、滤波、增益恢复等一系列处理，提高雷达信号的信噪比，突出目标地质体信息，从而形成高质量的雷达图像。

（2）根据雷达图像、同相轴及波形、能量、相位等特征，识别目标地质体，并选取合适的岩体介电常数，计算目标地质体的位置、规模及大致产状。

（3）结合地质资料及前期表面雷达追踪结果，判断目标地质体的性质及地下水赋存情况。

（4）若布置多条测线探测同一目标地质体，则应提取各雷达同相轴计算地质体的真实产状。

（5）根据隧洞掘进揭露的地质情况，与前期预报成果报告进行对比和分析，进而评价预报质量效果。

（6）每预报一次提交一期预报成果报告，报告内容主要包括：掌子面地质素描图、测线布置图、雷达成果图、地质推断解释图、预报结论等。

3.6.3 瞬变电磁法

瞬变电磁法用于探测任何地层中存在的地下水体、断层破碎带等。每次预报距离控制在 6 010 m，前后两次搭接长度 20 m 以上。由于测量线圈和发射线圈的面积及层数不同，致使前方存在不同深度范围的盲区，盲区段落的数据不能参与资料解释。

瞬变电磁法是一种时间域电磁法，它是利用阶跃波形电磁脉冲激发，利用不接地回线向地下发射一次场，在一次场断电后，测量由地下介质产生的感应二次场随时间的变化，来达到寻找各种地质目标的一种地球物理勘探方法。

瞬变电磁法的测量原理是利用不接地回线（电偶源）向地下发送一次脉冲磁场（电场），即在发射回线上供一个电流脉冲方波，方波后沿下降的瞬间，将产生一个向地下传播的一次瞬变磁场，在该磁场的激励下在地质体内产生涡流，其大小取决于该地质体的导电能力，导电能力强则感应涡流强。在一次场消失后，涡流不能立即消失，它将有一个过渡过程（衰减过程），该过渡过程又产生一个衰减的二次场向地下传播。在地表用接收线圈接收二次磁场，该二次磁场的变化，将反映地下介质的电性情况，在接收机中按不同的延迟时间测量二次感应电动势，得到二次场随时间衰减的特性。图 3-10 所示为瞬变电磁探测原理图。

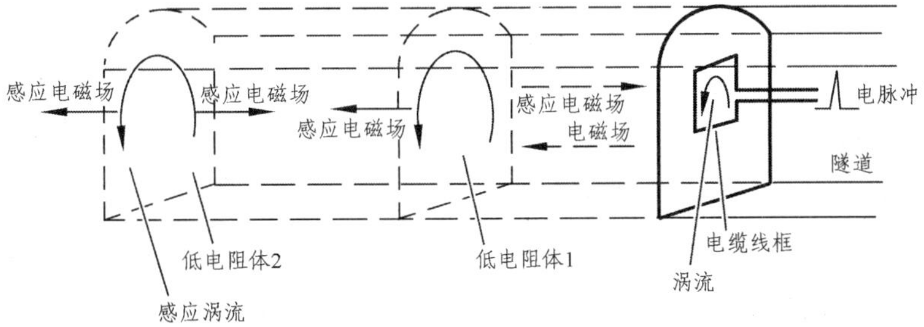

图 3-10　瞬变电磁探测原理图

瞬变电磁法优点：

（1）断电后观测纯二次场，可进行近区观测，减少旁侧影响，增强电性分辨能力。

（2）可用加大功率的方法增强二次场信号，提高信噪比从而增加勘探深度。

（3）穿透高阻层能力强。

（4）由于采用人工源方法，随机干扰影响小。

（5）采用重叠回线装置工作，可以避免地形影响。

（6）线圈形状方位要求相对不严格，测地工作简单，工效高。

（7）测量磁场受静态位移的影响小。

（8）通过多次脉冲激发，场的重复观测叠加和空间域多次覆盖技术的应用，可以提高信噪比和观测精度。

3.6.4 超前钻孔探测技术研究

1. 超前钻探预报原理

为了对地质雷达探测等物探手段探测到的不良地质体进行确认，可以采用超前地质钻孔进一步探明前方地质情况。

超前地质钻探适用于各种地质条件下的隧道超前地质预报，特别是在富水软弱断层破碎带、富水溶岩发育区、瓦斯地层、重大物探异常等地质条件复杂地段必须采用。超前地质钻探主要采用冲击钻和回转取芯钻两种方法，两者合理搭配使用，从而提高预报准确率和钻探深度，减少开挖工作面的时间。在天然气瓦斯隧道中，瓦斯赋存不集中，不利于准确探测。隧道施工中如遇断层破碎带、隐伏断裂、节理密集带、透镜状储集砂体、岩性突变、地下水涌出等情况时，可能涌出残余“气包”，含有瓦斯。因此，超前地质钻孔应当全隧道连续搭接进行。根据地质雷达探测到的前方不良地质体情况，并结合前期的地质勘查成果、地质调查资料以及掌子面地质素描，进行综合分析，对钻孔的位置、孔深、孔径、数量、取芯等在设计基础上进行微调。

超前地质钻孔是在掌子面钻设数个深孔、根据实际需要确定是否钻探获取岩芯、并对钻孔成果进行地质编录的一种地质预报方法。它能够直接了解掌子面的前方、左右、上下以及两侧地层的岩性、构造、围岩类型、含水与否、煤层、瓦斯气包的位置及发育情况，并对此作出较为准确的判断。

超前钻探法是一种与物探预报相互补充、相互检验的地质预报方法，它能够对前期地质调查和物探成果进行验证；同时在遇掌子面前方瓦斯涌出时可以兼作瓦斯排放。可以说，隧道内灾害性事故的发生概率在采用了这种系统、综合的预报后，是能够大大减少的。

超前钻探法分为超前地质钻孔和加深炮孔。超前地质钻孔拟采用冲击钻和回转取芯钻，钻机应采用防爆型。验证中、近距离物探超前探测存在异常的地段，钻孔直径不小于 89 mm。每循环钻孔长度不小于 35 m，连续钻探时每循环搭接长度不小于 8 m，钻孔是否取芯根据不同地质条件和探测目的确定。根据不同地质条件及其适用性，现将超前地质钻孔法分为以下 5 类，见表 3-4。

表 3-4　超前地质钻孔法分类及适用条件

序号	适用来件	钻探类型	主要手段	备注
1	非可溶岩且无无构造的一般地段	ZT1	根据地质调查法、物探预报结果，需要采用超前钻探验证地质异常时实施超前钻孔 1 孔进行	超前钻孔长度控制在本段长度的 5%以内
2	非富水构造（非富水断层及其破碎带，非富水褶皱及其破碎带）；浅埋低洼地段	ZT2	根据地质及物探预报结果，贯通施作超前钻孔 1 孔，若遇高压富水地段，则按 ZT5 执行	
3	可溶岩地段、可溶岩与非可溶岩接触带，低瓦斯工区	ZT3	贯通施作超前钻孔 1 孔。若遇高瓦斯，则按 ZT4 执行；若遇高压富水地段，则按 ZT5 执行	
4	高瓦斯工区	ZT4	辅助坑道贯通施作超前钻孔 1 孔；正洞贯通施作超前钻孔 2 孔	
5	可溶岩高压富水段，浅埋下穿河道地段	Z15	辅助坑道贯通施作超前钻孔 2 孔；正洞贯通施作超前钻孔 2 孔。根据现场情况，确定钻孔是否需设置关水阀门及测压装置	如超前钻孔 2 孔仍无法探明高压富水区，则需相应增加超前钻孔孔数，增加的孔数以满足安全施工和高压富水区处理所需资料为原则
说明	1. 当适用条件有重合段落时应采用组合的重合手段。超前钻探法其孔位布置及相关技术要求见“超前地质钻孔位布置示意图”及其说明。 2. 超前取芯钻孔一般只在特殊地层、特殊目的地段、需要精确判定的情况下使用，比如断层破碎带地质成分的鉴定、岩土强度试验取芯等。 3. 瓦斯工区钻孔必须采用湿式钻机，正式探测孔应取完整的岩芯，宜用干钻取样。未尽之处，参照《铁路瓦斯技术规范》（TB 10120）办理			

超前地质钻孔是对 TSP203A 预报和地质雷达探测、瞬变电磁法等手段探测到的不良地质体的确认，贯穿整个开挖工序，超前地质钻孔的位置、孔深、数量、取芯等由地质人员根据物探预报成果并结合掌子面附近的地质情况综合分析确定。超前地质钻孔孔位布置如图 3-11 所示。图 3-12 所示为非可溶岩段超前钻孔纵断面示意图。

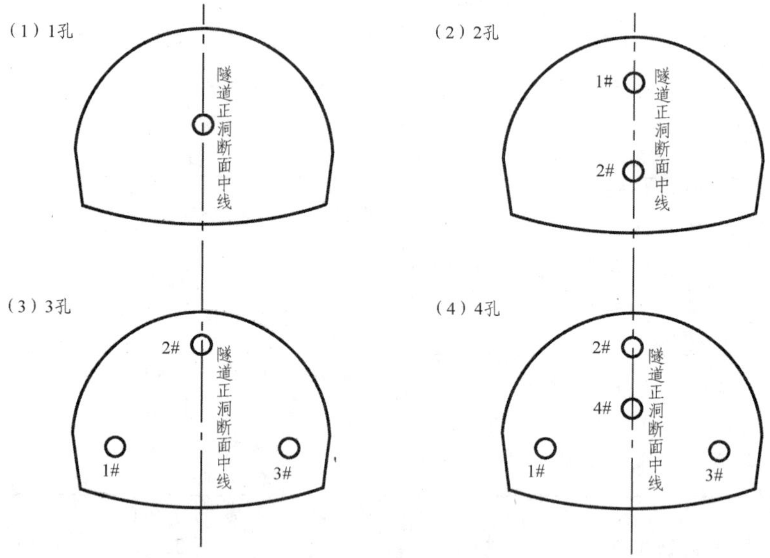

图 3-11　超前地质钻孔位布置示意图

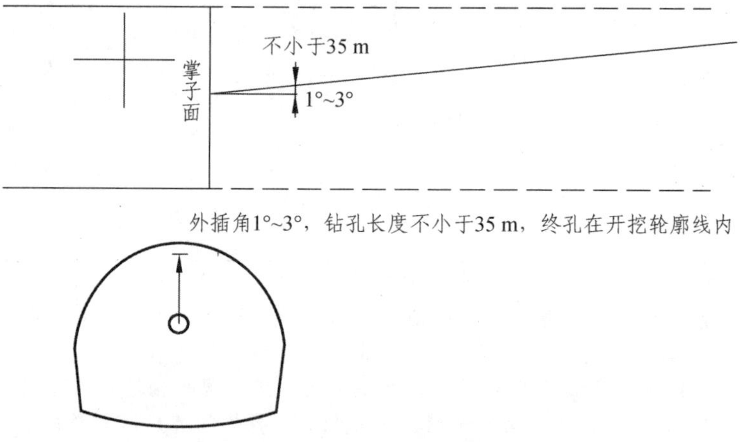

图 3-12　非可溶岩段超前钻孔纵断面示意图

2. 超前地质探孔的特点

超前钻孔探测优点和不足并存，优点有：

（1）该手段预报最直观，可以比较直观地告诉我们钻孔所经过部位的地层岩性、岩体完整程度、裂隙度、破碎度等。

（2）即使不能全面反映断面内所有的地质特点，至少也可以根据出水探孔的数量、探孔的出水量、探孔的出水压力等来直接对隧道涌水对施工可能产生的危害程度进行判断。

（3）可以对探孔内瓦斯参数进行测定，采取适宜的防治措施，防止瓦斯突出危险；同时，当孔内瓦斯涌出速度不大、瓦斯含量不高时，超前钻孔可以兼作瓦斯排放孔。

（4）与物探方法相比，超前探孔具有直观性、客观性，不存在物探手段经常发生的多解性、不确定性。

它的不足有以下几点：

（1）成本高，对隧道施工的干扰太大，通常一个循环的超前探孔需要中断隧道施工 10 ~ 20 h。

（2）往往以 1 孔或几个孔代表掌子面前方的整体，具有局限性；而且钻孔方向和钻探工艺有一定的技术难度，难以确保钻孔资料的完整性。

3. 超前钻孔瓦斯压力及涌出速度测试

高瓦斯隧道采用瓦斯气体压力计（见图 3-13）对超前钻孔瓦斯压力进行测试；用玻璃转子流量计（见图 3-14）进行瓦斯涌出速度测试。

图 3-13　瓦斯气体压力计

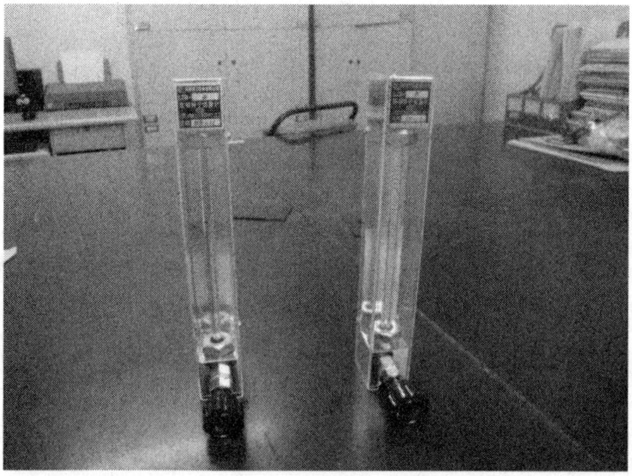

图 3-14 玻璃转子流量计

钻孔一旦形成，随即插入 3 m 长 PVC 管或者钢管，并封堵孔口管周，接上气体压力计或流量计，在 2 ~ 3 h 完成测试得出压力或涌出速度值，如图 3-15 所示。排放效果采用同样的方法检测。瓦斯涌出量小时，超前探孔兼作排放孔。

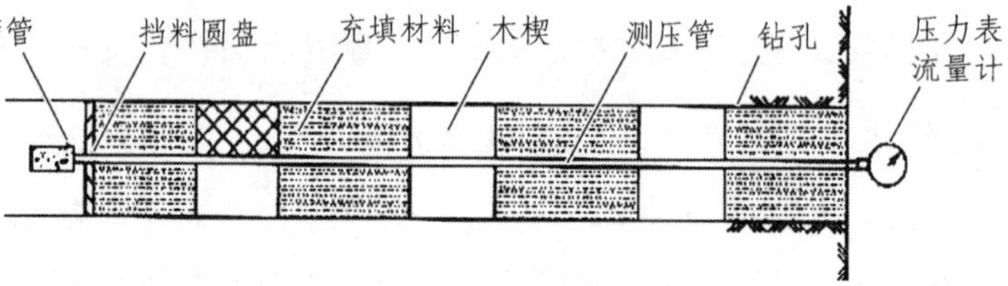

图 3-15 瓦斯压力及涌出速度测试示意图

测出的瓦斯压力和涌出速度参照表 3-5 预测瓦斯突出危险性指标，只要达到了表 3-5 中的定量指标或定性指标其中一个标准，即可确定为瓦斯突出。

表 3-5 预测瓦斯危险性指标

指标类型	预测方法	预测指标	突出危险性临界值
定量指标	钻孔瓦斯压力法	P	0.74 MPa
	钻孔瓦斯涌出初速度法	Q	4 L/min
定性指标	如钻孔过程中出现顶钻、卡钻及喷孔等动力现象时，即视该开挖工作面为突出危险工作面		

若判定为瓦斯突出危险工作面，则在涌出孔附近施作排放孔，进行瓦斯排放，将瓦斯压力降至 0.74 MPa 以下，若 24 h 后不能使其降低，应立即封闭，另作专门处理；反之，则加强通风，自然排放。

4. 钻进方式

拟采用单孔水平取岩芯钻探法，超前探测 20 ~ 30 m，验证中长距离物探超前探测的异常地段。每 25 m 一循环，每孔长 30 m，钻孔是否取芯根据不同地质条件确定。

5. 资料提交

超前地质钻孔由地质技术人员进行地质编录和孔内必要的测试后，整理得到超前探孔成果，内容如下：

（1）钻孔柱状图：描述地层、岩性、节理裂隙特征，记录钻孔过程中有价值的信息，提出围岩完整性评价。

（2）记录出水位置：进行孔内水量、水压、水温等测试，预测隧道涌水量。对于水量大于 1 L/s 的出水点，建立出水点档案，进行动态观测。

（3）编写钻探报告。

6. 加深炮眼

加深炮孔即加深探孔超前探测，利用在隧道开挖工作面上钻小孔径浅孔获取地质信息的一种方法，根据隧道断面大小及可能出现的不良地质，在每一循环布设 5 ~ 8 个、加深 5 m 以上的孔，终孔位置距离开挖轮廓线外不小于 2 m，加深探孔严禁在爆破残眼中实施，且不能作为炮孔使用。根据不同的地质适用条件，隧道开挖工法、断面大小、所采用的加深炮孔孔数要求及孔位布置如图 3-16 所示。非可溶岩段加深炮孔纵断面如图 3-17 所示。

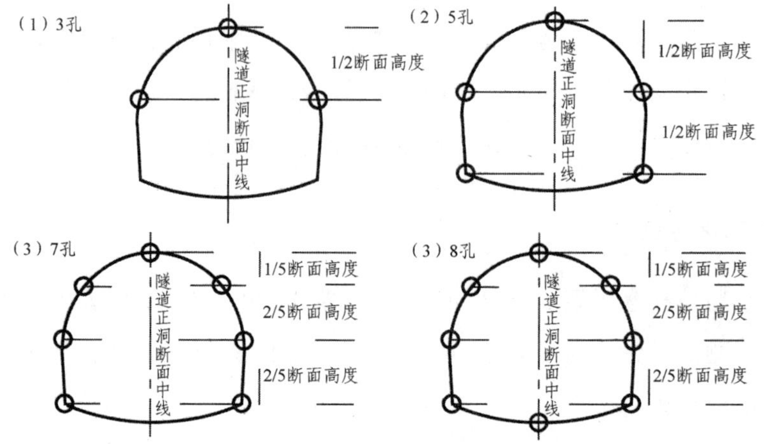

图 3-16　加深炮孔孔位布置示意图

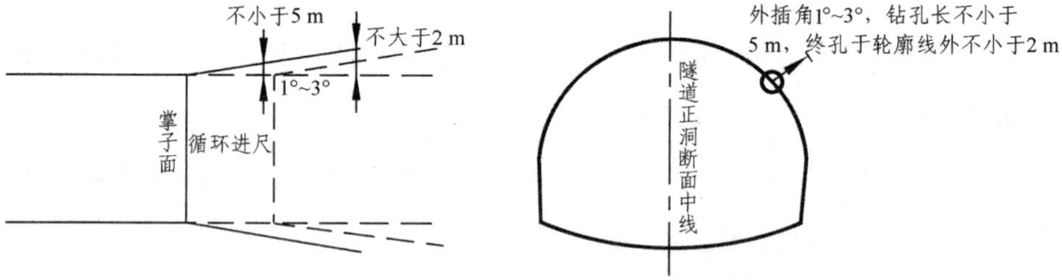

图 3-17　非可溶岩段加深炮孔纵断面示意图

非可溶岩段（台阶法/全断面）加深炮孔孔数见表 3-6。

表 3-6　非可溶岩段（台阶法/全断面）加深炮孔孔数

适用条件	一般地段	瓦斯等有毒、有害地段	低洼浅埋段	可溶岩、非可溶岩接触带	备注
单洞双线	3/3	5 ~ 7/8	3/5	5/8	当适用条件重合时，考虑最不利因素

原则上正洞的超前钻探法孔位布置参照图 3-17 执行，1 孔时宜布置在掌子面中心位置；4 孔时，1#、2#和 3#孔宜呈等腰三角形布置，离断面轮廓线的距离宜控制在 1.5 ~ 2 m，4#孔宜布置在掌子面的中心位置。但当掌子面局部出现局部夹泥、裂隙增多、含水量增大等特殊情况时，宜结合现场情况适当调整孔位位置。

3.7　超前探测解译精度的误差及提高措施

隧道在实际施工开挖的过程中遇到的岩土体介质不均匀且物性千变万化，这造成 TSP 超前预报系统发射的地震波与地质雷达超前预报系统发射的电磁波在岩土介质中传播的过程中受到的干扰变化非常多，接收到的信号当中不仅包含了有效信号，还有各种干扰因素产生的无用信号与干扰信号。有时，干扰信号甚至会覆盖有效信号，对后期的波形图像信息解译产生了强烈的影响。

综合比对大量的相关理论及经验，本章重点研究分析了影响 TSP 预报系统与地质雷达预报系统超前探测解译的主要因素，总结了超前探测过程中遇到的各种干扰因素，提出了提高 TSP 预报系统与地质雷达预报系统图像解译精度的措施，从多层次出发，归纳总结出复杂地质条件下 TSP 与地质雷达图像的解译特征，为后续具体工程实例解译做好充分的理论准备。

3.7.1　TSP 超前探测解译精度的误差及提高措施

3.7.1.1　TSP 解译误差原因分析

将 TSP 超前探测解译误差归纳为数据采集时现场干扰产生的误差、数据软件处理时产生的误差、现场地质情况掌握不足产生的误差。

1. 数据采集时现场干扰产生的误差

（1）传感器孔的低耦合性。现场探测得到的信号质量与接收源、激发源的耦合具有联系。如果传感器孔耦合效果差，则接收器和地震波不同步，接收到的地震波信号质量差，有许多干扰波存在，对数据产生严重的影响。如图 3-18 所示为传感器耦合性不良时接收到的地震波信号，从图中可以清楚地看到地震波信号中存在大量的高频干扰信号，影响后续解译工作的准确性。

（2）作业环境的干扰。TSP 超前探测预报接收到的地震波能量会受到隧道内掌子面施工时的噪声、振源等干扰信号的干扰，对预报结果产生影响。如图 3-19 所示，从图中可以看到接收到的 22 道地震波信号在开始记录时全部都出现峰值现象，这是由于在进行 TSP 超前探测过程中隧道掌子面施工而产生的干扰信号。

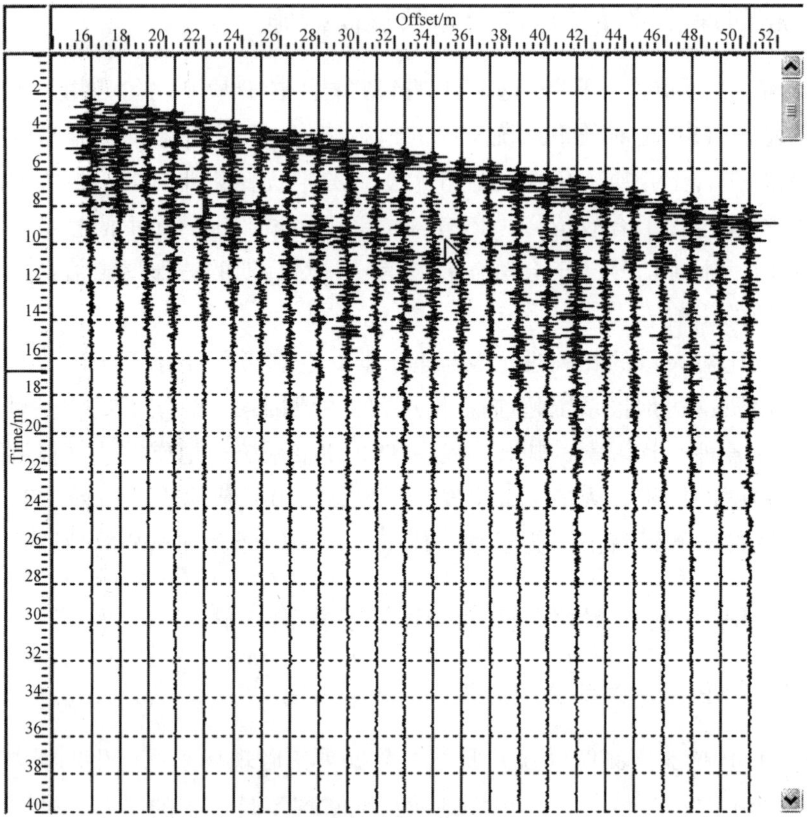

图 3-18　传感器低耦合时接收到的信号数据图

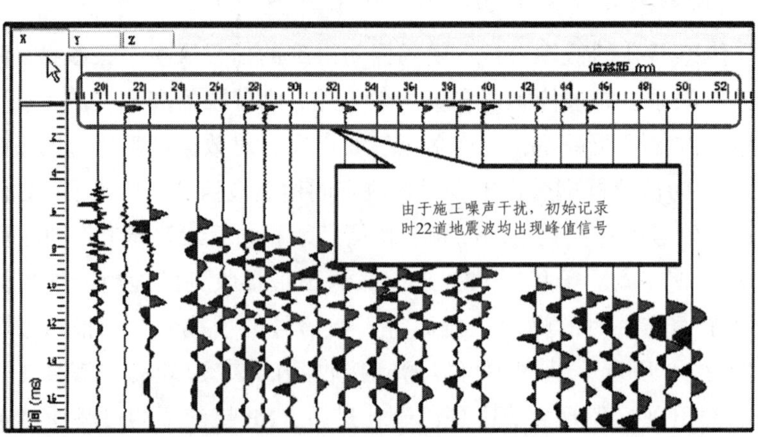

图 3-19　噪声干扰接收到的信号数据图

（3）电雷管质量差。图 3-20 所示为雷管延时差异引起对直达波的定位误差，由于电雷管保存时间较长等情况产生炮点爆破时间差异，从而导致接收到的地震波信号不同，从图中可以很明显地看出有显著延时差异的炮点信号，并且第 11 炮未被爆破，所测得的初至明显不合理，这样的信号是不可采用的。

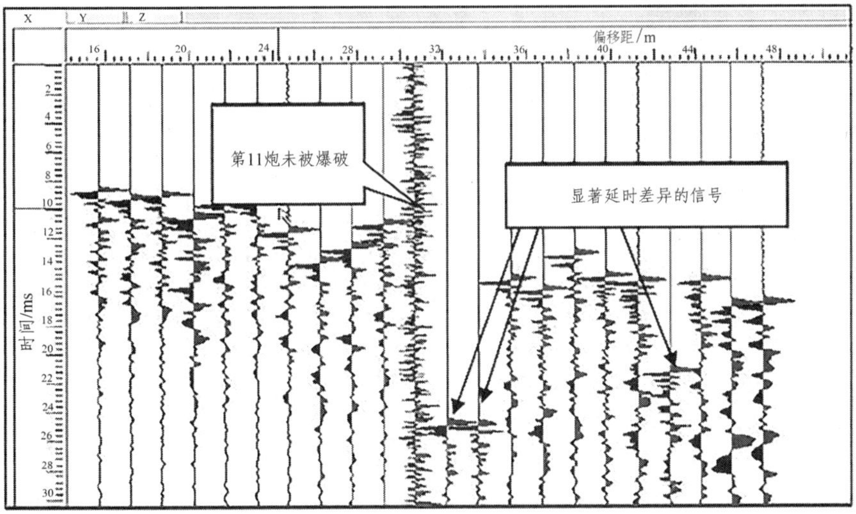

图 3-20　炮点爆破时间差异信号数据图

（4）炸药量装填不规范。地震波的触发强度取决于炮孔装填的炸药量，装填的炸药量过小，则地震波能量不足，接收到的信号弱，将影响后续数据处理的精确度；装填的炸药量如果过大，则导致炮孔附近岩体产生剧烈的塑性形变并粉碎，响声剧烈，产生巨大的干扰信号，并覆盖数据信息，均会降低采集到的数据质量，如图 3-21 所示。

（5）没有很好地注水封堵炮孔。炸药装填完毕后，往往采用注水来封堵炮孔，有时水会从岩体裂隙中慢慢地流走，致使炸药引爆后产生巨大的噪声，接收到的地震波信号中产生大量高频振幅干扰信号，有用信号减少，影响解译的精确度。注水封堵炮孔效果对比如图 3-22 所示。

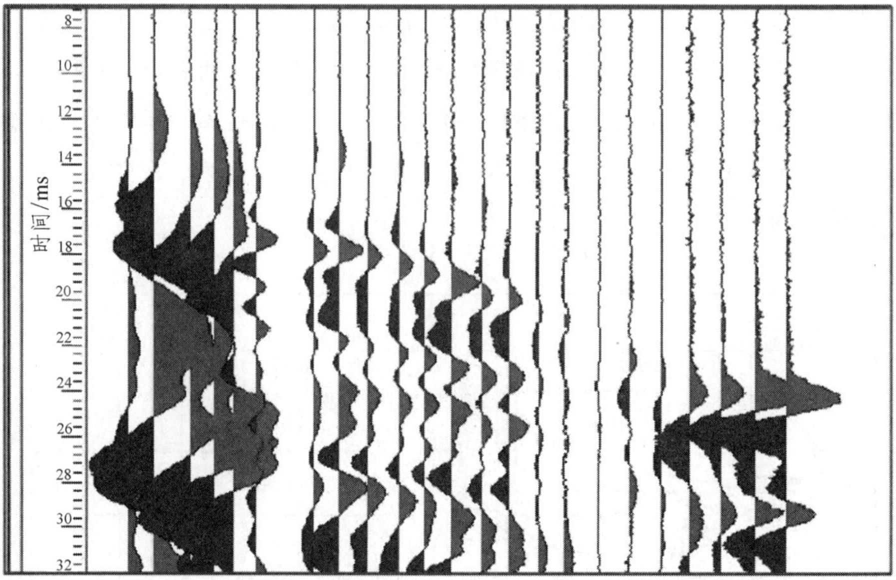

图 3-21　装填炸药量太大或者过小接收到的地震波信号图

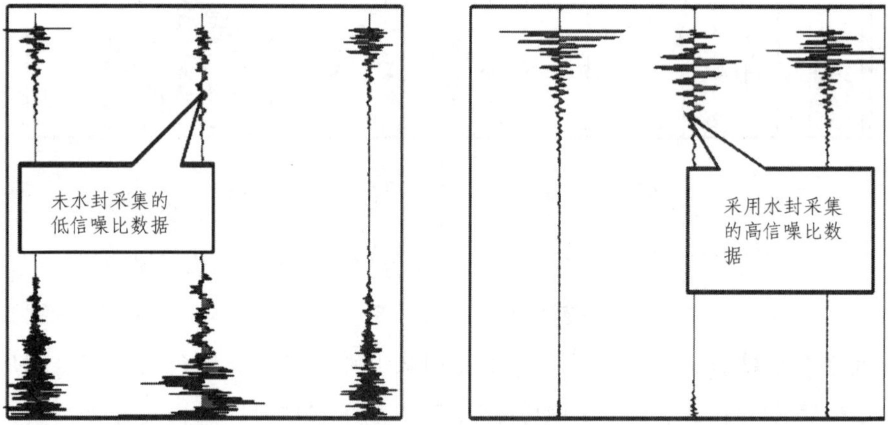

图 3-22　水封效果对比图

（6）炮孔位置不规范。由于在隧道开挖过程中受 2 台阶或者 3 台阶施工条件限制，实际工作中打的炮孔会有误差，有时测量位置不规范或者这些要求无法全部满足,从而导致解译软件中不良地质界面位置的误差更大，对数据的有效性造成严重影响。

2. 数据软件处理时产生的误差

由于 TSPwin 数据处理软件会赋予初始参数，但有的参数是需要人为输入的，由于不同的操作人员所设置的参数不一致，这就会产生数据解译的差异性。

参数设置不恰当的原因：

（1）初至拾取处理时截距没有尽量归零，致使后续的信号处理准确性较差。

（2）带通滤波截取设置不合理，截取的频带没有足够的信噪比，从而产生解译误差。

（3）反射波提取的过程中 *Q*-滤波处理对处理结果很重要，*Q* 值的选取要经过多次的取值对比决定，若选择的 *Q* 值不理想会对解译结果造成误差。

（4）地震波信号数据长度过长或者过短。数据长度过短会导致数据量缺乏，数据量过长会产生大量的干扰信号与无用的信号，并且会延长数据处理时间。

（5）采集到的信号质量过差会使初至拾取定位错误或者定位具有一定的难度，从而导致解译产生误差，如图 3-23 所示。

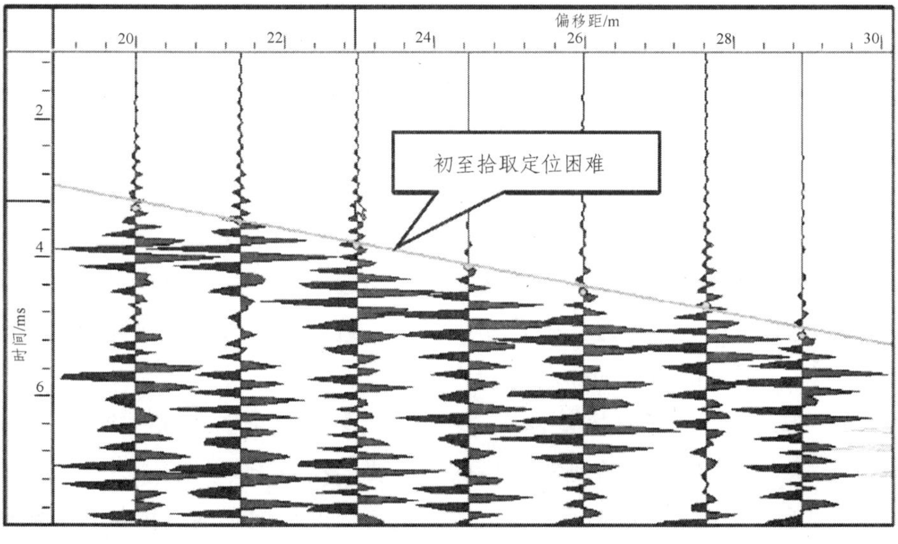

图 3-23　信号质量差的原始地震波信号图

3. 现场地质情况掌握不足产生的误差

只有在掌握现场地质情况的基础上进行预报，才有可能对工程建设过程中遇到的地质问题有一个初步的、整体上的认识，进而在此基础上结合TSPwin软件对不良地质问题进行细化研究分析。反之，若对地质方面的知识不够了解，而只是熟练地去操作分析软件，只能是舍本逐末，这并不能及时且准确地对各种地质问题作出正确的判定和分析。

3.7.1.2 提高TSP解译精度的措施

1. 原始数据的准确采集

在现场数据采集时要认真分析现场干扰源在地震波图像上的表象，对于现场探测预报工作过程中所发生的各种干扰情况提出应对措施。

（1）降低或者排除现场干扰对于脉冲产生的干扰。提前掌握隧道掌子面开挖的施工工序，合理安排爆破测量的最佳时间，爆破时停止隧洞内施工活动。同时，还要避开隧洞附近的巨大扰动施工活动时间段，防止脉冲干扰对采集到的数据造成不必要的干扰。

声波产生的干扰通常是由爆破孔爆破所产生。较完整岩体的爆破孔，可以采用注水封堵的办法；而较破碎岩体的爆破孔，可以采用注浆封堵，防止水顺破碎围岩裂隙中流失。相同的条件下，有水爆破和无水爆破相对比，有水爆破的地震波传播距离与频率分别是无水爆破的1.5~2倍与1.5~3倍。并且要向孔内注锚固剂来让炸药与岩壁耦合完好。

（2）采集装置规范布设药量规范。激发炸药的使用量要视现场岩体的坚硬程度适度使用。通常，岩体较坚硬时，取用40~70 g的量；围岩较破碎时，取用80~200 g的量；距离掌子面稍近时，炸药使用量可适量增大一些；距离传感器稍近时，炸药使用量可适量减少一些。隧道环境本身噪声就很大，则可适当增加炸药的使用量。

① 起爆规范：选择质量合格的雷管，雷管最好是选择同一批次、同一厂家所生产，降低因雷管延时产生的不必要的精度误差。

② 炮孔规范：布设炮孔时，技术人员要提前将炮孔的具体位置在洞壁上做出标记，且角度、深度都应满足规范要求。爆破孔应该布设在结构面

的走向与隧道轴线夹角为锐角的侧壁上，方便接收到较多的反射地震波。针对隧道内左右洞共同施工的情况，布设炮孔的位置应设置于山体的外侧，尽量不要将炮孔布设在左右隧洞的中间位置，避免相邻隧洞对探测数据产生较大的精度误差。

③ 检波器规范：检波器的安装须在成孔质量很高的位置处，且角度与深度要满足规范要求。套管的安装要根据孔深与孔径向孔内注射适当的耦合剂使套管与岩壁之间能耦合完好。

满足以上要求进行 TSP 超前探测，得到的高质量原始信号数据如图 3-24 所示，波形没有发生变异，初至直达波明显。

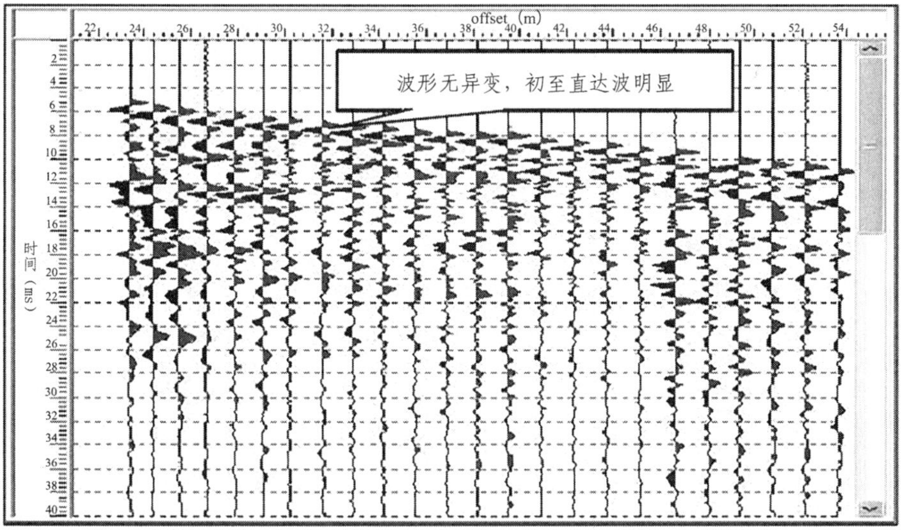

图 3-24　高质量原始信号数据图

（3）结合实际地质情况掌握不良地质体的发育规律。充分掌握现场的地质情况，参考现场地质资料，结合探测数据进行解译，条件允许的情况下，可以采用综合预报手段进行补测与对比验证。

2. 合理的软件处理

（1）带通滤波。

带通滤波是处理 TSP 地震波信号的关键一步，要保证所截取的频带有足够的信噪比，通过低切 f_1 、低通 f_2 、高通 f_3 、高切 f_4 去选定滤波窗口。通常这 4 个端点之间存在的关系是：

$$f_1 = 0.7 \times f_2$$

$$f_3 = 2.0 \times f_2$$

$$f_4 = 1.4 \times f_3$$

确定参数的取值规则：当低切 $f_1 > 50$ Hz 时，参数确定为 50 Hz；当低切 $f_1 \leqslant 50$ Hz 时，参数确定为系统默认值；高切 f_4 一般情况下不大于 2 000 Hz，针对主频不明显的主频信号，参数选取略大于 2 000 Hz。

（2）初至拾取。

初至拾取前，要观察起震点的清晰度，如果有杂波的存在拾取的数据会有瑕疵，所以要事先做预处理。在实际情况中，由于受到雷管爆破延时、掌子面围岩岩性较差等影响，纵截距值有时可能不是 0，可以采用屏蔽一些道的办法调整，确保纵截距值是 0。

（3）反射波提取。

对于隧道开挖工程来说，仅有那些比较显著的反射界面具有提取价值，根据最后的图像处理，选择提取出有价值的 P 波与 s 波的反射层面。反射波提取主要包括 Radon 变换和 Q-滤波处理。而 Q 值的选取对数据处理影响较大，往往需要经过多次试取来选择最佳值。选取原则是选用处理后同相轴比较明显同时频率比较高的 Q 值为最佳值。同相轴较明显表示选取的反射波信号质量高，频率较高表示反射波信号的分辨率好。

3. 加强对现场隧道的整体了解

在进行超前探测预报之前，应该事先进行地表地质调查，了解不良地质体在地表的出露情况，结合已开挖洞段来预报未开挖洞段。

3.7.1.3 TSP 解译标志的初步建立

1. 断层破碎带的地震波解译特征

与完整的围岩比较，破碎带的密度相对变化程度较大且存在各向异性，断层破碎带中 s 波经过破碎带的时候会出现分裂的现象，由此，可判断出裂隙的发育方向与发育的程度。在 TSP 岩石参数变化图形当中，含水的断层破碎带特征为反射波能量纵波小于横波，纵横比波速减小，密度增大；而不含水的断层破碎带，其特征为正负反射界面交替存在且能量强，静态杨氏与纵波的波速均降低，密度曲线呈现高低振荡的现象。

2. 岩溶地区的地震波解译特征

不同类别的岩溶所表现出的特征是不同的。在 TSP 岩石参数变化图形当中，空溶洞的特征表现为纵波与横波的波速都较低，岩石的密度也低，强弱反射界面交替出现；充水溶洞、地下暗河、岩溶裂隙等，则表现出的特征为反射界面复杂，反射横波大于纵波，纵横波速比与泊松比出现骤增的现象。

对 TSP 数据资料的准确解译，要求专业解译人员一定要遵守 TSP 预报系统工作手册中的规范。在实际隧道开挖中总结积累解译经验，加强地质知识的学习，提高超前预报的准确率，避免不良地质灾害的发生。

3.7.2　地质雷达超前探测解译精度的误差及提高措施

3.7.2.1　地质雷达解译误差原因分析

地质雷达超前探测解译误差可归纳为数据采集时现场干扰产生的误差、数据软件处理时产生的误差、现场地质情况掌握不足产生的误差。

1. 数据采集时现场干扰产生的误差

（1）掌子面不平整。

在进行地质雷达探测时，雷达天线和掌子面不能紧密贴合，其间会存在空气使其耦合性降低，并产生振荡现象，致使探测结果图像在深处的振幅值增大、波形偏移、波幅加宽等多次波的干扰，情况严重时甚至会覆盖一定范围的有效波，如图 3-25 所示。

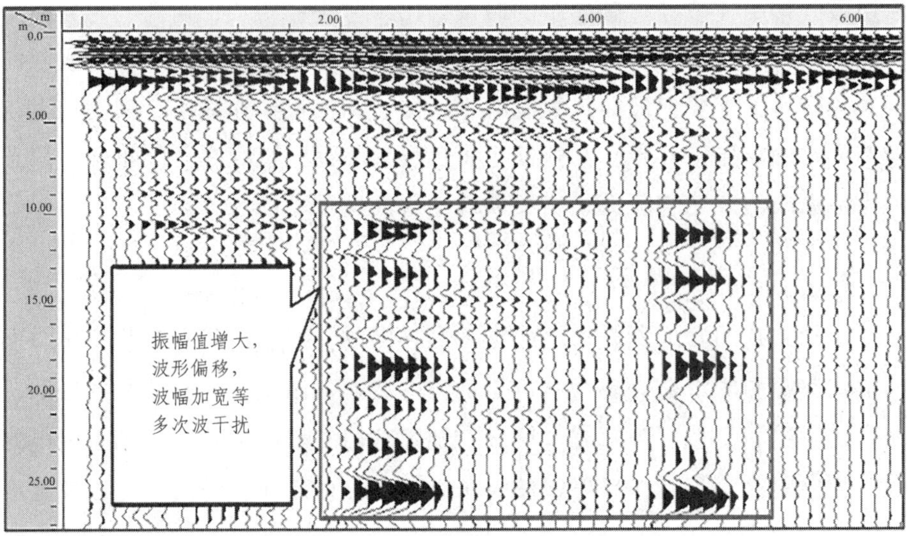

图 3-25　掌子面不平整产生的干扰波形堆积图

（2）机械噪声产生的干扰。

隧道施工现场环境情况极差，在雷达探测过程当中电磁波可能由隧道洞内水、手机、对讲机、金属物等产生干扰噪声，致使探测结果图像振幅值增大，频率升高，波形杂乱无章，掩盖有效的弱信号，难以识别岩体构成，从而影响信号的真实性，如图 3-26 所示。

（3）测线布设位置不准。

在进行地质雷达探测时布设测线未能全面地覆盖掌子面，或者应该采用点测测量而采用了连续测量，又或者应该使用连续测量而选择了点测测量，导致有的结构面没有被探测到，致使探测结果图像有的地方未能出现反射波信号，产生信号缺失，进而影响解译效果。

（4）电缆与主机或与天线的低耦合性。

在进行地质雷达探测时，有时工作人员连接天线与电缆或者主机与电缆的接口时没有连接好，致使数据传输过程当中存在一定的耦合差，探测结果图像上就会出现多次干扰波，覆盖真实的地质体信号，如图 3-27 所示。

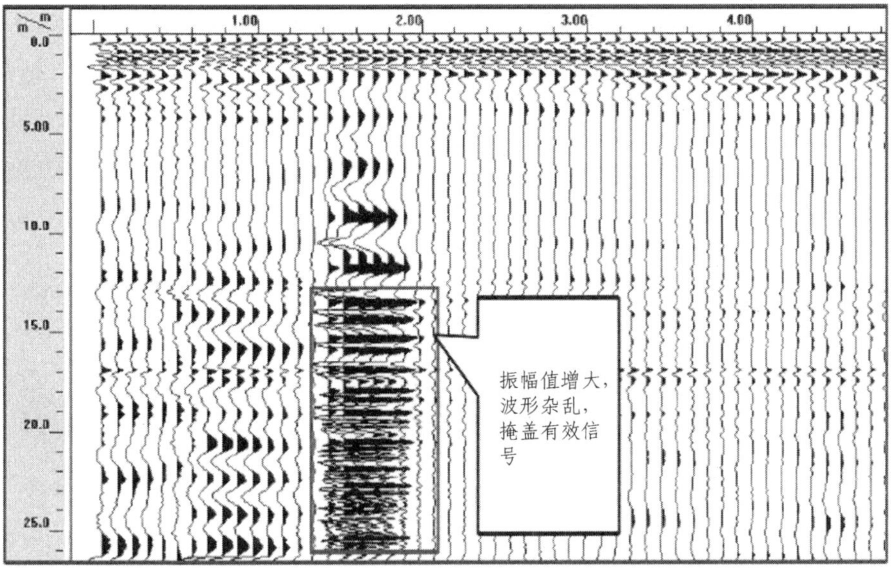

图 3-26　机械噪声产生的干扰波形堆积图

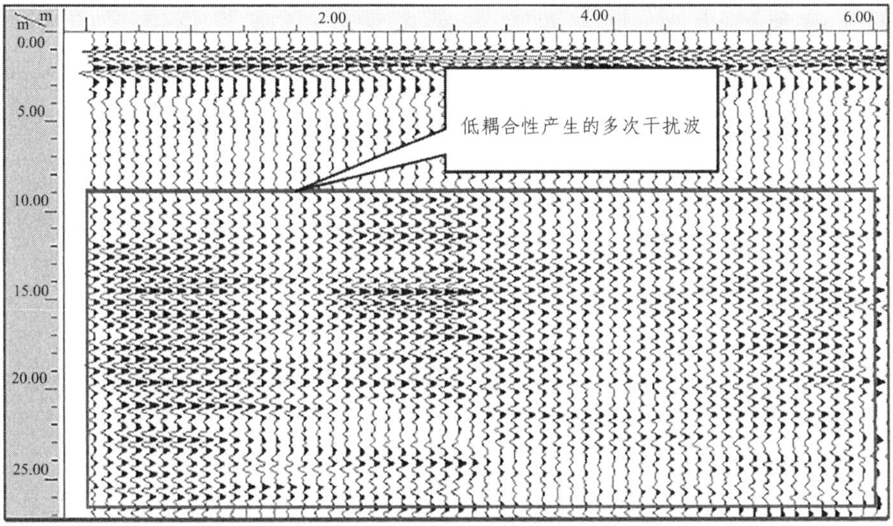

图 3-27　电缆与主机或与天线的低耦合性产生的干扰波形堆积图

（5）参数选择不恰当。

在设置雷达参数时，预报人员根据经验设置参数，有时对于参数选择不恰当，都会影响雷达探测预报结果的精确度。

（6）电缆线未完全打开预报。

人员结束上一次预报工作时会把电缆线绕圈收放，当进行下一次超前探测预报时，为了方便快速探测，不把电缆线完全地调整开，大多数情况下电缆线一部分还未打开甚至还缠绕着圈就进行雷达探测，缠绕着的电缆线会对雷达天线造成一定的磁场干扰，降低预报精度。

2. 数据软件处理时产生的误差

（1）现场记录。

数据处理的过程中未能结合现场实际超前探测时的记录信息，对现场产生的干扰信号未能较好地剔除，错误地将干扰信号看作异常目标体界面，从而产生预报错判。

（2）数字滤波。

数据处理的过程中滤波频谱带宽选择不当,有效信号与干扰信号混淆，未能合理地把有效信号当中的干扰信号剔除，从而影响预报的准确性。

（3）反褶积。

反褶积处理是一个特殊的滤波过程，对雷达子波的压缩若处理不当也会影响预报结果的准确度。

（4）解译人员专业知识不足。

雷达电磁波信号解译操作人员对软件操作不规范，专业水平不够，解译理论知识掌握不够，对参数选取不当，经验不够，存在失误操作。

3. 现场地质情况掌握不足产生的误差

地质雷达探测前，对现场的地质信息了解不足，未按照规范操作，只是盲目地进行超前探测，造成误判、错判，从而影响预报的结果。

3.7.2.2 提高地质雷达解译精度的措施

1. 原始数据的准确收集

地质雷达超前探测干扰源是多种多样的，压制干扰信号提取有效信号是为了后期数据处理提供更准确的信息，应针对采集工作过程中出现的各种干扰提出应对措施。

（1）对于掌子面不平整的情况，探测前与施工单位联系对掌子面进行清理，使掌子面保持平整，并且采用加大采样点数，提高叠加次数的方法，降低解译误差。

（2）对于噪声干扰，在地质雷达探测前超前地质预报工作者要对隧道内大型施工设施、施工台车、无线电施工用电设备等物体的位置信息，探测面附近是否含水和掌子面的潮湿度等信息做好记录，应与施工现场做好配合。探测时，应停止现场隧道洞内施工以及现场隧道附近施工，尽量避开干扰源，避免干扰造成的错误解译。

（3）进行雷达预报操作时，要了解现场的地质信息，合理布置探测线，使测线网格覆盖整个掌子面并尽可能地向掌子面中心位置处布置，减少漏测的情况，以获得更加全面的数据信息。

（4）开始探测前，应设置合理的经验参数，在掌子面上进行多次测试，对比选择出更加合理的参数，在异常区域进行多次的重复探测，避免形成误判，从而得到更加精确且理想的地质雷达波形图像。

（5）将电缆线完全展开后再进行探测，电缆与雷达天线不能保持平行的方式，要使天线长轴方向与电缆线尽量保持垂直，垂直时效果最佳。

2. 合理的软件处理

（1）结合探测剖面图解译时要结合雷达探测剖面彩色图、灰度图和堆积图等图像进行综合分析。

其中，堆积图能够容易地识别反射波同相轴的变化、彩色图能够容易地识别反射波振幅的强弱。

（2）废道处理。若前期探测地震波数据足够多，将干扰信号去除的同时对预报工作不造成影响，可对地震波数据进行废道删除。

（3）增益调节。雷达探测时，雷达天线接收到电磁波，由于隧道围岩介质会对雷达波产生一定的吸收作用，导致接收到的雷达图像中岩土体的组成很难从杂乱的波形当中直接分辨出来，后期需要通过处理软件的手动增益调节或者自动增益调节，以突出由于围岩的吸收作用而产生的较弱信号。

（4）数字滤波。通过干扰信号分布情况，选择合理的滤波器，将其干扰信号去除，若噪声的频谱存在高频率，尝试选择低通滤波器；若噪声的频谱中存在低频率，尝试选择高通滤波器；若噪声信号中既有高频率又有低频率，尝试选择带通滤波器。

3. 加强对现场隧道的整体了解

在进行超前探测预报之前，超前探测人员一定要认真负责，要及时收集地质调查报告，掌握现场探测地区的地形地质情况，了解现场金属物质的分布情况，了解不良地质体在地表的出露情况，结合已开挖洞段去预报未开挖洞段。

3.7.2.3 地质雷达解译标志的初步建立

（1）完整岩体电磁波解译特征。雷达波图像上方存在直达波，而其余区域几乎不存在反射现象，电性差异很小，表现为中高频的反射信号，同相轴连续、清晰、平直，波形均匀分布，反射波振幅逐渐减小，如图 3-28 所示。

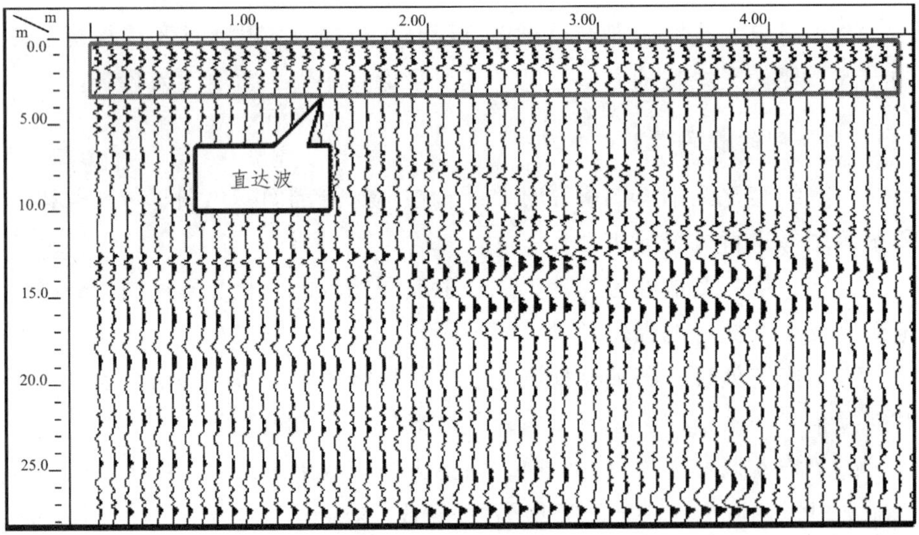

图 3-28 完整岩体雷达波形堆积图

（2）断层破碎带电磁波解译特征。电磁波信号波形杂乱且呈整片区域化分布，在断层界面同相轴是不连续的且存在错断现象，断层破碎带中可能会受到水和泥的影响，表现为中频和低频的强反射信号，如图 3-29 所示。

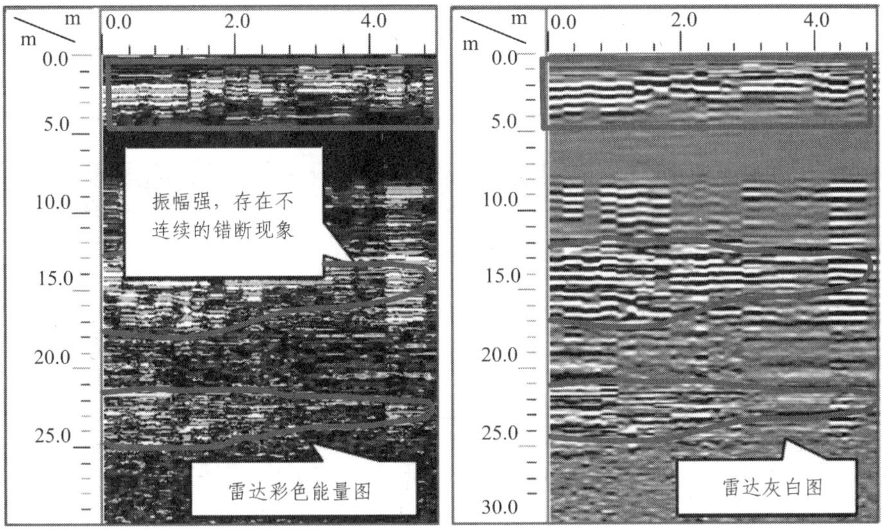

图 3-29　断层破碎带雷达波形图

（3）裂隙密集带电磁波解译特征。电磁波信号有规律，同相轴不平行，时断时续，裂隙带中可能会充填泥质或裂隙水，表现为中频和低频的反射信号，振幅较强，波形分布杂乱，电磁波能量迅速衰减，存在绕射与散射现象，如图 3-30 所示。

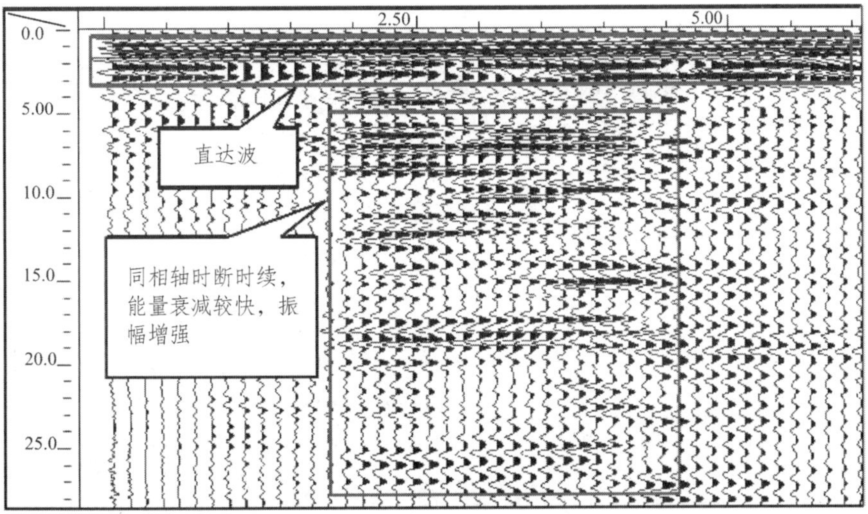

图 3-30　节理发育雷达波形堆积图

（4）富水带电磁波解译特征。电磁波信号表现为低频振荡，同相轴连续、均一，波幅较宽，存在绕射、散射情况，导致波形紊乱，如图 3-31 所示。

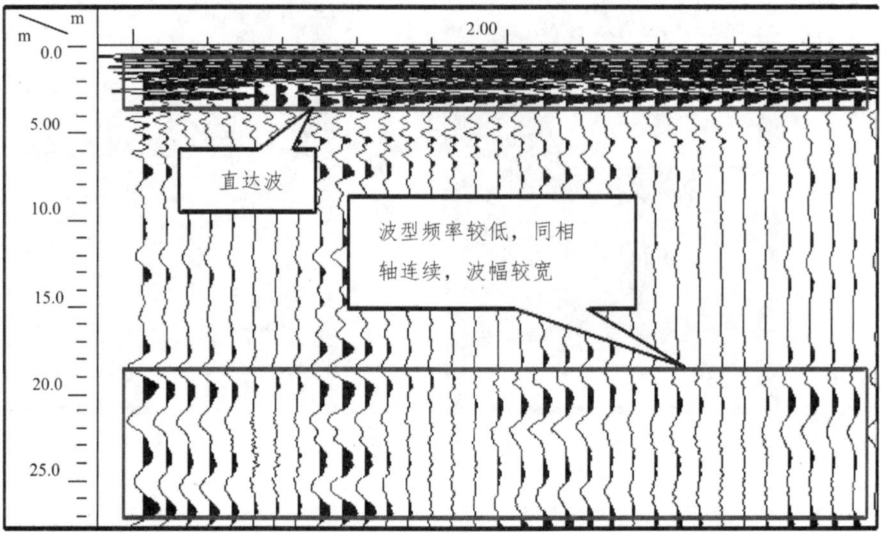

图 3-31　富水带雷达波形堆积图

（5）溶洞电磁波解译特征。溶洞内介质为水，电磁波信号表现为振幅较强的多次、低频、弧形反射信号；溶洞为干溶洞，如图 3-32 所示，电磁

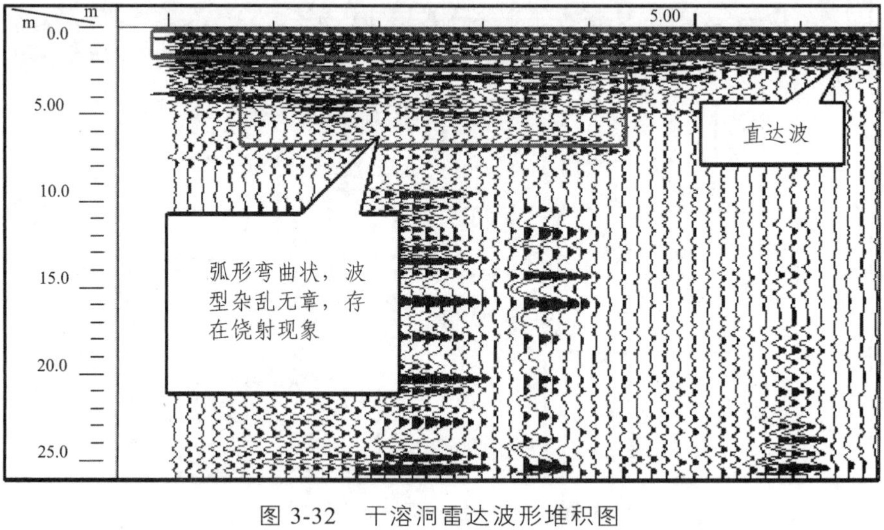

图 3-32　干溶洞雷达波形堆积图

波信号表现具有规律性，干溶洞顶部反射界面与底部反射界面较强，反射波的频率与振幅高，呈现细密的波形，并常常形成弧形绕射新波；溶洞内部介质为淤泥时，由于淤泥对电磁波的强烈吸收作用，部分反射波振幅衰减，频率低，电磁波衰减速度快。

小结：TSP 与地质雷达超前探测预报方法的解译精度会受到各种因素的作用而产生一定的误差。本小节首先对 TSP 法与地质雷达法超前探测过程中遇到的各种干扰因素进行总结。将 TSP 法产生解译误差的原因总结归纳为数据采集时现场产生的 6 种干扰误差，数据软件处理时产生的 5 种误差，现场地质情况掌握不足产生的误差；将地质雷达法产生解译误差的原因总结归纳为数据采集时现场产生的 6 种干扰误差，数据软件处理时产生的 4 种误差，现场地质情况掌握不足产生的误差。再针对各种干扰误差提出提高 TSP 与地质雷达预报系统图像解译精度的措施，归纳为原始数据的准确采集、合理的软件处理、加强对现场隧道的整体了解。最后归纳总结了复杂地质条件下 TSP 地震波图像与地质雷达电磁波图像的解译标志，为后续解译技术应用打下基础。

3.8　油气型高瓦斯隧道瓦斯喷涌超前地质预报体系建立

3.8.1　综合地质预报系统

超前地质预报要建立一个地质信息系统，通过各种方法收集地质信息，进行综合分析、判断，编制信息预报成果由主管技术人员予以复核，并报设计、监理，为变更设计、为施工提供决策依据，以及时调整施工方法和支护参数。经分析、整理的地质资料作为施工技术资料存档。

采用新的施工方法和支护参数后，又从施工过程中获取新的地质信息，更新地质信息系统，经处理后，再一次反馈给施工过程，如此往复，形成地质信息系统化。

地质综合判析是综合超前地质预报方法的中枢，它对所有的各种预报手段获得的资料进行归纳、分析、对比，提出最终预报结论和工程措施建议，指导施工。综合分析探测报告，内容包括工作概况、采用的各种预报手段及预报结果、相互印证情况、综合分析预报结论、施工方法和施工技术建议。超前地质预报结果应体现及时性，有异常情况应及时通知决策部门和施工现场，及时采取措施，使不良地质体始终处于可控状态。地质预报信息收集处理反馈系统如图 3-33 所示。

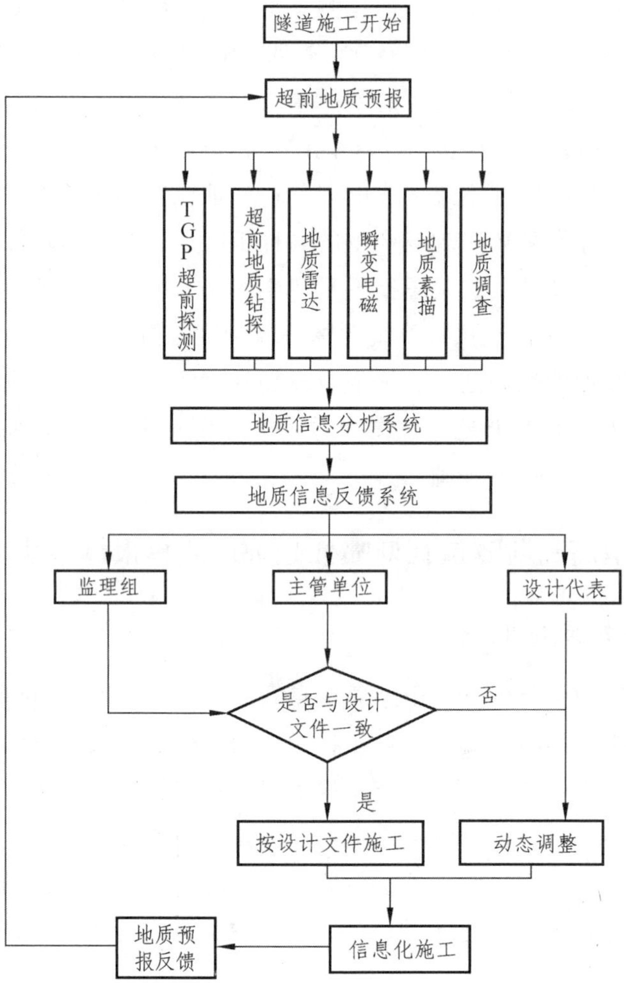

图 3-33　地质预报信息收集处理反馈系统

当地质工程师发现地质情况发生变化时，即刻以口头或电话的形式向工区和指挥部报告，随后及时补充书面报告，同时上报监理和业主，并积极参与不良地质地段工程措施的研究，并从地质角度提出意见。

当每次完成地质预报工作后，应及时向工区和指挥部提供相应资料，并送报监理单位、设计单位、建设单位，并提供分阶段成果报告。

隧道全部贯通 3 个月内提交成册的最终成果报告，报告组成如下：

（1）地质纵断面图。

（2）地质展示图（1∶200）。

（3）超前地质钻孔报告。

（4）TSP203A 超前地质探测报告。

（5）地质雷达超前探测报告。

（6）利用其他手段进行超前探测的报告。

3.8.2　资料数据分析系统

在隧道施工阶段采用多种超前探测方法进行综合预报，积累了大量的数据和基础资料，然而使用传统的方法对预报资料进行管理非常麻烦，同时也降低了解译的正确率。为了更加直观方便地查看与分析不良地质解译结果，我们研究设计了隧道超前地质预报综合信息管理系统。

针对龙泉山一号隧道综合超前探测预报资料，结合预报方法的解译标志，通过计算机语言，设计一个便于操作与管理的系统软件，通过该系统，帮助使用者进行综合分析，以便得到更加精准的预报结果。

1. 系统总体设计规划

根据设计目的与设计思路，对隧道超前地质预报综合信息管理系统进行设计，建立系统功能模块。

2. 系统设计目的与思路

在龙泉山一号隧道施工过程中，采用了多种物探方法，积累的预报资料数量大，想要查看里程段内探测到的不良地质体如断层破碎带、岩溶的情况需要逐一打开每个文档进行寻找，查找浪费了大量的时间与精力。有时，预报结果上交不及时，导致施工人员无法进行施工，耽误施工进度，甚至无法及时施作加固措施或者改变施工方案。

基于以上问题，我们设计了隧道超前探测预报综合信息管理系统，包括数据的采集入库、数据管理与数据输出等。系统工作流程如图 3-34 所示。

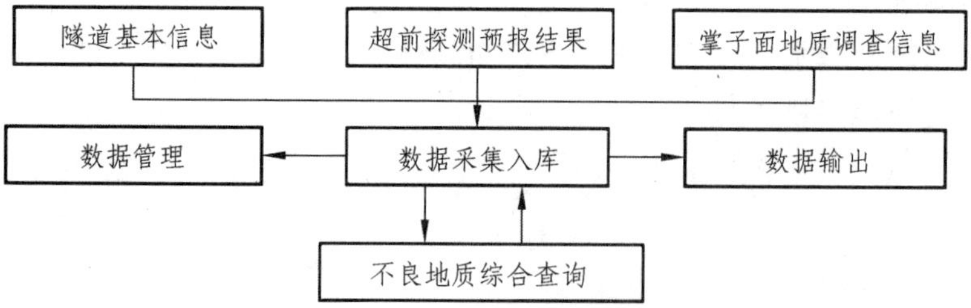

图 3-34　系统工作流程图

系统平台总体结构设计按照一切从实际出发，由整体到局部，逐步细化的思想体系，充分利用施工前的地质调查信息，在此信息的基础上，结合超前探测结果，对隧道的基本信息与综合超前探测预报成果进行综合预报和管理。系统平台总体结构设计如图 3-35 所示，根据实现的功能不同，设置 5 个不同的功能模块。

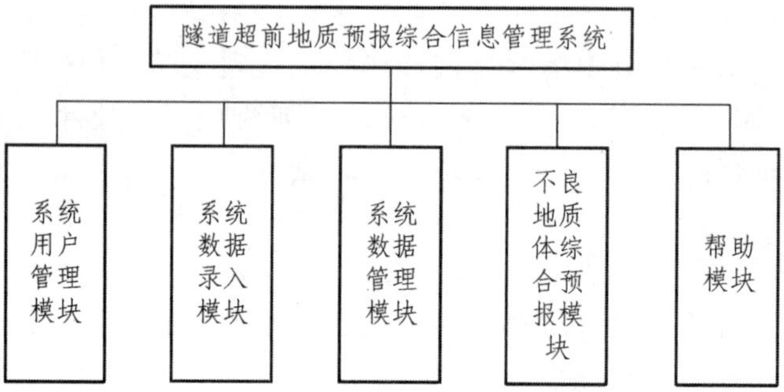

图 3-35　系统平台总体结构设计图

图 3-36 所示为用户管理模块操作流程图，系统用户管理模块的设置是为了防止系统内的数据信息被恶意篡改。模块设置两种用户权限：一种是系统用户，该用户可以在系统软件上进行数据的上传、删除、修改等一系列操作；另一种是普通用户，该用户只能在系统软件上进行信息的浏览。两种用户可以随意地更改自己的账号和密码。

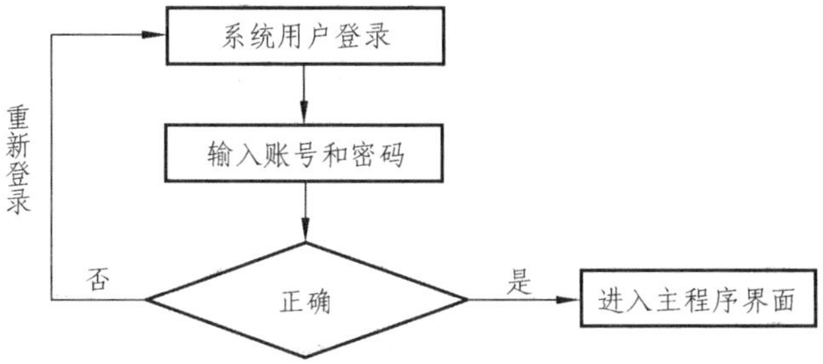

图 3-36　用户管理模块操作流程图

系统数据录入与管理模块要对不良地质体做出综合判释预报，首先要将各个预报手段的真实数据进行录入。系统正确的判释结果取决于这些录入数据信息的可靠度。根据录入的预报技术手段的不同，在系统数据录入菜单栏目下面设置隧道基本信息、隧道纵断面地质信息、掌子面地质调查信息、TSP 与地质雷达超前探测解译成果、红外探水解译成果、超前钻孔成果 7 个数据录入子模块，如图 3-37 所示。

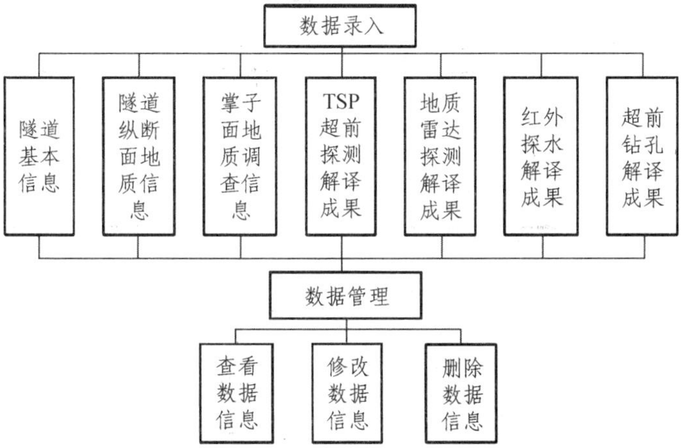

图 3-37　系统数据录入与管理操作流程图

不良地质体综合预报模块在不良地质综合预报模块下的菜单栏中设置了不良地质综合预报查询和不良地质体类别查询两个子模块。当开启不良地质综合预报查询界面后，选择隧道名称和起讫里程，系统会按照隧道纵断面地质信息→掌子面地质调查信息 + TSP 超前探测→地质雷达超前探测→

红外探水超前探测→超前钻孔的顺序检索数据库中是否有更新的有用数据，并经过综合分析与处理，最终输出预报结论，如图 3-38 所示。在不良地质体综合预报模块下一级菜单中设置了不良地质体类别查询，不良地质体类别共有断层破碎带、溶洞、富水带、裂隙密集带 4 种。

在隧道名称下拉菜单选项选择想要查询的隧道名称，单击查询按钮，就会呈现出已探测隧道的不良地质类别。

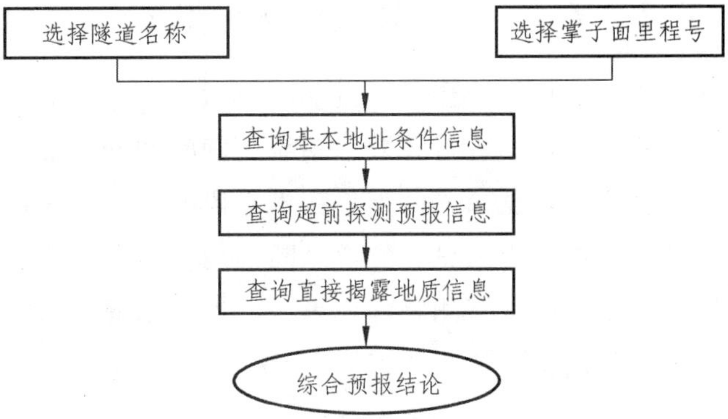

图 3-38　不良地质综合预报流程图

帮助模块菜单栏中包括系统基本信息、帮助指导信息两个子模块。系统的基本信息界面可供用户查看系统的版本、更新日期、编写者。帮助指导信息界面显示了系统的操作使用流程介绍，便于用户了解系统的操作流程，方便使用。

本小节充分利用现有数据设计开发了隧道超前探测预报综合信息管理系统。

首先总结了综合探测手段的解译技术指标，讨论了系统设计的目的与思路，在此基础上将系统划分为系统用户管理、系统数据录入、系统数据管理、不良地质体综合预报和帮助 5 个功能模块。在针对不同的功能模块的基础上设计了相应的数据库信息表格和系统程序界面。最后通过数据处理对不良地质体进行综合预报与类别划分。该系统能够全面展现不良地质体的分布情况，并且系统使用方便，操作简单，不良地质体综合预报分析精度高。将该系统应用于龙泉山一号隧道地质预报中可有效提高多种超前探测方法的准确性与工作效率。

第 4 章

油气型高瓦斯隧道施工期瓦斯浓度监测方法及预警管理研究

4.1 瓦斯监测意义分析

过去国内在瓦斯隧道施工中，往往直接原封不动或者略微修改地照搬煤矿中所使用的瓦斯监控系统来进行实时监控。然而一次次惨痛的经历告诉我们，两项工程虽然同属地下工程，却有着许多的不同，要想让瓦斯监控系统对隧道瓦斯险情进行准确的预警、保障瓦斯隧道安全生产，既要借鉴煤矿中瓦斯监控系统的成功经验，也要结合瓦斯隧道自身的实际情况，制定出合理的瓦斯隧道实时监控方案，采用适于瓦斯隧道施工的实时检测技术。

根据《铁路瓦斯隧道技术规范》第 7.1.2 条要求：瓦斯隧道施工期间，应建立瓦斯通风监控、检测的组织系统，加强施工过程中测定气象参数、瓦斯浓度、瓦斯涌出量、风速、风量等参数。低瓦斯工区可用便携式瓦检仪，高瓦斯工区和瓦斯突出工区除便携式瓦检仪外，尚应配置高浓度瓦检仪和瓦斯自动检测报警断电装置并配备救护队。瓦斯自动检测报警断电装置的安设应符合附录 B 的要求。

附录 B0.1 中要求：在瓦斯突出工区和煤层中开挖时，应安设瓦斯自动检测报警断电装置，探头的设置应符合下列要求：单纯压入式通风时，瓦斯自动检测报警断电装置探头的布置可按图 4-1 进行，断电浓度：$T \geqslant 1.5\%$。

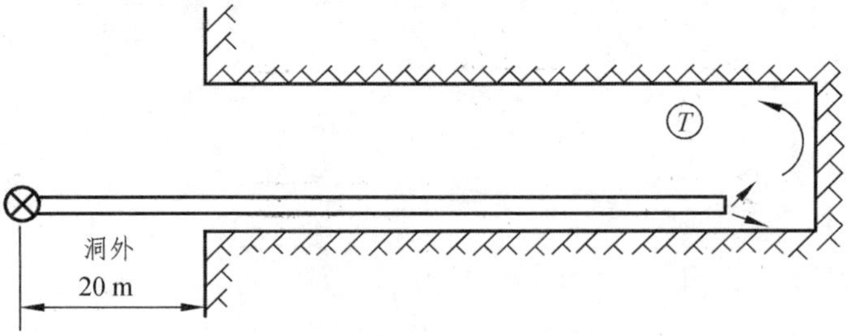

图 4-1　压入式通风瓦斯自动检测探头布置

参照铁道隧道对于实时监控的要求，结合国内以往瓦斯隧道建设经验，特别是以往的瓦斯隧道灾害事故的发生和抢险救灾过程，确定高瓦斯隧道实时监控目标如下：

（1）总原则是要确保施工过程中的人员、设备安全以及施工质量。

（2）必须进行瓦斯实时监控，用以防止在施工过程中有害气体浓度（主要为甲烷，以及其他如硫化氢、一氧化碳、二氧化碳等易见气体）超限造成灾害，确保施工安全和施工的正常进行；根据监测的洞内有害气体浓度大小，及时采取相应的技术措施；检验放排瓦斯技术措施的实施效果，正确指导隧道施工，为科学组织施工提供依据；一旦洞内有害气体浓度超过报警或断电预设值，能够立刻响应。

（3）为了让业主、项目部、监理总工办等各方面更好地掌握现场施工实时情况，对于高瓦斯隧道施工进行严格的安全管理，有必要在高瓦斯隧道施工监控中采用视频监控措施。

（4）为了对隧道内施工人员进行考勤管理、区域定位、安全管理，实现施工人员分布的可视化，一旦发生安全事故，通过该系统立刻可以知道隧道施工作业面工作人员的数量，保证抢险救灾和安全救护工作的高效运作，有必要在高瓦斯隧道施工监控中采用人员监控技术。

（5）其中，瓦斯浓度实时监控技术是高瓦斯隧道实时监控技术中的重中之重，此项子监控项目能够工作出色，可以有效避免隧道内瓦斯灾害事故的发生，最大程度减少施工损失。

4.2　隧道瓦斯运移规律技术研究

4.2.1　Fluent 软件介绍

Fluent 软件是当今世界 CFD（计算流体力学）仿真领域最为全面的软件包之一,具有广泛的物理模型,以及能够快速准确地得到 CFD 分析结果。

Fluent 是用于模拟具有复杂外形的流体流动以及热传导的计算机程序。它提供了完全的网格灵活性，用户可以使用非结构网格，例如二维三角形或四边形网格、三维四面体/六面体/金字塔形网格来解决具有复杂外形的流动，甚至可以使用混合型非结构网格。软件允许用户根据具体情况对网格进行修改（细化/粗化）。

对于大梯度区域，如自由剪切层和边界层，为了非常准确地预测流动，自适应网格是非常有用的。与结构网格和块结构网格相比，这一特点很明显地减少了产生“好”网格所需要的时间。对于给定精度，解适应细化方法使网格细化方法变得很简单，由于网格细化仅限于那些需要更多网格的求解域，大大减少了计算量。

Fluent 软件拥有模拟流动、湍流、热传递和反应等广泛物理现象的能力，在工业上的应用包括从流过飞机机翼的气流到炉膛内的燃烧，从鼓泡塔到钻井平台，从血液流动到半导体生产，以及从无尘室设计到污水处理装置等等。软件中的专用模型可以用于开展缸内燃烧、空气声学、涡轮机械和多相流系统的模拟工作。

现今，全世界范围内数千计的公司将 Fluent 与产品研发过程中设计和优化阶段相整合，并从中获益。先进的求解技术可提供快速、准确的 CFD 结果、灵活的移动和变形网格，以及出众的并行可扩展能力。用户自定义函数可实现全新的用户模型和扩展现有模型。

Fluent 中的交互式的求解器设置、求解和后处理能力可轻易暂停计算过程，利用集成的后处理检查结果，改变设置，并随后用简单的操作继续执行计算。ANSYS CFD-Post 可以读入 Case 和 Data 文件，并利用其先进的后处理工具开展深入分析，同时对比多个算例。

ANSYS Workbench 集成 ANSYS Fluent 后给用户提供了与所有主要 CAD 系统的双向连接功能，其中包括 ANSYS DesignModeler 强大的几何修复和生成能力，以及 ANSYS Meshing 先进的网格划分技术。该平台通过使用一个简单的拖放操作便可以共享不同应用程序的数据和计算结果。

4.2.1.1 Fluent 的软件结构

Fluent 软件结构主要包括：前处理器、求解器和后处理器 3 个部分。

1. 前处理器

前处理器主要用来建立所要计算问题的几何模型及网格划分。在 Fluent 早期版本中，通常使用 GAMBIT 软件来完成几何模型的建立和网格划分。在 Fluent 软件整合进 ANSYS 软件包之后，可以通过 ANSYS 软件包中的 SCDM 或者 DesignModeler 软件来建立几何模型，通过 Meshing 软件或者 ICEM CFD 软件来进行网格划分。

在最新版本的 Fluent18.0 中，已经集成了 Meshing 功能，可以利用 Meshing 模式划分高质量非结构网格

2. 求解器

求解器是 Fluent 软件模拟计算的核心程序。一旦网格被读入 Fluent，剩下的任务就是使用解算器进行计算了，其中包括：边界条件的设定、流体物性的设定、解的执行、网格的优化等。

3. 后处理器

Fluent 软件带有功能比较强大的后处理功能，同时还可借助于 ANSYS 软件包中的 CFD-Post 软件进行专业化的后处理。

4.2.1.2　Fluent 软件的特点

Fluent 软件具有丰富的物理模型使其能够被广泛应用，另外软件强大的模拟能力还扩展了在旋转机械、气动噪声、内燃机和多相流系统等领域的应用。此外，Fluent 软件在多物理场方面的模拟能力使其应用范围非常广泛，是目前功能最全的 CFD 软件。

Fluent 因其用户界面友好、算法健壮、新用户容易上手等优点一直在用户中有着良好的口碑。长期以来，功能强大的模块、易用性和专业的技术支持，所有这些因素使得 Fluent 受到企业的青睐。

1. 网格技术，数值技术，并行计算

计算网格是任何 CFD 计算的核心，它通常把计算域划分为几千甚至几百万个单元，在单元上计算并存储求解变量，Fluent 使用非结构化网格技术，这就意味着可以有各种各样的网格单元：二维的四边形和三角形单元，三维的四面体核心单元、六面体核心单元、棱柱和多面体单元。这些网格可以使用 Fluent 的前处理软件 GAMBIT 自动生成，也可以选择在 ICEM CFD 工具中生成。

在目前的CFD市场，Fluent以其在非结构网格的基础上提供丰富物理模型而著称，久经考验的数值算法和鲁棒性极好的求解器保证了计算结果的精度，新的NITA算法大大减少了求解瞬态问题所需的时间，成熟的并行计算能力适用于NT，Linux或Unix平台，而且既适用于单机的多处理器又适用于网络连接的多台机器。动态加载平衡功能自动监测并分析并行性能，通过调整各处理器间的网格分配平衡各CPU的计算负载。

2. 湍流和噪声模型

Fluent的湍流模型一直处于商业CFD软件的前沿，它提供的丰富的湍流模型中有经常使用到的湍流模型、针对强旋流和各相异性流的雷诺应力模型等，随着计算机能力的显著提高，Fluent已经将大涡模拟（LES）纳入其标准模块，并且开发了更加高效的分离涡模型（DES），Fluent提供的壁面函数和加强壁面处理的方法可以很好地处理壁面附近的流动问题。

气动声学在很多工业领域中备受关注，模拟起来却相当困难。如今，使用Fluent可以有多种方法计算由非稳态压力脉动引起的噪声，瞬态大涡模拟（LES）预测的表面压力可以使用Fluent内嵌的快速傅里叶变换（FFT）工具转换成频谱。Flow-Williams&Hawkings声学模型可以用于模拟从非流线型实体到旋转风机叶片等各式各样的噪声源的传播，宽带噪声源模型允许在稳态结果的基础上进行模拟，这是一个快速评估设计是否需要改进的非常实用的工具。

3. 动态和移动网格

内燃机、阀门、弹体投放和火箭发射都是包含有运动部件的例子，Fluent提供的动网格模型满足这些具有挑战性的应用需求。它提供几种网格重构方案，根据需要用于同一模型中的不同运动部件，仅需要定义初始网格和边界运动。动网格与Fluent提供的其他模型如雾化模型、燃烧模型、多相流模型、自由表面预测模型和可压缩流模型相兼容。搅拌槽、泵、涡轮机械中的周期性运动可以使用Fluent中的动网格模型（Moving mesh）进行模拟，滑移网格和多参考坐标系模型被证实非常可靠，并和其他相关模型如LES模型、化学反应模型和多相流等有很好的兼容性。

4. 传热、相变、辐射模型

许多流体流动伴随传热现象，Fluent 提供一系列应用广泛的对流、热传导及辐射模型。对于热辐射，P1 和 Rossland 模型适用于介质光学厚度较大的环境，基于角系数的 surface to surface 模型适用于介质不参与辐射的情况，DO 模型（Discrete ordinates）适用于包括玻璃的任何介质。DTRM 模型（Discrete ray tracing module）也同样适用。太阳辐射模型使用光线追踪算法，包含了一个光照计算器，它允许光照和阴影面积的可视化，这使得气候控制的模拟更加有意义。

其他与传热紧密相关的有汽蚀模型、可压缩流体模型、热交换器模型、壳导热模型、真实气体模型和湿蒸汽模型。相变模型可以追踪分析流体的融化和凝固。离散相模型（DPM）可用于液滴和湿粒子的蒸发及煤的液化。易懂的附加源项和完备的热边界条件使得 Fluent 的传热模型成为满足各种模拟需要的成熟可靠的工具。

5. 化学反应模型

化学反应模型，尤其是湍流状态下的化学反应模型在 Fluent 软件中自其诞生以来一直占着很重要的地位，多年来，Fluent 强大的化学反应模拟能力帮助工程师完成了对各种复杂燃烧过程的模拟。涡耗散概念、PDF 转换以及有限速率化学模型已经加入 Fluent 的主要模型中：涡耗散模型、均衡混合颗粒模型、小火焰模型以及模拟大量气体燃烧、煤燃烧、液体燃料燃烧的预混合模型。预测 NO_x 生成的模型也被广泛地应用与定制。

许多工业应用中涉及发生在固体表面的化学反应，Fluent 表面反应模型可以用来分析气体和表面组分之间的化学反应及不同表面组分之间的化学反应，以确保表面沉积和蚀刻现象被准确预测。对催化转化、气体重整、污染物控制装置及半导体制造等的模拟都受益于这一技术。Fluent 的化学反应模型可以和大涡模拟（DES）及分离涡（DES）湍流模型联合使用，这些非稳态湍流模型耦合到化学反应模型中，我们才有可能预测火焰稳定性及燃尽特性。

6. 多相流模型

多相流混合物广泛应用于工业中，Fluent 软件是在多相流建模方面的领导者，其丰富的模拟能力可以帮助工程师洞察设备内那些难以探测的现象，Eulerian 多相流模型通过分别求解各相的流动方程的方法分析相互渗透的各种流体或各相流体,对于颗粒相流体采用特殊的物理模型进行模拟。很多情况下，占用资源较少的混合模型也用来模拟颗粒相与非颗粒相的混合。Fluent 可用来模拟三相混合流（液、颗粒、气），如泥浆气泡柱和喷淋床的模拟。可以模拟相间传热和相间传质的流动，使得对均相及非均相的模拟成为可能。

Fluent 标准模块中还包括许多其他的多相流模型，对于其他的一些多相流流动，如喷雾干燥器、煤粉高炉、液体燃料喷雾，可以使用离散相模型（DPM）。射入的粒子，泡沫及液滴与背景流之间进行发生热、质量及动量的交换。

VOF 模型（Volume of Fluid）可以用于对界面的预测比较感兴趣的自由表面流动，如海浪。汽蚀模型已被证实可以很好地应用到水翼艇、泵及燃料喷雾器的模拟。沸腾现象可以很容易地通过用户自定义函数实现。

7. 前处理和后处理

Fluent 提供专门的工具用来生成几何模型及网格创建。

Fluent 的后处理可以生成有实际意义的图片、动画、报告，这使得 CFD 的结果非常容易地被转换成工程师和其他人员可以理解的图形，表面渲染、迹线追踪仅是该工具的几个特征却使 Fluent 的后处理功能独树一帜。Fluent 的数据结果还可以导入到第三方的图形处理软件或者 CAE 软件进行进一步的分析。

8. 定制工具

用户自定义函数在用户定制 Fluent 时很受欢迎。功能强大的资料库和大量的指南提供了全方位的技术支持。Fluent 的全球咨询网络可以提供或帮助创建任何类型装备设施的平台，比如旋风分离器、汽车 HVAC 系统和熔炉。另外，一些附加应用模块，比如质子交换膜（PEM）、固体氧化物燃料电池、磁流体、连续光纤拉制等模块已经投入使用。

4.2.1.3　Fluent 计算类型及应用领域

Fluent 可以计算的流动类型包括：

（1）任意复杂外形的二维/三维流动。

（2）可压、不可压流。

（3）定常、非定常流。

（4）无黏流、层流和湍流。

（5）牛顿、非牛顿流体流动。

（6）对流传热，包括自然对流和强迫对流。

（7）热传导和对流传热相耦合的传热计算。

（8）辐射传热计算。

（9）惯性（静止）坐标、非惯性（旋转）坐标下的流场计算。

（10）多层次移动参考系问题，包括动网格界面和计算动子/静子相互干扰问题的混合面等问题。

（11）化学组元混合与反应计算，包括燃烧模型和表面凝结反应模型。

（12）源项体积任意变化的计算，源项类型包括热源、质量源、动量源、湍流源和化学组分源项等形式。

（13）颗粒、水滴和气泡等弥散相的轨迹计算，包括弥散相与连续项相耦合的计算。

（14）多孔介质流动计算。

（15）用一维模型计算风扇和换热器的性能。

（16）两相流，包括带空穴流动计算。

（17）复杂表面问题中带自由面流动的计算。

简而言之，Fluent 适用于各种复杂外形的可压和不可压流动计算。

4.2.1.4　Fluent 求解步骤

Fluent 是一个 CFD 的求解器，在计算分析之前要在头脑中先勾勒出一个计划，然后再按照计划进行工作。

1. 制订分析方案

制订步骤之前，需要了解下列问题：

（1）确定工作目标：即明确计算的内容是什么？计算结果的精度应该有多高？

（2）选择计算模型：要考虑如何划定流场？流场的起止点在哪里？边界条件怎么定义？是否可以用二维进行计算？网格的拓扑结构应该是什么样的？

（3）选择物理模型：流动是无黏流、层流，还是湍流？流动是可压的，还是不可压的？需要考虑传热问题吗？流场是定常的，还是非定常的？在计算中是否还有其他的物理问题？

（4）确定求解流程：要计算的问题能否用系统缺省的设置简单地完成？是否有什么窍门可以加快计算的收敛？计算机的内存是否够用？计算需要多长时间？仔细思考这些问题可以更好地完成计算，否则在计算过程中就会经常遇到意想不到的问题，并且经常返工，浪费时间，降低工作效率。

2. 求解步骤

确定所解决问题的特征之后，需要以下几个基本的步骤来解决问题。

（1）创建网格。

（2）运行合适的解算器：2D、3D、2DDP、3DDP。

（3）输入网格。

（4）检查网格。

（5）选择解的格式。

（6）选择需要解的基本方程：层流还是湍流（无黏）、化学组分还是化学反应、热传导模型等。

（7）确定所需要的附加模型：风扇，热交换，多孔介质等。

（8）指定材料的物理性质。

（9）指定边界条件。

（10）调节解的控制参数。

（11）初始化流场。

（12）计算解。

（13）检查结果。

（14）保存结果。

（15）必要的话，细化网格，改变数值和物理模型。

表 4-1 所示为 Fluent 求解步骤对应菜单项。

表 4-1　Fluent 求解步骤对应菜单项

步骤	对应菜单项
输入网格	File
检查网格	Grid
选择求解格式	Define
选择基本方程	Define
物质属性	Define
边界条件	Define
调整求解控制参数	Solve
初始化流畅	Solve
计算求解	Solve
检查结果	Display/Report
保存结果	File
根据结果对网格作出适应性调整	Adapt

4.2.1.5　Fluent 使用的单位制

Fluent 提供英制（British）、国际单位制（SI）和厘米-克-秒制（CGS）等单位制，这些单位制之间可以相互转换。但 Fluent 规定，对于边界特征、源项、自定义流场函数、外部创建的 *X-Y* 图散点图的数据文件数据，必须使用国际单位制。对于网格文件，不管在创建时用的什么单位制，在被 Fluent 读入时，均假定为是用国际单位制（长度单位为米）创建的。因此，在导入网格文件时，要注意按当前设定的单位制对网格尺寸进行缩放处理，以保证其几何尺寸的有效性。

4.2.1.6 Fluent 使用的文件类型

使用 Fluent 时，涉及多种类型的文件，Fluent 读入的文件类型包括 grid、case、data、profile、Scheme 以及 journal 文件，输出的文件类型包括 case、data、profile、journal 以及 transcript 等。

Fluent 还可以保存当前窗口的布局以及保存图形窗口的硬拷贝。

4.2.2 瓦斯隧道压入式通风流场分析

4.2.2.1 隧道内风流运动特征

瓦斯在隧道中的运移过程比较复杂，瓦斯在隧道中的分布是隧道施工通风系统作用下的结果。隧道内的流体主要是瓦斯与空气的混合体。瓦斯的运移与自身力学特性、洞内流体状态、速度分布特点以及隧道本身的特点有着重要关系。

流体的流动可以分为层流与湍流（紊流）两种。流动状态的判定是由雷诺数的大小决定的。

对于圆形断面，雷诺数计算公式表示为

$$Re=\frac{vD\rho}{\gamma}$$

式中 v——流体流速，m/s；

ρ——流体密度，kg/m^3；

D——管道直径，m；

γ——流体运动黏性系数，Pa · s。

对于非圆形断面隧道，可用当量直径 d 来代替 D，$d=4A/l$，其中 A 为断面面积，l 为断面周长，雷诺数计算公式可表示为

$$Re=\frac{4vD\rho}{\gamma l}$$

工程中通常用 $Re=2\,300$ 作为流动状态的判断依据，当 $Re\leqslant 2\,300$ 时，流动状态为层流；当 $Re>2\,300$ 时，流动状态为湍流。

瓦斯隧道内风速一般保持在 0.25 m/s 以上，空气运动黏性系数取为 1.7×10^{-5} Pa · s。

4.2.2.2　瓦斯扩散运移模型

瓦斯隧道内瓦斯的分布变化是在隧道通风条件下瓦斯扩散的结果。隧道中瓦斯运动的主要形式为：一是瓦斯分子扩散运动，二是瓦斯的驱替运移，三是通风引起的瓦斯扩散，四是瓦斯的湍流扩散[36]。

1. 瓦斯分子扩散运动

瓦斯分子的扩散过程遵循菲克第一定律式和菲克第二定律式。瓦斯分子扩散运动与温度、瓦斯浓度梯度等因素有着密切的关系：

$$J = -D_{\mathrm{k}} \frac{\partial c}{\partial x}$$

$$\frac{\partial c}{\partial t} = D_{\mathrm{k}} \frac{\partial^2 c}{\partial x^2}$$

式中　J——扩散通量，mol/（m^2 · s）;

D_{k}——分子扩散系数，m^2/s;

c——瓦斯浓度，%;

$\frac{\partial c}{\partial x}$——瓦斯的浓度梯度。

瓦斯在风流中的扩散是不稳定的，瓦斯浓度随着位置与时间的变化而变化。一般情况下，瓦斯分子扩散运动在隧道瓦斯移动过程中起从属作用，即瓦斯分子扩散运动对于隧道中的瓦斯运移的影响较小。

2. 瓦斯的驱替运移

瓦斯的驱替运移是指具有一定初始速度的瓦斯自某一位置涌出时对附近气体产生一定的排挤作用的现象。瓦斯的驱替运移作用发生在瓦斯涌出处。与瓦斯分子运动对隧道中的瓦斯运移的影响一样，瓦斯的驱替运移对瓦斯隧道内的瓦斯运移影响较小，其驱替流的扩散通量可表示为

$$J_{\mathrm{q}} = c \cdot v_i$$

式中　c——瓦斯浓度，%;

v_i——驱替流的速度，m/s;

i——x，y，z 3 个不同方向。

3. 通风引起的瓦斯扩散

在隧道流场中，地层涌出的瓦斯受到空气的作用力，空气会带动瓦斯进行移动，其移动速度大小相等，方向相同。在隧道内的瓦斯运移分析中，通风引起的瓦斯扩散不可忽视。瓦斯运移通量可表示为

$$J_{\mathrm{g}} = c \cdot v_j$$

式中 c——瓦斯浓度，%；

v_j——风流速度，m/s；

j——x，y，z 3个不同方向。

4. 瓦斯的湍流扩散

瓦斯的湍流扩散是指隧道内风流的流动作用使瓦斯扩散稀释，在隧道洞内造成瓦斯分布不均匀的现象。瓦斯的湍流扩散结构是由大量分子组成的湍涡组成，湍流扩散速度远比分子扩散运动大。湍流扩散通量可表示为

$$J_{\mathrm{t}} = -D_{\mathrm{t}} \cdot \mathrm{grand}c$$

式中 c——瓦斯浓度，%；

D_{t}——湍流扩散系数，m/s。

由于瓦斯分子扩散运动与瓦斯的驱替运移对隧道内瓦斯的运移影响较小，可忽略不计。研究瓦斯在隧道流场中的运移扩散模型，需要对通风引起的瓦斯扩散和瓦斯的湍流扩散展开研究。由参考文献可得隧道内的瓦斯扩散运移方程和瓦斯浓度方程：

$$\frac{\partial c}{\partial t} + v_x \frac{\partial c}{\partial x} + v_y \frac{\partial c}{\partial y} + v_z \frac{\partial c}{\partial z} = D_x \frac{\partial^2 c}{\partial x^2} + D_y \frac{\partial^2 c}{\partial y^2} + D_z \frac{\partial^2 c}{\partial z^2} + J$$

$$c(x,t) = \int_0^t \frac{f(a)}{2\sqrt{\pi D_{\mathrm{tx}}(t-a)}} \exp\left\{-\frac{[x - v_x(t-a)]^2}{4D_{\mathrm{tx}}(t-a)}\right\} \mathrm{d}a$$

由上式可知，隧道内瓦斯浓度分布与距离 x 和时间 t 密切相关，因此隧道内瓦斯运移规律需要从时间与空间两个角度展开研究。

4.2.2.3　隧道模型建立

在隧道施工通风方式采用压入式通风条件下，根据龙泉山一号隧道实际轮廓尺寸建立长为 200 m 的隧道通风数值模拟模型。风管直径 1.8 m，风管出风口距掌子面的距离为 20 m，风管布置于侧部。

ICEM CFD 模型参数设置见表 4-2。

表 4-2　ICEM CFD 参数模型设置

参数名称	参数选用
网格元素比例因子	1.0
最大网格元素	0.5
网格类型	Tetra/Mixed
网格生产方法	Robust（Octree）
边界层	10

Fluent 模拟模型参数设置见表 4-3，模型边界条件设置见表 4-4。

表 4-3　Fluent 模拟模型参数

参数名称	参数选用
空间属性	三维模型
时间属性	非稳态
速度属性	绝对速度
求解器	压力基求解器
能量	能量方程
黏性模型	标准 k-ε
近壁面处理	标准壁面函数
物理模型	组分运输模型
流体混合材料	甲烷-空气
求解算法	SIMPLE
初始化算法	标准初始化

表 4-4　Fluent 模拟模型参数

物理模型	边界条件
掌子面	流体源项
隧道拱顶	壁面
隧道侧墙	壁面
隧道底板	壁面
台阶面	壁面
风管出风口	速度进口
隧道出口	压力出口

（1）进口边界：某一时间段内数值模拟计算长度内所需风量为 1 753 m^3/min，$v = 11.48$ m/s，$v_x = v_y = 0$。v_x、v_y、v_z 分别为 x，y，z 方向风管出风口的平均风速。

（2）出口边界：设置为压力出口，且压力均匀，$P = 0$。

（3）壁面边界：隧道壁面均设置为无能量交换壁面，位于壁面上的所有节点均采用无滑移条件 $v = 0$。

（4）瓦斯源项设置：隧道瓦斯涌出设置为源项，取掌子面处厚为 0.1 m 的薄层作为瓦斯源，且单元源项 S 为 0.008 3 kg/（$m^3 \cdot s$）。模型及网格划分如图 4-2 所示。

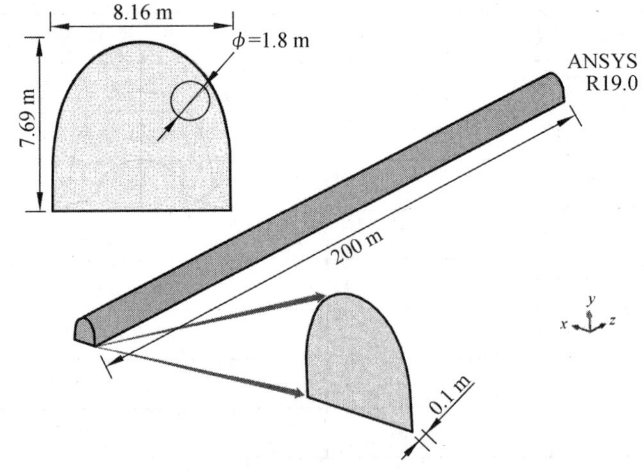

图 4-2　模型及网格划分

4.2.2.4　隧道内风流场规律分析

空气射流是指具有一定初速度的空气在隧道空间内所形成的气流。根据射流在空间中的发展不同，空气射流可被分为自由射流、半受限射流、受限射流。空气射流在流动过程中没有受到隧道结构限制而得到充分自由发展称为自由射流[37]。相反，射流在空间内由于限制作用而得不到充分发展则称为受限射流。在流速较大时，射流会由层流发展到紊流状态，称为紊流射流。实际上隧道施工通风中射流速度较大且呈紊流状态，是紊流射流通风。在隧道施工通风中，风管布置于隧道一侧，风流自风管射出并沿着隧道壁面向隧道掌子面运动形成贴附射流。风流在到达隧道掌子面后稀释、带走瓦斯和粉尘等有毒有害污染物，由隧道另一侧流出隧道。施工隧道压入式通风实际上是有限空间内的受限贴附射流通风。为揭示瓦斯隧道压入式施工通风流场内气流的运动过程、瓦斯运动规律，需要对隧道通风流场规律进行研究分析。

1. 流场随时间的变化规律

以隧道纵断面 $y = 5$ m 为例进行分析，隧道纵断面 $y = 5$ m 处流场风速随时间变化如图 4-3 所示。由图 4-3 可知，风流自风管射出后，沿着隧道壁面发展直至隧道掌子面，在掌子面处受到限制后沿着掌子面向远离风管的隧道一侧运移回流。随着风管风流的持续射出，风流逐渐向隧道洞口流去。风管出风口距掌子面的距离为 20 m，在风流的射程之内。隧道内的流场随着时间逐渐发展。当施工隧道内通风 1 min 时，射流得到充分发展，但隧道流场发展并不稳定，贴附射流现象并不明显，在距掌子面约 8 m 处射流并未贴壁。

风流经掌子面后由隧道另一侧回流，但掌子面处流场不稳定，流场分区并不明显。在距风管出风口约 30 m 区域内的回风流中，风管一侧的部分壁面风速较大，流场受射流影响明显。当施工隧道内通风 5 min 时，风流自风管出风口射出，紧贴隧道内壁，且越靠近隧道掌子面，贴壁面积越大，贴壁射流现象越明显。风流经掌子面后的回流场相对稳定，风流逐渐向隧道洞口方向回流发展。此时在距风管出风口约 20 m 范围内的回风流

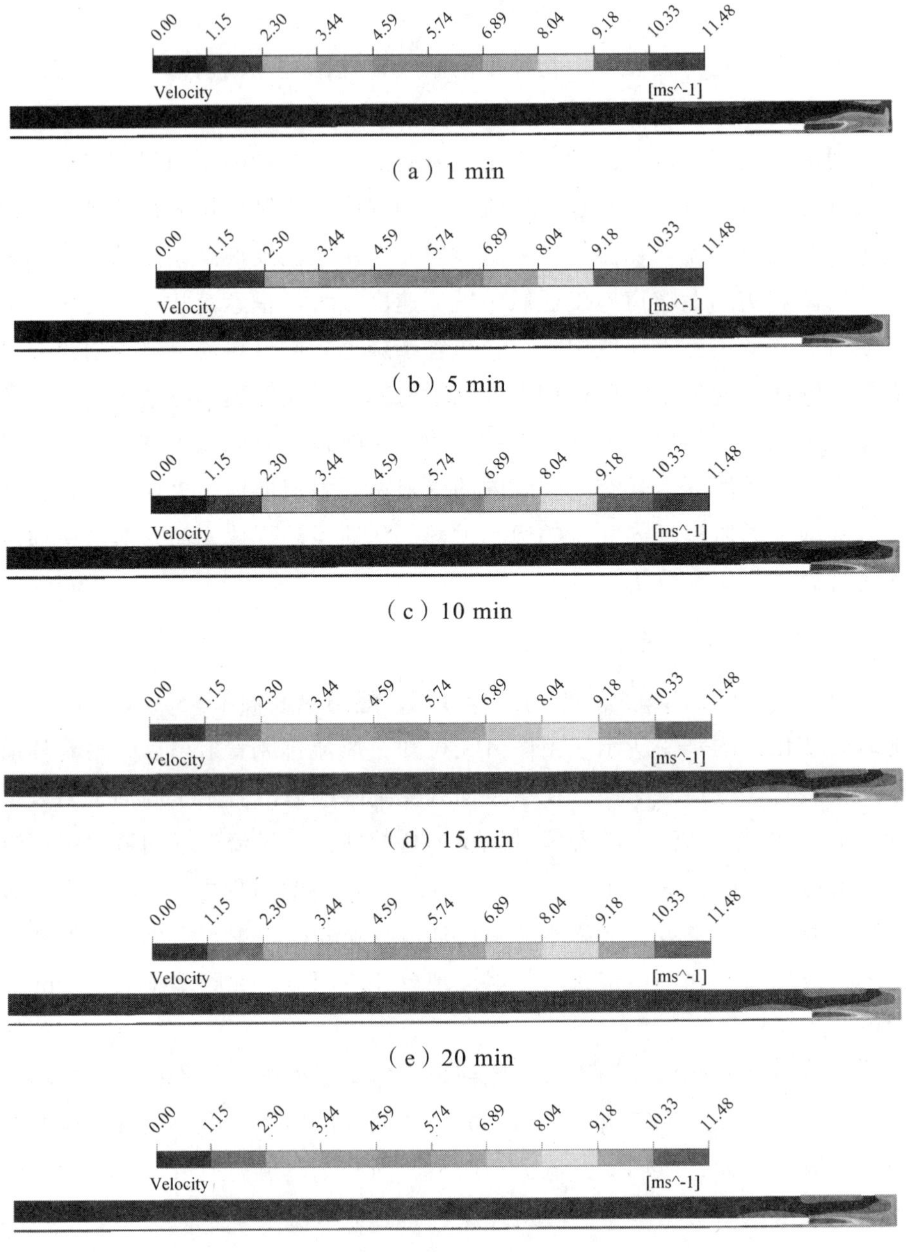

图 4-3　$y = 5$ m 处流场风速随时间变化

中，风管一侧的风速较大，且部分风速较大区域呈无规律分布。当施工隧道内通风 10 min 后，隧道掌子面附近流场变化较小，风流在有限空间内贴壁射流，整个隧道流场也趋于稳定，此时在距风管出风口约 20 m 范围的回风流中，风管一侧壁面附近处风速较大，且呈现出稳定状态。因此，在施工隧道通风 10 min 后，隧道内流场达到稳定状态。

取隧道中心截面 $x = 0$，人体呼吸高度 1.6 m 处直线进行研究，直线 l_1 坐标可表示为（0，1.6，n）。在不同通风时间时，其风速变化曲线如图 4-4 所示。

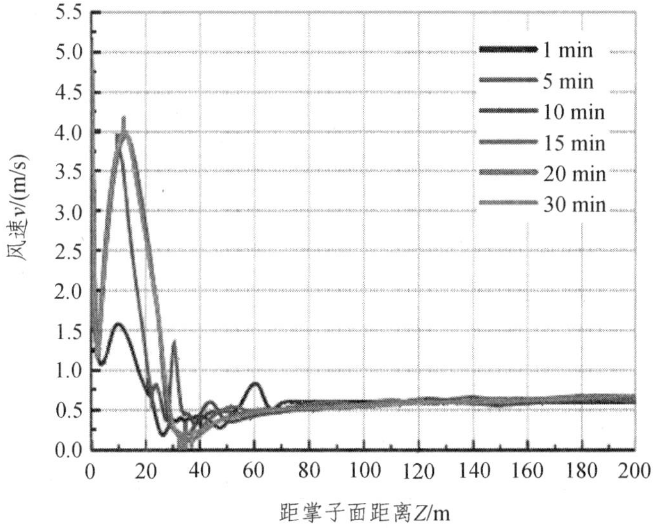

图 4-4　直线 l_1 风速随时间变化曲线

由图 4-4 可知，风流自风管出风口射入洞内，速度峰值大约出现在距掌子面 10 m 处。在距掌子面 20 ~ 70 m 范围内，隧道内流场风速波动较大，风流自掌子面回流，一部分风流受风管出口风流的卷吸作用又回流至隧道掌子面，一部分风流则继续向隧道出口方向流去，流场比较混乱。在距掌子面 70 m 后，隧道内风流流速趋于稳定，稳定于 0.6 m/s。当施工隧道内通风 1 min 时，直线 l_1 的速度沿程处于强烈的波动状态，波动幅度较大。当施工隧道内通风 5 min 时，风速依旧有轻微的波动，但幅度稍小。当施工隧道内通风 10 min 后，风速变化曲线较为光滑，沿程速度波动较小，隧道流场不存在明显的变化，流场基本稳定。隧道施工爆破后，通风约 10 min 时，流场基本处于稳定状态。

2. 流场稳定时的变化规律

由于施工隧道通风 10 min 后，流场基本处于稳定状态，因此以隧道施工通风 30 min 为例进行分析。取不同位置上的 3 个截面 $y = 5$ m、$y = 2.25$ m、$x = 0$ 作为研究对象，隧道流场稳定后流场不同位置风速矢量图如图 4-5 所示。由图 4-5 可知，风流以一定的初始速度自风管射出后，形成一股射流，射流紧贴侧壁，风速较大。风流到达掌子面后，受到掌子面与侧壁结构的限制由隧道另一侧回流，在掌子面附近形成一个涡流，涡流中心距掌子面约 4 m。回流的速度相对较小，但回流所占面积较大。一部分回流移动到射流区域时，受射流的卷吸作用而又射向隧道掌子面，一部分风流则是朝着隧道出口流去。

取隧道中心截面 $x = 0$ 处，不同高度上的 4 条线进行研究。其风速变化曲线如图 4-6 所示。图 4-6 中 l_1 坐标可表示为（0，1.6，n），l_2 坐标可表示为（0，3.5，n），l_3 坐标可表示为（0，5，n），l_4 坐标可表示为（0，6.5，n）。由图 4-6 可知，在隧道纵向上，距掌子面距离越大，风速总体上是先增大后减小，最后趋于稳定。但是由于涡流的影响，流场出现很多的不确定性。涡流中心与射流的距离越近，受射流的影响越大，速度也越大，反之则是速度越小。l_1 风速变化波动不明显，速度最大值出现在距掌子面约 10 m 处，说明在此位置处风流受涡流影响较小；l_2 风速出现波动，但仍可明确速度最大值出现在距掌子面约 10 m 处；l_3 和 l_4 速度曲线变化趋势相似，风速峰值出现在掌子面附近，而在距掌子面 20 m 左右处却出现风速极小值，这说明此处处于回流区域，且受射流影响较小。在距掌子面 70 m 后，流场基本处于稳定状态，风速基本稳定在 0.6 m/s 左右。

取隧道截面 $y = 1.6$ m 上不同水平位置高度上的 3 条线作为研究对象，$y = 1.6$ m 断面不同水平位置风速变化曲线如图 4-7 所示。图 4-7 中 l_5 坐标可表示为（－3，1.6，n），l_6 坐标可表示为（0，1.6，n），l_7 坐标可表示为（3，1.6，n）。由图 4-7 可知，l_5 和 l_6 曲线大致趋势相同，随距掌子面距离增大，风速先增大后减小，直至稳定，风速峰值相对较小。l_5和l_6速度峰值均出现在距掌子面约 10 m 处，l_7速度峰值则是出现在距掌子面约 20 m 处，由此发现相对于l_5和l_6，距离风管一侧较近，风速峰值出现也更靠近隧道出风口。l_5和l_6峰值较大是由于l_7位于风管下方，处于盲区，受射流影响较小，而远离通风管的一侧的l_5和l_6速度较大。

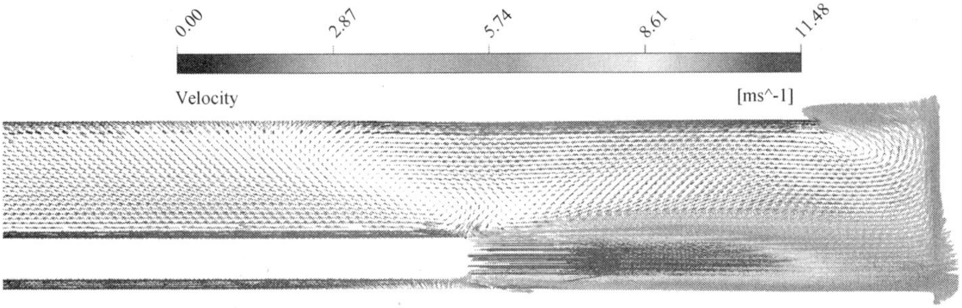

（a）$y = 5$ m

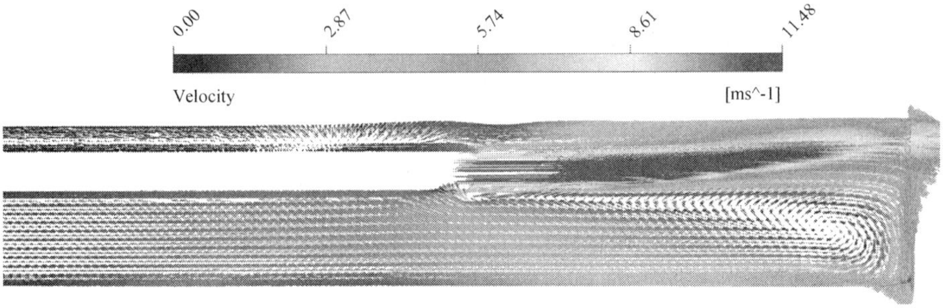

（b）$y = 2.25$ m

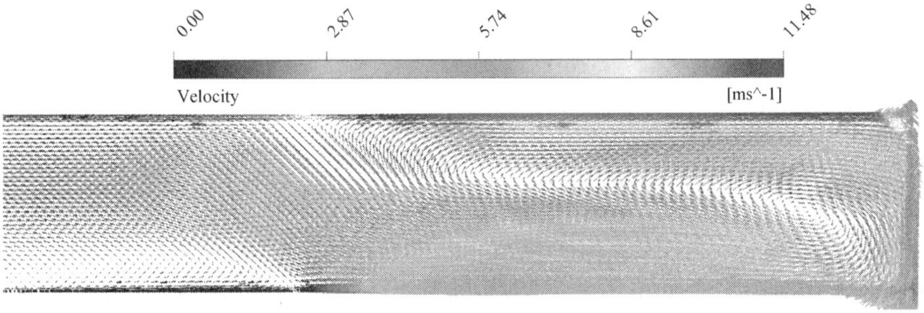

（c）$x = 0$

图 4-5　流场不同位置风速矢量图

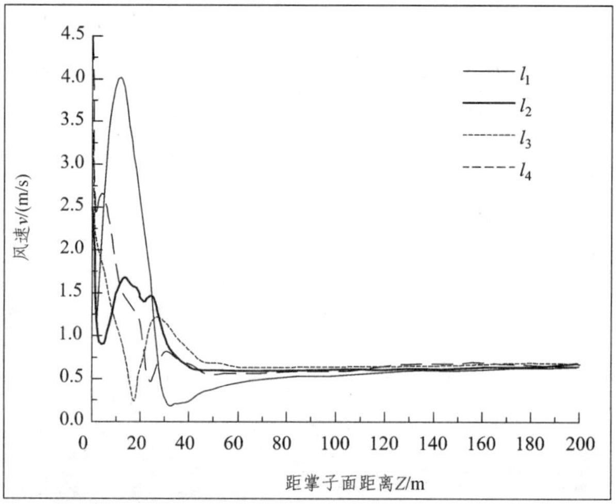

图 4-6　$x = 0$ 处不同高度位置风速变化曲线

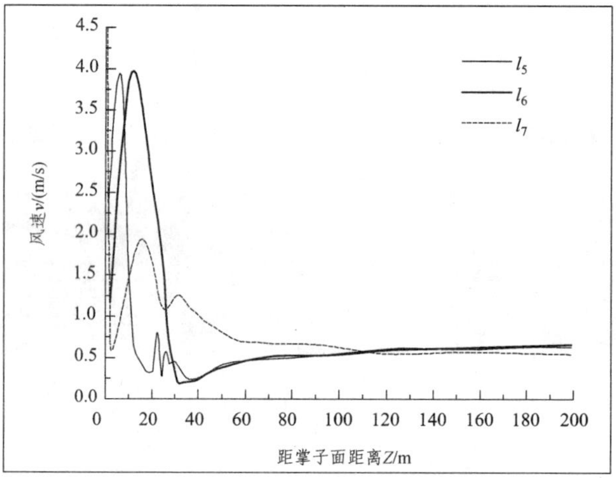

图 4-7　$y = 1.6$ m 处不同水平位置风速变化曲线

综上可知，将隧道流场简要分为 3 个区域：涡流区、涡流影响区、稳定区，隧道流场分区如图 4-8 所示。在风管出风口与掌子面之间，由于风流的卷吸作用，较易形成涡流，且风速受涡流影响较大，风速波动起伏不定，且风速较大，因此在风管出风口到掌子面的范围内属于涡流区；在风管出风口往后约 50 m 范围内，风流自涡流区析出并向隧道出口方向流去，风速受涡流影响相对较小，速度起伏较小，属于涡流影响区；稳定区风流不再受涡流影响，流场趋于稳定，风速达到一个稳定值，为 0.6 m/s。

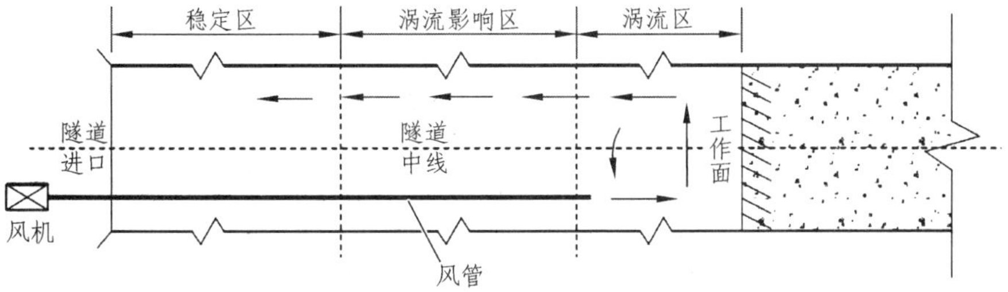

图 4-8　隧道流场分区

4.2.2.5　隧道内瓦斯运移规律分析

隧道风流流场的变化对隧道内瓦斯浓度变化具有重要影响。在瓦斯隧道中，应重点关注瓦斯浓度在流场中的分布规律，探明瓦斯运移扩散随时间与位置的变化规律。为对隧道内瓦斯运移规律进行分析，着重研究了瓦斯扩散随时间的变化规律与瓦斯浓度在隧道中不同位置的分布规律，对瓦斯隧道瓦斯监测与控制具有一定的指导意义。

1. 瓦斯扩散随时间的变化规律

隧道施工通风不同时间时，以隧道中心截面 $x = 0$ 为例，隧道纵断面 $x = 0$ 处瓦斯浓度分布随时间变化云图如图 4-9 所示。由图 4-9 可知，瓦斯自隧道掌子面涌出，在射流的作用下，到达掌子面的射流带走部分溢出的瓦斯气体。由于隧道掌子面与壁面的限制，携带有瓦斯气体的射流回流，由隧道掌子面向隧道洞口运移。通风 10 min 时，瓦斯扩散至隧道洞口，瓦斯浓度基本趋于稳定。

通风不同时间时，以隧道横截面 $z = 0$ 为例，隧道横截面 $z = 0$ 处瓦斯浓度分布随时间变化云图如图 4-10 所示，瓦斯由隧道掌子面持续地涌出。通风 1 min 时，风流自通风管射流至掌子面，对掌子面的瓦斯进行一定的稀释，正对着风管的掌子面区域瓦斯浓度相对较小，但是由于通风时间相对较短，此时掌子面附近瓦斯浓度整体较高，瓦斯聚集现象明显，隧道左右侧拱脚处瓦斯浓度最大。通风 5 min 时，随着通风的持续，风流带走部分瓦斯，瓦斯浓度得到一定稀释，掌子面附近瓦斯浓度相对减小，拱脚处瓦斯浓度减小，但此时瓦斯浓度最大值出现在远离风管一侧的拱脚处，瓦斯浓度最小值出现在正对着风管的掌子面区域。通风 10 min 后，掌子面瓦斯浓度分布处于基本稳定状态，瓦斯浓度分布稳定的时间与隧道内流场稳定时间相吻合。此时，瓦斯主要集中在远离风管的隧道拱顶、侧部及隧道底板处，其中风管异侧拱脚附近小区域瓦斯浓度最高。因此在此瓦斯隧道施工中，需要加强对瓦斯容易聚集区域的瓦斯浓度检测。

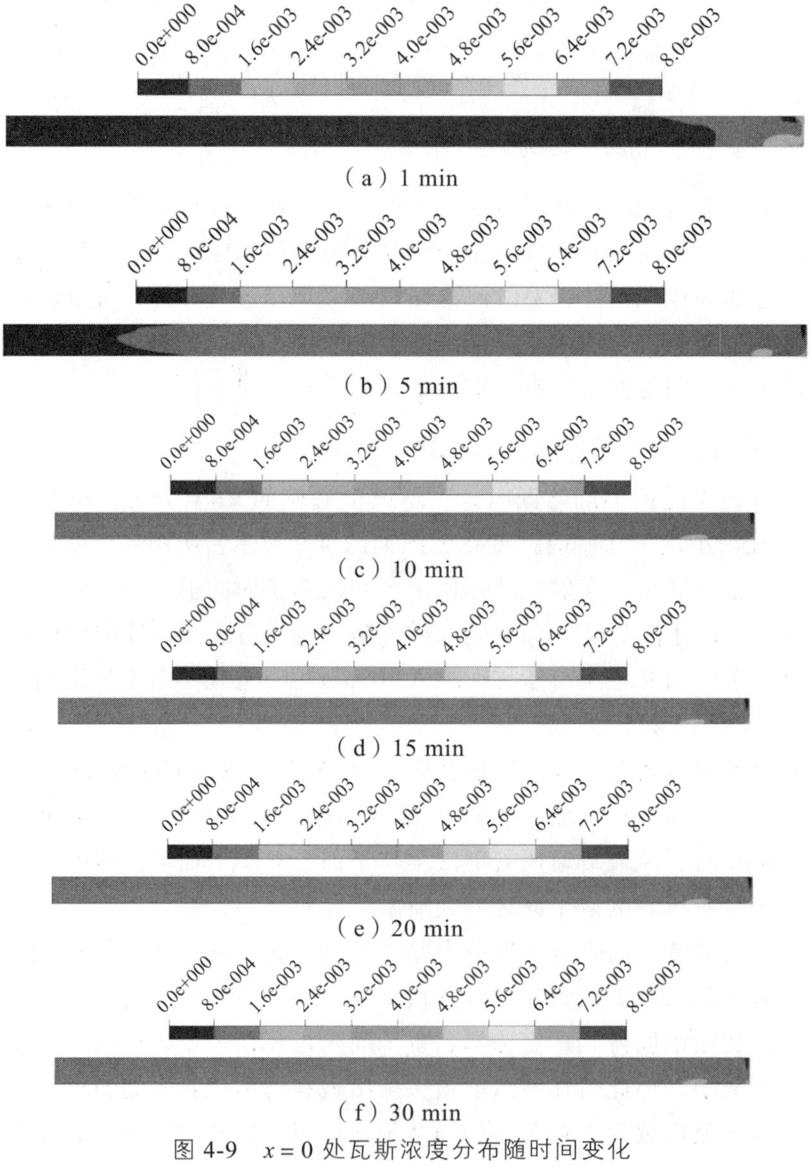

（a）1 min

（b）5 min

（c）10 min

（d）15 min

（e）20 min

（f）30 min

图 4-9　$x=0$ 处瓦斯浓度分布随时间变化

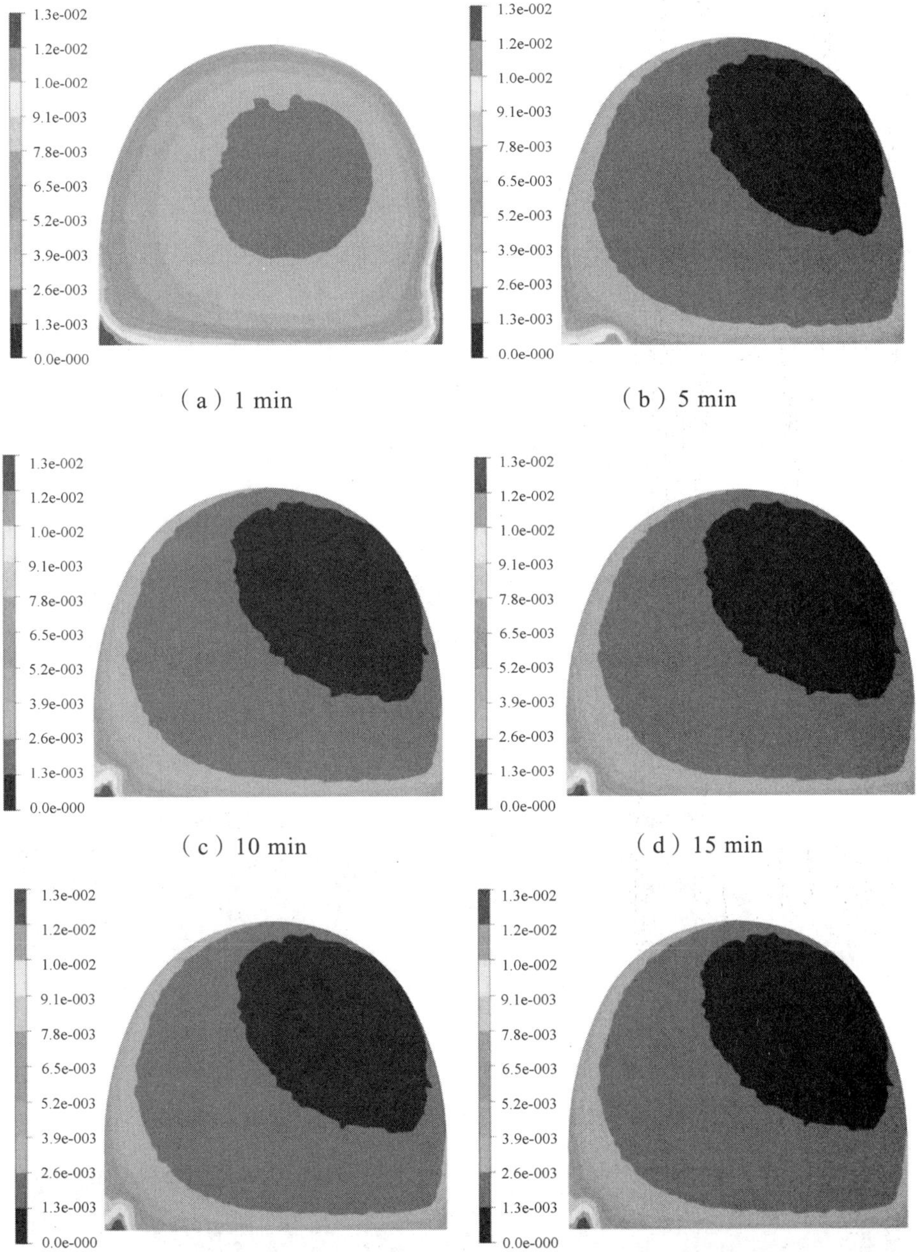

（a）1 min　（b）5 min

（c）10 min　（d）15 min

（e）20 min　（f）30 min

图 4-10　$z=0$ 处瓦斯浓度分布随时间变化

2. 瓦斯浓度在不同位置的分布规律

取隧道 y-z 截面，不同水平位置上的 3 个截面 $x=-3$ m、$x=0$、$x=3$ m 作为研究对象，隧道 y-z 截面不同水平位置瓦斯分布如图 4-11 所示。由图 4-11 可知，风流自风管射出后，射流在风管至隧道掌子面的射流区域内对瓦斯的卷吸作用明显，在风管出风口至掌子面的射流区域内形成一个低瓦斯浓度区。在距隧道掌子面 20 m 的区域范围内是涡流区，由风流射流和回流的作用形成的涡流影响着瓦斯的排出。掌子面底角是隧道通风盲角，易发生瓦斯聚集。由 $x=-3$ m 截面可以发现，在远离通风管一侧，在距隧道掌子面约 10 m 的范围内，隧道底板附近区域有一定浓度的瓦斯聚集。

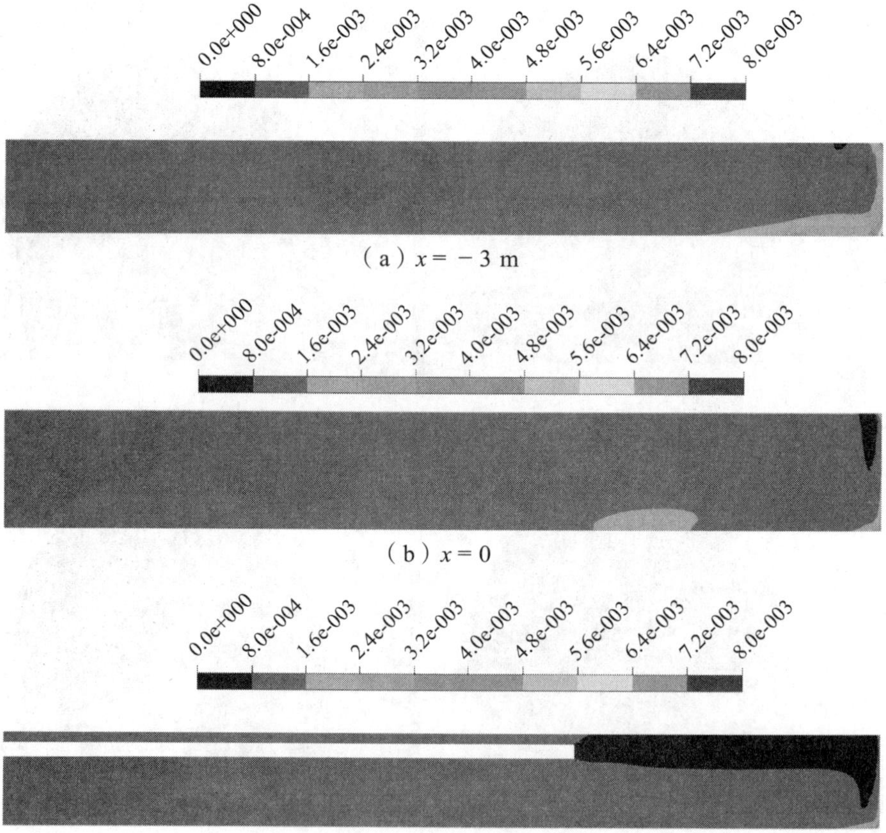

（a）$x=-3$ m

（b）$x=0$

（c）$x=3$ m

图 4-11　隧道 y-z 截面不同水平位置瓦斯分布

取隧道截面 $y = 1.6$ m 上不同水平位置高度上的 3 条线作为研究对象，$y = 1.6$ m 不同水平位置瓦斯浓度曲线如图 4-12 所示，图 4-12 中 m_1 坐标可表示为（-3，1.6，n），m_2 坐标可表示为（0，1.6，n），m_3 坐标可表示为（3，1.6，n）。结合图 4-12 可知，m_2 和 m_3 的浓度曲线变化趋势相似，隧道掌子面处瓦斯浓度最大，后在掌子面处急剧减小至最小值，瓦斯浓度由隧道掌子面沿程升高至趋于稳定，波动较大。而 m_1 则是在掌子面约 10 m 处，瓦斯浓度达到最小值，后缓慢升高直至稳定，波动较小。稳定值约为 0.001 4。涡流区内，受射流与回流影响，距风管越远，瓦斯浓度梯度越小，瓦斯浓度越大。

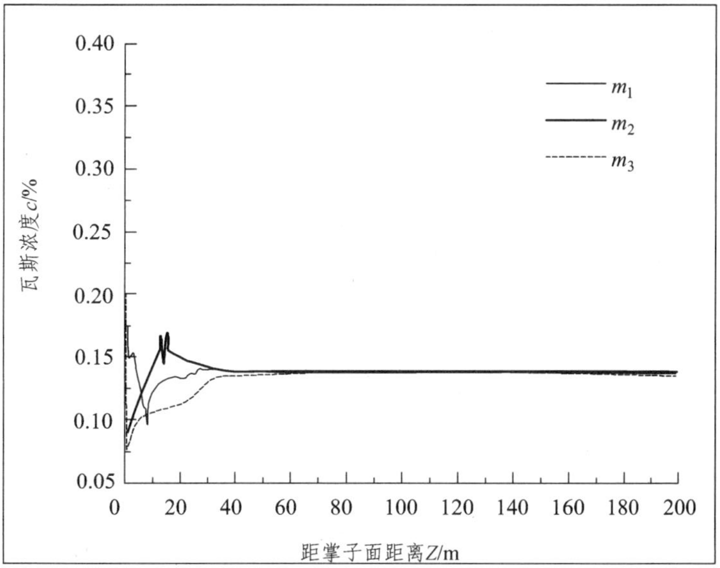

图 4-12　$y = 1.6$ m 处不同水平位置瓦斯浓度曲线

取隧道中心截面 $x = 0$ 上不同位置高度上的 4 条线作为研究对象，$x = 0$ 不同位置高度瓦斯浓度曲线如图 4-13 所示，图 4-13 中 m_4 坐标可表示为（0，1.6，n），m_5 坐标可表示为（0，3.5，n），m_6 坐标可表示为（0，5，n），m_7 坐标可表示为（0，6.5，n）。由图 4-13 可知，浓度曲线变化趋势几乎相同，隧道掌子面瓦斯浓度最大，后在隧道掌子面处急剧下降至最小值，再缓慢升高，最后达到一个稳定值，约为 0.001 4。

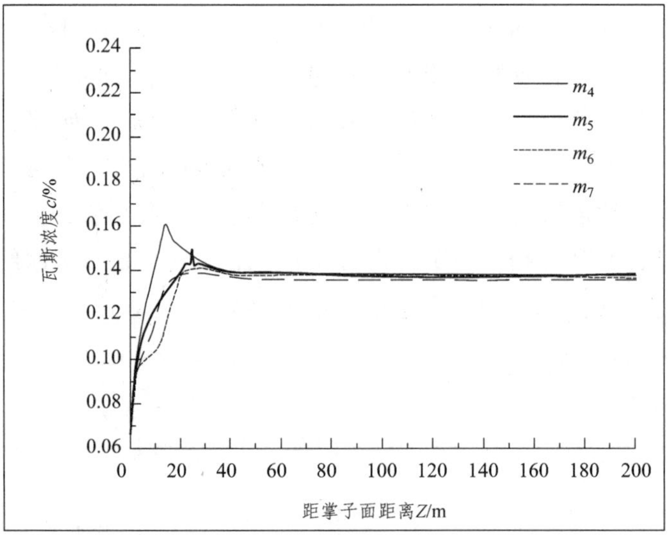

图 4-13　$x = 0$ 不同高度位置瓦斯浓度曲线

4.2.3　不同施工参数下瓦斯隧道施工通风流场特征分析

隧道及地下工程施工通风方案优化主要分为两部分，一是通风系统方案外部优化；二是通风系统方案内部优化。前者是最优通风方案的比选，而后者是通风布置参数的优化。为对不同隧道施工通风布置参数对台阶法施工隧道的影响展开研究，结合施工现场情况，选取风管布置位置、风管出风口距掌子面的距离 L_1、台阶长度 L_2、台阶高度 L_3 4 个因素，研究不同工况设置下，在施工通风过程中对流场的影响，得出不同工况下的施工参数的优化区间。在台阶法施工段内隧道断面形式及风管布设位置如图 4-14 所示。为研究风管布置位置、风管出风口距掌子面的距离 L_1、台阶长度 L_2 和台阶高度 L_3 对洞内流场的影响，各工况具体设置如下：

工况一：风管布置位置选为侧部与顶部；

工况二：L_1 分别取为 5 m、10 m、15 m、20 m；

工况三：L_2 分别取为 5 m、10 m、20 m、30 m、40 m；

工况四：L_3 分别取为 2 m、3 m、4 m、5 m、6 m。

通过对流场特征分析、风速及瓦斯浓度监测，研究台阶法施工隧道施工通风的流场规律，寻找施工通风适宜的参数区间。

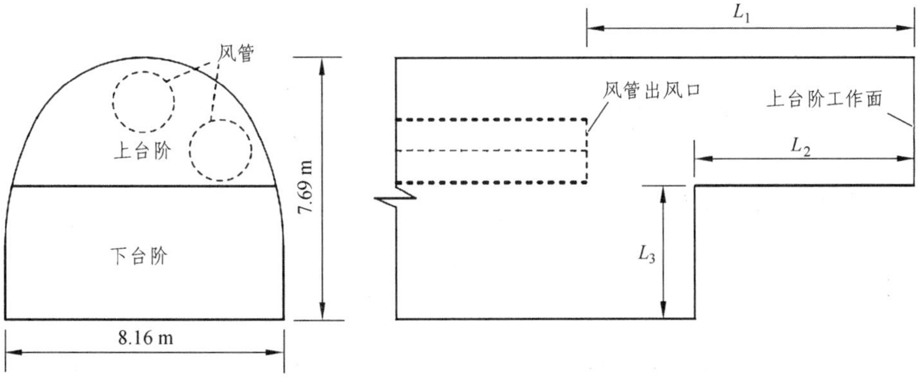

图 4-14　隧道断面形式及风管布设位置

4.2.3.1　模型建立

1．主控制方程

（1）基本假设。

采用 Fluent 对隧道内施工阶段流场进行分析时，在进行求解计算过程作出如下基本假设：

① 气体视为不可压缩；

② 忽略人员、机械对流场的扰动；

③ 隧道壁面为光滑壁面；

④ 假设空气为连续介质。

（2）控制方程。

采用 k-ε 双方程湍流模型，数值模拟模型需满足由质量守恒定律、动量守恒定律和能量守恒定律所表示的控制方程，即连续性方程、动量方程、组分运输方程、能量耗散率方程及湍动能方程。

连续方程：

$$\frac{\partial u_i}{\partial x_i}=0$$

动量方程：

$$\frac{\mathrm{d}u_i}{\mathrm{d}t}=F_i-\frac{\partial P}{\partial x_i}+\frac{\partial}{\partial x_i}\left(\gamma\frac{\partial P}{\partial x_i}-\overline{u_i u_J}\right)$$

组分运输方程：

$$\frac{\partial}{\partial t}(\rho Y_m)+\frac{\partial}{\partial x_i}(\rho u_j Y_m)=\frac{\partial}{\partial x_j}\left(\frac{u_e}{\sigma_Y}\cdot\frac{\partial Y_m}{\partial x_j}\right)$$

湍流动能 k 方程：

$$\frac{\mathrm{d}k}{\mathrm{d}t}=\frac{\partial}{\partial x_j}\left[\left(v_c+\frac{v_t}{\sigma_k}\right)\frac{\partial k}{\partial x_i}\right]+G_k-\varepsilon$$

湍流动能耗散率 ε 方程：

$$\frac{\mathrm{d}k}{\mathrm{d}t}=\frac{\partial}{\partial x_i}\left[\left(v_c+\frac{v_i}{\sigma_s}\right)\frac{\partial \varepsilon}{\partial x_i}\right]+C_{1\varepsilon}\frac{\varepsilon}{k}p-C_{2\varepsilon}\frac{\varepsilon^2}{k}$$

式中　k——湍流动能，J；

ε——湍流动能耗散率，J/s；

t——时间，s；

u_i——速度分量，m/s；

x_i——坐标分量；

v_c——层流黏性系数，Pa · s；

p——修正时均压力，Pa；

F_i——流体质量力，N；

v_t——湍流黏性系数，Pa · s；

G_k——湍流动能产生项。

经验常数 $\sigma_k=1.0$， $\sigma_\varepsilon=1.33$， $C_{1\varepsilon}=1.44$， $C_{2\varepsilon}=1.92$。

2. 模型参数设置

据数值计算，洞内气流雷诺数数量级达到 10^7，大于临界雷诺数，故洞内气流视为湍流，计算模型选为 k-ε 模型。根据《铁路隧道施工规范》（TB 10204—2002）对洞内工作人员呼吸、炮烟稀释、机械内燃机废气稀释等所需风量计算可得，数值模型计算长度内所需风量为 1 753 m^3/min，风管出口风速 $v=11.48$ m/s。边界条件设定为风管出风口为速度进口，速度为 11.48 m/s，隧道进口设为压力出口边界条件，相对压强为 0 Pa；其余壁面均设置为无能量交换、无滑移壁面；离散相采用二阶迎风格式，速度和压力耦合采用 Simplec 格式。取掌子面处厚为 0.1 m 的薄层作为瓦斯源，且单元源项 s 为 0.008 3 kg/（m^3·s）。

3. 几何模型及网格划分

以龙泉山一号隧道出口施工段实际尺寸为参考，进行横断面 1∶1 比例建立模型，选用隧道某台阶法施工段 90 m 作为研究对象。利用 ANSYS ICEM CFD 进行隧道三维建模及网格划分，网格为非结构化网格，网格类型为 Tetra/Mixed，生成方法为 Robust（Octree），最大尺寸为 1 m；壁面最大尺寸为 0.2 m，高为 0.004 2 m，高度比为 1.1，共 10 层，大约有 340 万个单元，将生成的网格模型导入 Fluent 进行数值模拟运算，网格划分如图 4-15 所示。

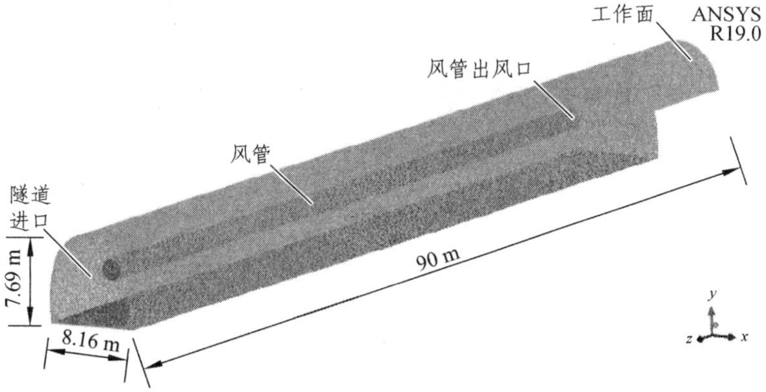

图 4-15　隧道网格划分

4.2.3.2　模型验证

为保证数值模拟计算结果的可靠性，以某隧道段为例，通过建立隧道三维模型，将数值模拟监测测点的风速值与实地测量风速值进行比对，调整数值模拟的相关参数直至数值模拟计算值误差小于测量值的 5%，将调整后的参数用于本文研究的数值分析计算。

数值模型计算长度内所需风量为 1 753 m^3/min，风管直径为 1.8 m，风管出风口速度为 11.48 m/s。风速监测点自掌子面起按每 10 m 布置，用 Fluent 进行数值模拟运算。根据数值计算，洞内气流雷诺数数量级达到 10^7，大于临界雷诺数，故洞内气流视为湍流，计算模型选为 k-ε 模型，边界条件设定为风管出口为速度进口，隧道进口设为压力出口，其余壁面均设置为无能量交换壁面，同时在数值模型中距隧道掌子面相应位置设置监测点，现场风速测定如图 4-16 所示，现场实测风速值与数值模拟风速值对比如图 4-17 所示。

图 4-16　现场风速测定

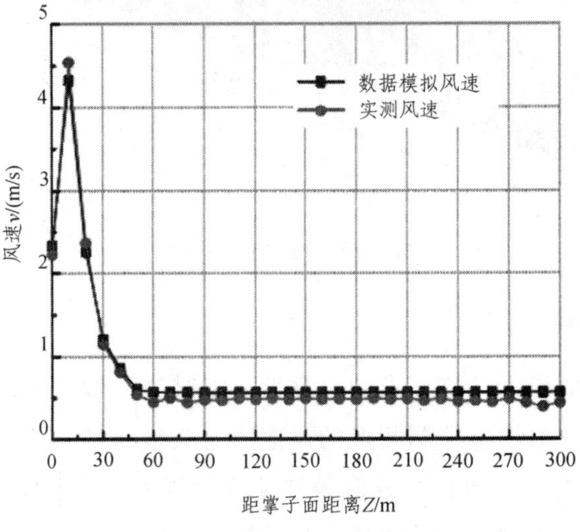

图 4-17　现场实测风速与数值模拟风速对比

由图 4-17 可知，风速峰值出现在风管出风口所在断面处，并且风速沿程减小直至隧道内风速趋于稳定，同时实测风速与数值模拟风速之间的数值偏差很小，均小于实测风速的 5%，因此采用通过建立三维隧道数值模型的模拟方法对隧道施工通风流场特征进行研究的手段是可行的。

4.3　瓦斯检测与监控标准研究

4.3.1　瓦斯检测设防标准

隧道内风流中瓦斯浓度不超过 0.3%时可正常作业。隧道内风流中瓦斯浓度不超过 0.5%时可进行除动火作业以外的其他作业。

隧道内风流中瓦斯浓度超过 0.5%、未超过 0.75%时停止洞内一切作业。分析原因，采取措施进行处理，直到隧道内瓦斯浓度降至 0.3%以下时方可恢复作业。

隧道内风流中瓦斯浓度超过 0.75%时停止隧道内一切作业，撤出隧道内所有人员，切断隧道内所有非本质安全电气设备电源。分析原因，采取措施进行处理，直到隧道内瓦斯浓度降至 0.3%以下时方可恢复送电、作业。

发现局部瓦斯积聚（瓦斯浓度超过 2%，体积超过 0.5 m^3）或其他异常瓦斯涌出，20 m 范围内停止作业，分析原因，采取措施进行处理。

瓦斯浓度超限应直接报项目部，由项目部报指挥部、监理、建设单位。当瓦斯浓度为 0.5% ~ 0.75%时，由施工单位组织处理；当瓦斯浓度为 0.75% ~ 1.0%时，由监理单位会同施工单位共同研究处理；当瓦斯浓度超过 1.0%时，由建设单位组织施工、监理单位共同研究处理。

监控、人工检测 CH_4 控制标准见表 4-5；监控、人工检测硫化氢、一氧化碳控制标准见表 4-6；监控、人工检测风速控制标准见表 4-7。

表 4-5　监控、人工检测 CH_4 控制标准

地点	报警浓度	断电浓度	复电浓度	断电范围
掌子面	≥0.3%CH_4	≥0.5%CH_4	<0.3%CH_4	隧道内全部非本质安全型电气设备
衬砌台车	≥0.3%CH_4	≥0.5%CH_4	<0.3%CH_4	隧道内全部非本质安全型电气设备

续表

地点	报警浓度	断电浓度	复电浓度	断电范围
独头段回风流中	≥0.3%CH_4	≥0.5%CH_4	<0.3%CH_4	隧道内全部非本质安全型电气设备
总回风段（斜井内）	≥0.3%CH_4	≥0.5%CH_4	<0.3%CH_4	隧道内全部非本质安全型电气设备

表 4-6　监控、人工检测硫化氢、一氧化碳控制标准

地点	报警浓度	采取措施
任何地点	H_2S≥6.6 ppm	加强通风，停工、撤人
	CO≥24 ppm	加强通风，停工、撤人

表 4-7　监控、人工检测风速控制标准

地点	地点	采取措施
回风	小于 0.25 m/s 或大于 6 m/s	改变风机开启挡位，分析原因，马上处理

4.3.2　监测与监控系统要求

安全监控系统内容、范围、部位及频次见表 4-8。人工瓦斯监测内容、范围、部位及频次见表 4-9。

表 4-8　安全监控系统内容、范围、部位及频次表

序号	监测内容	监测范围	监测部位	监测频次
1	甲烷	甲烷检测覆盖整个工区，其他气体检测依据现场实际情况对重点区域检测	施工工作面、二衬台车、回风流中等	24 h
2	硫化氢			
3	一氧化碳			
4	风速			

表 4-9　人工瓦斯监测内容、范围、部位及频次

序号	监测内容	监测范围	检测地点	监测频次
1	甲烷	人工检测覆盖整个工区	掌子面、二衬台车、回风、总回风、瓦斯异常涌出点、超前钻探时钻孔口、炮眼内、超前钻孔内、洞内用火地点 20 m 范围内以及其他需要检测瓦斯的地点	一般工序作业面每 2 h 检测一次；特殊工序如动火作业、防水板焊接、塌方处理等重点部位，必须保证全过程检测；对通风死角（防水板台车、二衬台车端头、塌腔、断面变化处等）每 2 h 检测一次；对瓦斯浓度超过 0.3%的地段，加强检测频率，做到不超过 1 h 检测一次；超前钻探时每钻进 2 m 检查一次钻孔内瓦斯；放炮时必须及时进行“一炮三检”
2	硫化氢			
3	一氧化碳			
4	二氧化碳			

4.4　瓦斯监测方案研究设计

4.4.1　施工阶段瓦斯检测与监测体系设计概述

施工阶段瓦斯检测体系由瓦斯人工检测、瓦斯自动监控体系两部分组成。两部分各具特点，互相补充，缺一不可。

高瓦斯及瓦斯突出工点配置专职瓦检员与专用手持式瓦检仪开展人工瓦斯检测工作。专职瓦检员随身携带光干涉式甲烷测定器与沼气检测报警仪开展瓦斯检测工作。管理人员及其他特殊工种人员如放炮员、班（组）长、电工等特殊工种进入隧道时随身携带沼气检测报警仪随即开展瓦斯检测工作。

高瓦斯及瓦斯突出工点设置瓦斯自动监控系统进行瓦斯自动监测工作。瓦斯监控体系具有连续检测、超限报警、瓦电锁闭、风电锁闭、自动控制、存储等功能，其检测精度与便携式沼气检测报警仪相同，检测地点相对固定。

低瓦斯工区管理人员及其他特殊工种人员如放炮员、班（组）长、电工等特殊工种进入隧道时随身携带沼气检测报警仪随即开展瓦斯检测工作。

4.4.2　自动瓦斯监测技术

要想防治隧道瓦斯灾害，必须对瓦斯隧道进行专项的瓦斯监控。其监

控方法主要有两种：实验室分析和现场监控。实验室分析的方法就是从坑道中取出空气式样，送实验室用气体分析器、气色相色谱仪进行成分分析。这种方法测定精度高，但需要时间较长，主要对隧道内存在的一些特殊气体进行鉴定，对于施工过程来说，实验室分析不利于根据现场实际情况，及时作出处理，所以其应用具有一定的局限性。在工程实践中应用得比较多的是现场监控，而现场监控又分为人工监测和自动监测。

自动监测就是利用自动化遥测仪或者监测系统，远距离、定点、长期连续、自动记录显示其瓦斯浓度，如果某种气体超过规定时可报警或自动断电，并建立风、声、光报警系统。

自动监测则具备了以下优点：数据精度高；数据能及时反映给洞外，也可储存；停电后系统可以继续工作；可以自动实现风瓦电闭锁功能。同样地，自动监测也有它的不足之处，如只能检测到瓦斯探头附近的数据，没有灵活性；无法过于靠近隧道开挖掌子面；成本费用比较高等。

根据龙泉山一号隧道设计文件、施工组织实际情况等，进口、1#斜井、2#斜井、3#斜井、出口 5 个工区各安装一套瓦斯自动监控系统（含人员管理、门禁、通信、视频图像、大屏幕展示），瓦斯监控、人员管理、通信系统、视频图像同缆传输，在洞内实现融合，节约线缆成本，洞外监控室分设瓦斯监控、人员管理系统主机，互为备用。在一台主机故障情况下，能保证两个系统正常运转。

4.4.2.1 仪器选择

瓦斯自动监测系统的选择要依据施工隧道的整体状况，根据瓦斯地质状况、隧道的施工组织设计、施工通风方式等条件确定监测系统的规模和监测设备的类型。瓦斯自动监测系统的选择还要考虑施工隧道的技术管理水平。瓦斯自动监测在煤矿是比较成熟的技术，瓦斯隧道施工中瓦斯管理技术水平就不那么成熟，甚至要借鉴煤炭矿井的经验，若盲目选择和煤矿系统一致的监测设备，或是一味追求技术先进的监测系统，除给技术管理增加难度外，还会造成较大的经济浪费。

1. 监测传输系统的选择

瓦斯隧道施工相对煤矿生产而言，修建时间比较短，瓦斯危害比较低。隧道施工中的瓦斯自动监测相对于煤矿生产中的瓦斯自动监测而言，规模较小，系统布置简单，监测系统的运转时间也短。因此，在选择瓦斯监测系统时结合龙泉山一号瓦斯隧道工期长、含硫化氢、属于非煤系变质岩地层等自身特点，选择经济合理的传输系统。

遥测传输系统的传输方式主要有空分制传输、频分制传输、时分制传输、频分时分混合传输 4 种形式。空分制传输方式一对传输线只能传输一个信息，对于较多信息量传输的系统已基本上不再采用。频分制、时分制传输方式一对或几对传输线可传输多个信息，现在的遥测传输系统中普遍采用频分制或时分制、混合制传输方式。

各种传输系统的成本随监控信息量的大小而改变，空分制系统一对导线传输一路信号，成本大小与信息量成正比，只有 1 ~ 2 路信息传输时空分多路传输系统成本较低；频分制系统的分站占一定成本，信息量增加时只需增加部分组件，成本增加不高，但分站信息量有限，适用于 10 路左右的信息量传输；时分制系统分站和总电路板所占成本较大，信息量增加时分站成本增加很少，但信息量较少时不能通过减少分站总电路板来降低成本，信息量在 20 路以上时采用时分制传输系统更加经济。瓦斯隧道施工中一般 4 ~ 5 个瓦斯监测信息基本就能反映全隧的瓦斯状况，加上断电控制信息和风速等信息，通常信息总量低于 20 路，因此在高瓦斯隧道施工中瓦斯自动监测选用频分制传输方式较为合适。

传输系统的传输线选择一方面要适应瓦斯隧道的施工要求，具有抗静电阻燃的性能；另一方面要满足信号传输对导线对数、芯线截面积、抗干扰能力等要求。

随着现代科技的进步，除了传统的有线传输之外，还可以选择无线传输信号数据的方式。此方式与有线传输相比，具有不占用空间、受施工干扰影响较小、布置传感器相对灵活等优点；同时在无线传输模块外加装矿用防爆盒之后，也消除了线路静电燃烧隐患。

2. 传感器的选择

传感器类型的选择根据《矿井通风安全监测装置使用管理规定》的要求，必须设瓦斯和风速传感器，其他类型监测传感器可根据隧道内瓦斯气体实际成分选择。施工隧道中的瓦斯自动监测技术相对简单，选择瓦斯和风速传感器基本上就能够满足要求。如隧道内有其他有害气体，可以按需要选择 CO、H_2S、SO_2 等类型的传感器。确有必要还可考虑选择温度、压力、设备开停等类型的传感器。

瓦斯传感器（见图 4-18）数量的确定取决于隧道施工组织安排，一般而言瓦斯隧道施工通风多采用巷道式通风方式，整个隧道自然地分为进风区、回风区、总回风区，在相应的区域配备瓦斯传感器，即可了解全隧的瓦斯状况，全隧 4～5 个传感器就能满足要求，不同地段有不同的瓦斯控制标准。如果施工组织要求加强其他地段的瓦斯监测，可以相应增加瓦斯传感器数量，以满足施工的特殊瓦斯监测要求。

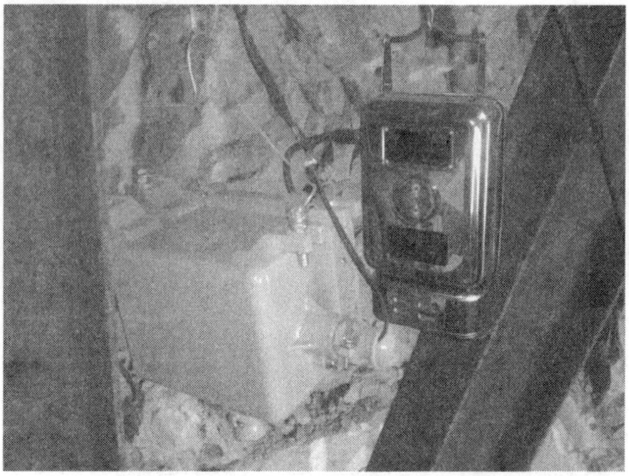

图 4-18　瓦斯传感器以及防爆盒

3. 瓦斯传感器的布置要求

隧道各掌子面设低浓度瓦斯传感器，报警浓度为 0.75%CH_4，瓦斯断电浓度为 1%CH_4，恢复用电浓度为小于 0.75%CH_4，断电范围为隧道内全部非本质安全型电气设备。在实际施工过程中，使用瓦斯自动检测报警断电仪的掌子面，只准人工复电。人工恢复用电前，必须进行瓦斯检查，确认瓦斯浓度低于 0.75%后，方可人工恢复用电。

斜井、隧道掌子面回风中各设瓦斯传感器（见表 4-10），报警浓度为 0.75%CH_4，瓦斯断电浓度为 1%CH_4，恢复用电浓度为小于 0.75%CH_4，断电范围为隧道内全部非本质安全型电气设备。

表 4-10　龙泉山一号隧道及斜井瓦斯自动监控各项传感器布置

序号	传感器	斜井开挖阶段		正洞开挖阶段		合计数量
		安装地点	数量	安装地点	数量	
1	甲烷传感器 GJC4（B）	斜井掌子面迎头	4	正洞掌子面迎头	10	54
		斜井防水板台车上部	4	正洞防水板台车上部	10	
		斜井二衬台车前端	4	正洞二衬台车前端	10	
		斜井防水板台车与掌子面之间	4	正洞防水板台车与掌子面之间	10	
		斜井口 20 m 处	4	正洞隧道距斜井交叉口 20 m 处	8	
				正洞口 20 m 处	2	
				斜井口 20 m 处	4	
2	风速传感器 GFW15	斜井掌子面迎头	4	正洞掌子面迎头	10	20
		斜井口 20 m 处	4	正洞隧道距斜井交叉口 20 m 处	8	
				正洞口 20 m 处	2	
3	一氧化碳传感器 GTH500（B）	斜井掌子面迎头	4	正洞掌子面迎头	10	18
				正洞隧道距斜井交叉口 20 m 处	8	
4	设备开停传感器 GKT-L	斜井洞门总电路处	4	斜井洞门总电路处	8	8
5	风筒开停传感器 GFT15A	洞口主风机	4	洞口主风机	10	10
6	低压远程断电器 KJ101N-F1J	斜井洞门总电路处	4	斜井洞门总电路处	8	8
7	传输分站 KJ83-F2	斜井掌子面迎头	4	正洞掌子面迎头	10	20
		斜井口	4	斜井口	8	
				隧道口	2	
	合计		58			138

（1）风速传感器及一氧化碳传感器布置要求。风速传感器及一氧化碳传感器布置于隧道掌子面与二衬之间的适当位置、正洞隧道距斜井交叉口 20 m 处或正洞口 20 m 处。

（2）机电设备开停传感器的设置。隧道主风机处设机电设备开停传感器，连续监测设备运行状况。

（3）馈电传感器的设置。馈电传感器的设置同机电设备开停传感器设置相同。

（4）远程断电器。每个掘进的隧道中设置一台低压远程断电器，起到超限断电的作用。

图 4-19 所示为瓦斯自动监控系统结构。

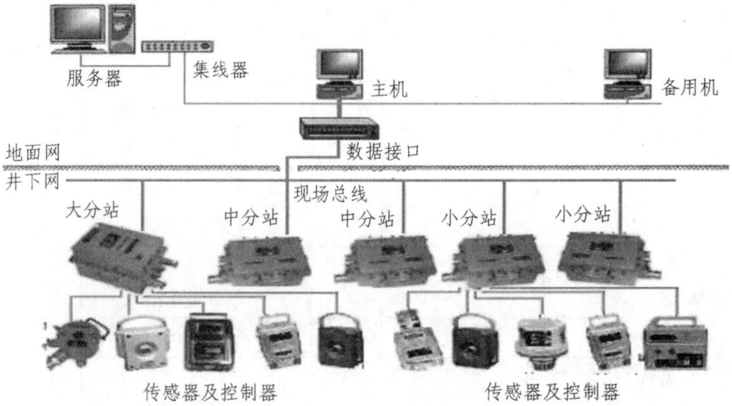

图 4-19　瓦斯自动监控系统结构示意图

表 4-11 为龙泉山一号隧道及斜井安全监控系统设备配备表。

表 4-11　龙泉山一号隧道及斜井安全监控系统设备配备

序号	设备名称	型号及规格	数量	单位
一	洞口设备配置			
1	一体化监控主机	KJ101N 型（含计算机、KJ101N 型软件、分站避雷装置）	6	台
2	稳压器		6	台
3	UPS 电源	FD24-F1	6	台
4	打印机	彩喷，A3	6	台
5	井口避雷器	KJFB-1	6	台

续表

序号	设备名称	型号及规格	数量	单位
二	隧道设备配置			
1	传输分站	KJ83-F2	20	台
2	甲烷传感器	GJC4（B）	54	台
3	风速传感器	GFW15	20	台
4	一氧化碳传感器	GTH500（B）	18	台
5	设备开停传感器	GKT-L	8	台
6	风筒开停传感器	GFT15A	10	台
7	低压远程断电器	KJ101N-F1J	8	台
8	信号电缆	PUVVR1×4×7/0.28	1.6×6	km
9	信号电缆	PUVVR1×4×7/0.43	1.8×6	km
10	模拟量传感器电缆	PUVVR 1×4×7/0.52	0.5×6	km
11	接线盒	三通型 K-3	20×6	个
12	接线盒	三通型 K-2	20×6	个

表 4-12 为瓦斯监控设备及管线布置位置。

表 4-12　瓦斯监控设备及管线布置位置

类别	位置
瓦斯传感器	隧道中部，距拱顶为 0.3 m
风速、一氧化碳传感器	在风管的另一侧，距仰拱面 5 m，两个相距 0.3 m
高压电缆	在风管的另一侧，距仰拱面 4.74 m
动力电缆	在风管的另一侧，距高压电缆 0.15 m
照明电缆	在风管的另一侧，距动力电缆 0.1 m
监控及通信电缆	在风管的另一侧，距仰拱面 2 m
预留瓦斯抽放管	在风管的同侧，距仰拱面 2.4 m
高压风管	在风管的同侧，距仰拱面 2.1 m
高压水管	在风管的同侧，距仰拱面 1.9 m
通风风管	在隧道的右侧，距仰拱面 4.74 m

4.4.2.2 瓦斯自动监控系统故障的应急处置

（1）监控系统发生故障，监控人员立即通知监控领导小组。

（2）“风电”“瓦斯电”两闭锁功能出现故障，由瓦检员通知监测电工及时配合处理。

（3）如果监控系统发生故障，监测电工无法恢复其正常运行时，由跟班瓦检员严格执行瓦斯检查制度，并在掌子面上方悬挂便携式瓦检报警仪。

（4）项目部安全总监通知监控厂家维修人员，在 12 h 内赶到故障点，24 h 内恢复监控系统，正常运行。

4.4.3 人工瓦斯监测技术

人工监测就是采用光学瓦斯检测仪、便携式自动报警仪和气体检测仪，对隧道内的有害气体进行检测。

人工监测和自动监测均有各自的优点和不足，人工监测有操作仪器简单、携带方便、灵活性强、仪器价格低廉、检测部位可灵活布置等优点。然而它的缺点也非常明显，一是检测部位受限制，如在特大断面公路隧道，太过于高的部位瓦斯人工检测不方便，需要借助于其他辅助设备；二是考虑到隧道的长度，在掘进深入山腹之后，检测到的瓦斯数据和现场实际情况受限于距离，难以实时地反映给洞外；三则是检测数据容易受人为因素干扰[38]。

由此可见，要想做好瓦斯实时监控工作，必须将人工监测和自动监测相互结合，则可以弥补各自的不足，使得监测系统安全可靠，同时数据和现场实际情况也可得到及时的反映。

4.4.3.1 仪器的选择以及工作原理

瓦斯检测仪器种类繁多，按照产地划分可分为国产瓦检仪和进口瓦检仪。国产仪器结构简单，性能稳定，操作方便，而且价格适中，相对而言性价比比较高。

按照仪器的检测工作原理，可以分为光干涉、热催化、热导、气敏、红外等类型，其中光干涉、热催化、热导 3 种仪器目前在国内瓦斯隧道应用比较多。由于测量原理不同，各种仪器各自有其优缺点，所以一般在瓦斯隧道施工检测中根据隧道的具体情况，同时使用数种仪器，可以充分利用各仪器的长处，弥补各自的不足，检测结果也可以互相参照，彼此验证。

隧道人工监控瓦斯可以采用便携式智能煤矿瓦斯含量检测报警仪 JCB-4 型与光干涉甲烷检定仪两种仪器进行日常的瓦斯检测（见图 4-20）。辅助采用澳洲生产的 EM-4 多功能气体检测仪，用以对隧道内其他有害气体的检测。

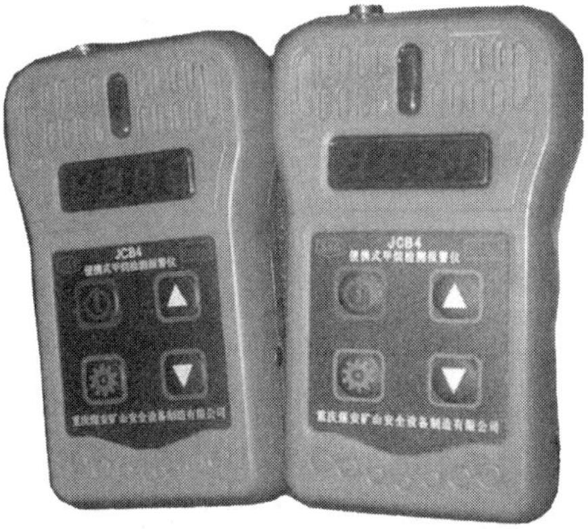

图 4-20　便携式瓦斯监测报警仪

便携式智能煤矿瓦斯含量检测报警仪 JCB-4 型，体积小巧，仅仅手机大小，可以轻松握于手掌或者别挂在腰间；其技术含量高，通过将隧道内空气吸入仪器，使得瓦斯与仪器内黑原件充分反应燃烧测得瓦斯浓度；使用方法简单易懂，只需调零后，打开开关，设定好报警点，便会自动运作，探测的瓦斯浓度超标立时报警，无须专业培训教学。鉴于以上种种优点，它非常适合管理人员和工作人员进洞时随身携带，保障人身安全。

光干涉甲烷检定仪采用光的反射、折射和干涉的原理，在煤矿井下能够准确测定甲烷和二氧化碳气体在空气中的百分比浓度，为矿用本质安全型仪表，它由光路系统、电路系统和气路系统组成（见图 4-21）。

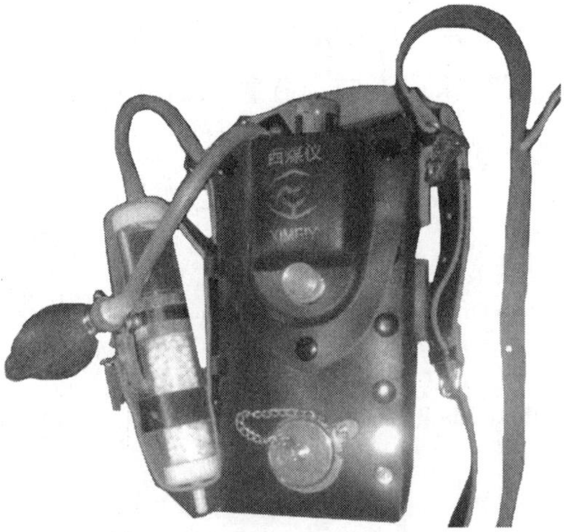

图 4-21　光干涉甲烷检测仪

4.4.3.2　人工检测瓦斯方法

瓦斯人工检测采用光学瓦斯检测仪器配 6 m 左右长软管，由专职瓦检员对隧道内的施工作业面进行抽检。另外监测人员每小组配备便携式瓦斯检测报警仪，随时检测工作位置及通道的瓦斯浓度。

瓦检员检查的施工作业面包括掌子面开挖、掌子面初期支护、仰拱开挖、仰拱混凝土施工、防水板挂设、二次衬砌立模、二次衬砌混凝土灌注、隧道散水治理等等。检测时采用五点法或者三点法，即对每个断面的拱顶、两侧拱腰和拱脚处进行检测，每个点测量 3 次甲烷与二氧化碳浓度，取平均值，同时记录测量时的温度。

除了施工作业面之外，对于隧道内容易产生瓦斯集聚的地点和瓦斯可能逸出的地点，以及容易产生火源的地点，如二衬台车所在、隧道内横向通道的顶部区域、隧道内有明显凹陷的地点、大型机电设备附近、冒落孔洞、初期支护有破碎或裂隙处等，亦应由瓦检员进行瓦斯检查。

同时，在隧道开挖放炮时，瓦检员应与放炮员、工班长同时在场，严格执行“三人联锁放炮制度”和装药前、爆破前、爆破后 3 次检查瓦斯浓度的“一炮三检”制度。

瓦检员检测瓦斯时，应带好防护用品，同时应打开随身携带的便携式瓦检仪，进入隧道后边走边察看便携式瓦检仪上的读数，当发现异常时，用光干涉甲烷检测仪复测，如发现情况属实，应及时撤离并报告情况，根据瓦斯浓度采取相应的措施。

因临时性停电或者其他的原因，造成了局部通风机停止工作，在恢复通风之前，首先必须由瓦检员检查瓦斯浓度，在核实了停风地区的瓦斯浓度低于1%，局部通风机以及开关地点附近的瓦斯浓度低于0.5%时，方可重新启动局部通风机，恢复正常供风。如果停风地段中瓦斯浓度高于1%，必须另行制订安全排放瓦斯的措施，控制风流，使排出的混合气体中瓦斯浓度低于1.5%，回风系统还必须停电撤人。

因全面停电，主要通风机停止工作后，必须制订排放瓦斯方案和安全送电的措施，尽快恢复通风，恢复供电后，所有被停风影响的地点，必须先进行通风，在瓦斯检查人员进行检查，验证了瓦斯浓度符合要求后，方可以恢复工作。

隧道内负责巡逻抽查的瓦斯浓度检测人员应当专人专职，采取三班轮换制度，每班工作8 h，期间不得擅自离岗，保证24 h全天候监控。瓦检员每次检测完成后，必须将检测结果及时告知工作面带班工班长。

施工单位亦应当配备瓦检员，采用光干涉甲烷检定仪，由瓦检员对隧道内的施工作业面进行巡检，各作业小组配便携式瓦斯检测报警仪，随时检测工作位置及通道的瓦斯浓度。

业主代表、监理工程师、设计代表、质检站监督人员、施工单位管理人员进隧道检查时，每组均需佩带便携式瓦斯检测报警仪。

表4-13为龙泉山一号隧道瓦斯人工检测专职瓦检员配置表。

表4-13　龙泉山一号隧道瓦斯人工检测专职瓦检员配置

序号	项目部	作业面	专职瓦检员配置人数	值班要求	交接班要求
1	三项目部	进口正洞作业面	3	每天3班，每班8 h，每班1人值班进行现场瓦斯人工检测	瓦斯人工检测应24 h连续进行，瓦检员实行隧道内交接班制度
2		1#斜井作业面			

续表

序号	项目部	作业面	专职瓦检员配置人数	值班要求	交接班要求
3	三项目部	2#斜井作业面	3	每天3班，每班8 h，每班 1 人值班进行现场瓦斯人工检测	瓦斯人工检测应 24 h 连续进行，瓦检员实行隧道内交接班制度
4	四项目部	4#斜井作业面			
5		3#斜井作业面			
6		出口正洞作业面			

4.4.3.3　人工瓦斯检测流程

人工瓦斯检测流程如图 4-22 所示。

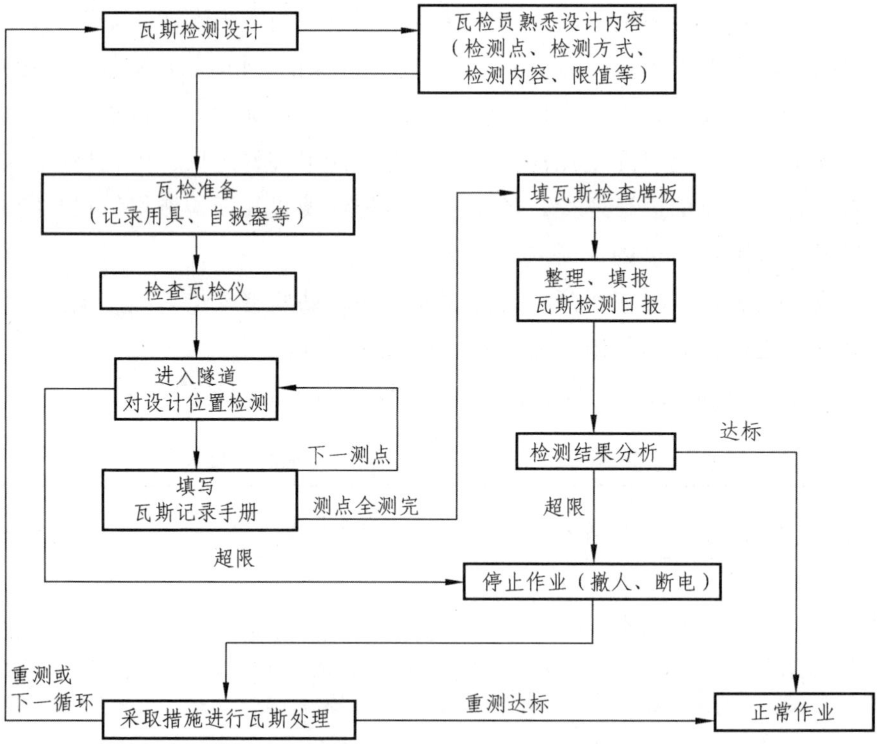

图 4-22　人工瓦斯检测流程图

4.4.3.4　人工瓦斯检测范围

专职瓦检员应严格执行瓦斯巡检制度，按时到岗，跟班作业，不得擅自离岗空班、漏检和假检，根据瓦斯巡检要求和频率进行瓦斯巡检工作。每次检查结果记入瓦斯检测日报表和检测位置悬挂的瓦斯记录牌。测定甲烷浓度重点在隧道风流的上部，测定二氧化碳浓度重点在风流下部。无作业台架处配置辅助工具。巡检范围包括：

（1）隧道内各工作面（掌子面超前钻孔、掌子面开挖、掌子面初期支护、仰拱开挖、仰拱混凝土施工、防水板挂设、二次衬砌立模、二次衬砌混凝土浇筑、隧道加宽段、顶部凹陷处等）。每个断面至少检查 5 个点，即拱顶、两侧拱肩、两侧路肩以上 1.5 ~ 2 m，距离断面周边 20 cm 处检测，在检测点对坑道风流中瓦斯和二氧化碳均应检查。

（2）瓦斯可能产生积聚的地点（二衬台车部位、加宽带、加宽段、联络通道及预留洞室上部、塌腔内、局部超挖具有明显凹陷的地点等）[39]。

（3）隧道内可能产生火源的地点（电机附近、变压器、电气开关附近、电缆接头的地点）[40]。

（4）瓦斯可能渗出或异常涌出的地点（地质破碎地带、地质变化地带、裂隙发育的砂岩、泥岩及页岩地带及其他瓦斯异常涌出点）。

（5）在隧道进行超前钻孔时，超前钻孔处。

（6）被批准允许洞内电气焊接作业地点、内燃机具、电气开关、电机附近 20 m 范围内（另行派瓦斯检查员跟班作业）。

（7）爆破地点附近 20 m 范围内风流中。

（8）其他通风死角处等地点。

以上检查点的设置，以工区通风工程师设置的瓦斯检查点和巡回检查路线为准。

4.4.3.5　人工瓦斯检测频率

（1）原则上按照设置的瓦斯检查点每两小时巡回检测 1 次，同时检测甲烷、二氧化碳、一氧化碳、硫化氢，每班不少于 3 个巡回，测定后及时填报瓦斯巡检表和瓦斯检查排板。

（2）放炮地点每放一炮应严格执行“一炮三检”和“三人联锁放炮”制度。

（3）瓦斯涌出量较大、变化异常区域时，应固定专人随时检测瓦斯浓度，以便及时掌握瓦斯变化情况。并进行汇报，采取处理措施。

（4）经审批进行焊接等动火作业时，瓦检员必须跟班作业，随时检测动火点前后 20 m 范围内的瓦斯浓度，确保动火作业区域瓦斯浓度小于 0.3%。

（5）瓦斯工区停风或停电，恢复送电和启动洞内风机时，按规定进行瓦斯检测工作。

（6）超前探孔作业时，须每钻进一根钻杆检测一次瓦斯浓度，并做好钻进深度、瓦斯浓度、返渣变化等的相关记录。

瓦检员实行现场交接班制度，杜绝空班漏检。瓦检员检查瓦斯时发现瓦斯超限、瓦斯异常涌出等情况时，必须先处理（按照瓦斯浓度预警标准执行）、后汇报。人工瓦斯检查台账每天报送项目部，经项目部安全总监签阅后存档。

4.4.3.6 瓦斯检测步骤和方法

光干涉式甲烷测定器属机械式瓦斯检测仪器，具有使用寿命长，经久耐用的特点，但受环境和人员操作等多种因素的影响，为了保证检测结果准确有效，必须注意以下事项。

（1）使用前，须检查水分吸收管中硅胶和外接 CO_2 吸收管中钠石灰是否变质失效，气路是否通畅，光路是否正常；将测微组刻度盘上的零位线与观察窗的中线对齐，使干涉条纹的基准线与分划板上的零位线对齐，取与待测点温度相近的新鲜空气置换瓦斯室内气体。

（2）检测时，吸取气体一般捏放皮球以 5 ~ 10 次为宜。

（3）测定甲烷浓度时，要接上 CO_2 吸收管，以消除 CO_2 对 CH_4 测定结果的影响。

（4）测 CO_2 浓度时，应取下 CO_2 吸收管，先测出两者的混合浓度，减去已测得的 CH_4 浓度即可粗略算出 CO_2 浓度。

（5）干涉条纹不清，是由于隧道中空气湿度过大，水分不能完全被吸收，在光学玻璃管上结雾或灰尘附着所致，只要更换水分吸收剂或拆开擦拭即可。

（6）CO_2 吸收管中的钠石灰失效或颗粒过大，CO_2 会在测定 CH_4 浓度时混入瓦斯室中，使测定的 CH_4 值偏高，所以要及时更换钠石灰，确保仪器测量准确。

（7）空气不新鲜或通过瓦斯的气路不畅通，对零地点的温度、气压与待测点相差过大，均会引起零点的漂移，所以必须保证在温度、气压相近的新鲜气流中换气对零。

专职检查员定时监测有毒有害气体浓度。检测洞内瓦斯浓度在 0.3% 以上时，采取加强通风等有效措施并及时汇报；检测洞内瓦斯浓度在 0.5% 以上时，立即通知现场管理人员断电、停工、撤人，并采取必要处理措施及向上级汇报，保证施工安全。

便携式甲烷（自动）检测报警仪使用要求：

（1）携带人员。进入掌子面和隧道内的以下人员必须携带便携式甲烷（自动）检测报警仪，连续监测工作地点瓦斯浓度：

① 放炮员；② 班组长；③ 现场值班负责人；④ 到隧道检查的各级管理人员（每一行人至少携带 1 台）；⑤ 流动作业的检修人员；⑥ 各类机车驾驶员；⑦ 其他相关人员。

（2）便携式甲烷（自动）检测报警仪报警点的设置。报警点一律设置为 CH_4 浓度 0.3%。

（3）便携式甲烷（自动）检测报警仪必须由监测组专人统一管理，连续使用 8 h 必须交回仪器室充电。每 7 天必须进行 1 次调校，每半年必须送专业机构检定 1 次，合格方可使用，以保证仪器灵敏、可靠。

4.4.3.7　人工检测日常管理

（1）专职瓦检员及其他人员进入瓦斯工区携带的瓦斯检测仪器、仪表的要求：

① 专职瓦检员配备光干涉式甲烷测定器。高瓦斯工区除配备低浓度光

干涉式甲烷测定器、多功能气体检测仪外，尚需配备高浓度光干涉式甲烷测定器。

② 洞内工程技术人员、施工班组长等主要管理人员需配备便携式甲烷检测仪。

（2）人工检测时，由于待检区气体种类及浓度等均未知，对检测人员自身的危险性增加，除了常规安全防护措施外，尤其要注意以下安全要求。

① 测定是由外向内、由高到低逐步进行的。

② 瓦检员在检测瓦斯时，头部不能超越检查的高度，避免缺氧窒息。

③ 时刻留意拱顶、拱墙、掌子面的稳定情况，发现有异常立即撤出；时刻注意不要引起坚硬物体的撞击产生火花。

④ 人工检测做好检测记录，包括检测地点桩号、时间、有毒有害气体类型、浓度等内容。

（3）处于回风流中停止运转的电气设备及开关在每次启动前，在其附近 20 m 范围内进行瓦斯等有毒有害气体的检查。

（4）当发现瓦斯动力现象时，立即停止作业，撤出人员，另行制订专项措施。

（5）当两台瓦斯检测仪对瓦斯浓度检测结果不一致时，以浓度显示值高的为准。瓦检员应当加强瓦斯检测仪的维护管理工作，使用前必须检查瓦斯检测仪的零点是否漂移过大和电压欠压。不符合要求的瓦斯检测仪不得使用，零点漂移过大的瓦斯检测仪需及时送修。

（6）隧道任一地点回风风流中瓦斯浓度超过 0.5%或二氧化碳浓度超过 1.5%时，必须停止工作，撤出人员，采取措施，进行处理、汇报。

（7）在局部通风机及其开关附近 20 m 以内风流中，瓦斯浓度都不超过 0.3%时，方可开启局部通风机。

（8）对因瓦斯浓度超过规定被切断电源的电气设备，必须在瓦斯浓度降到 0.3%以下，方可通电开动。

（9）焊接、切割、施钻等作业地点前后 20 m 范围内，风流中瓦斯浓度不得大于 0.3%。当瓦斯浓度大于 0.3%时，严禁隧道内一切动火作业。

（10）便携式瓦检仪以及光干涉瓦斯检测仪每半年校验 1 次。

（11）因临时停电恢复通风前，首先必须检查瓦斯，如果停风区中瓦斯浓度超过 1%，必须制订排瓦斯的安全措施，进行瓦斯排放。

4.4.3.8　瓦斯浓度卡控标准及处置

隧道内风流中瓦斯浓度不超过 0.3%时可正常作业。隧道内风流中瓦斯浓度不超过 0.5%时可进行除动火作业以外的其他作业。

隧道内风流中瓦斯浓度超过 0.5%、未超过 0.75%时停止洞内一切作业。分析原因，采取措施进行处理，直到隧道内瓦斯浓度降至 0.3%以下时方可恢复作业。

隧道内风流中瓦斯浓度超过 0.75%时停止隧道内一切作业，撤出隧道内所有人员，切断隧道内所有非本质安全电气设备电源。分析原因，采取措施进行处理，直到隧道内瓦斯浓度降至 0.3%以下时方可恢复送电、作业。

发现局部瓦斯积聚（瓦斯浓度超过 2%，体积超过 0.5 m^3）或其他异常瓦斯涌出，20 m 范围内停止作业，分析原因，采取措施进行处理。

瓦斯浓度超限应直接报项目部，由项目部报指挥部、监理、建设单位。

当瓦斯浓度为 0.5% ~ 0.75%时，由项目部组织处理；当瓦斯浓度为 0.75% ~ 1.0%时，由指挥部会同监理单位共同研究处理；当瓦斯浓度超过 1.0%时，由建设单位组织施工、监理单位共同研究处理。

4.5　风速及瓦斯监测

施工通风是隧道施工安全的保证，对瓦斯隧道进行通风监测，评价通风效果具有重要意义。根据《铁路瓦斯隧道技术规范》（TB 10120—2019）以及数值模拟结果，对施工隧道断面不同部位风速、风量及瓦斯浓度进行监测，由现场数据实时反映施工现场流场的实际情况，为改善隧道通风效果提供参考。

4.5.1　风速与风量检测

结合《铁路瓦斯隧道技术规范》（TB 10120—2019），将隧道断面分为若干格，通过测定各个不同区域内中心点的风速，风速测点布置如图 4-23

所示。隧道内某测点风速值等于该测点 3 次测量值的平均值，且应保证误差小于 5%，否则应重新再对测点进行测量。风速测量后，测量相应区域的断面尺寸，并计算断面面积。由区域平均速度和对应断面面积计算累加最终可近似得到通过测风断面的通风量。由通过隧道通风量与隧道断面面积之比可得隧道断面平均风速，计算公式可表示为

$$v = \frac{Q}{A} = \frac{\sum v_i A_i}{\sum A_i}$$

式中　Q——通风量，m^3/s；

A——隧道断面面积，m^2；

v——某区域测量风速，m/s；

A_i——某区域断面面积，m^2。

在距掌子面附近，隧道内流场趋于稳定。风速测点应布置在稳定回风流中。测量风速仪器采用 GT8907 风速仪，通风风速测量量程范围为 0.3 ~ 45 m/s，分辨率精度达到 0.01 m/s，风速仪如图 4-24 所示。

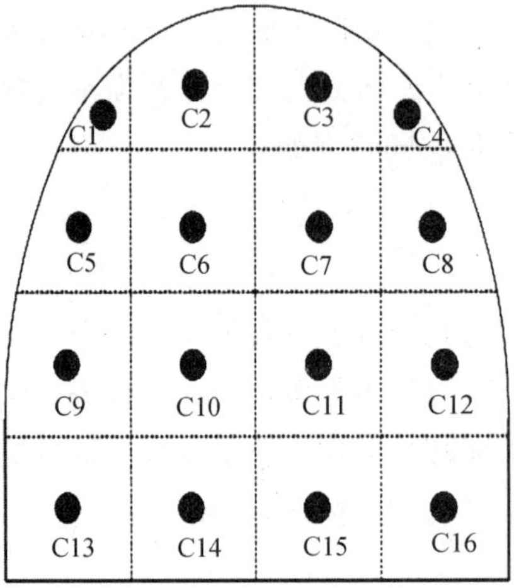

图 4-23　风速测点布置

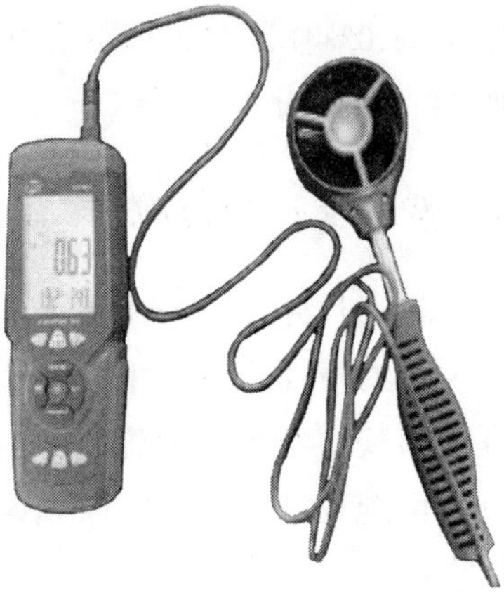

图 4-24　风速仪

4.5.2　瓦斯浓度检测

隧道施工开挖期间，瓦斯浓度检测通常是采用瓦检员人工检测手段与

瓦斯监测系统自动监测方式相结合的综合监测方法。结合本段隧道工程特点，采用的是 1 套瓦斯自动监测报警装置和 5 套瓦检仪。瓦斯自动监测报警装置主要是对洞内瓦斯浓度进行实时动态监测，为安全施工提供参考。人工检测主要是实时对隧道洞内瓦斯易于聚集区域进行巡检。隧道爆破作业后，通风 15 min 后对隧道内多个断面进行瓦斯浓度检测。由《铁路瓦斯隧道技术规范》（TB 10120—2019）与数值模拟结果综合考虑，重点对瓦斯易于聚集区域进行人工巡检，检测断面瓦斯监测测点布置如图 4-25 所示。

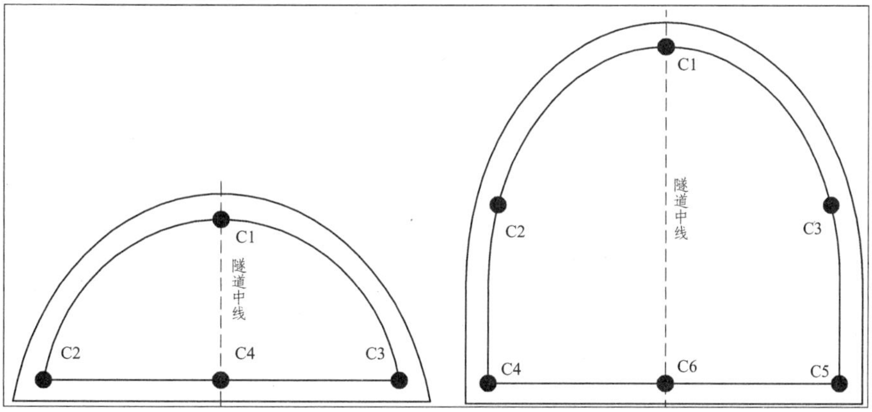

图 4-25　瓦斯检测测点布置

由《铁路瓦斯隧道技术规范》（TB 10120—2019）和综合考虑本区间隧道施工开挖方法，在全断面开挖隧道掌子面处，主要监测位于距拱顶、侧壁、底板 200 mm 的 6 个点的瓦斯浓度，台阶法开挖隧道中则是主要监测位于上台阶的拱顶、拱脚和底板中间位置。

测点瓦斯浓度值为 3 次检测值的平均值。

4.6　自动预警平台建立

4.6.1　综合软件平台设计

4.6.1.1　概　述

系统平台能将各类监控子系统集成到网络平台中，并能与上级主管单位的管理系统实现兼容，将安全、生产、经营、管理等方面的信息有机地整合在一起，进行分析处理、统计、优化、发布，实现“管、控、监”一体化目标。

4.6.1.2 综合自动化软件平台

平台以实时数据库为核心，对源于监控过程的数据进行存储、分析，实时监测现场设备运行状态、工艺参数，并及时发出根据指标、计划及过程作出的控制信息。

1. 实时监控功能

平台直观形象地监视隧道各环节瓦斯安全控制，系统各画面能显示过程变量的实时数据和运行设备的状态，设备模拟图、单线图等均可在界面上显示，每个画面都包括字母数字字符和图形符号，通常采用可变化的颜色、图形、闪烁表示过程变量的不同状态，所有过程变量的数值和状态动态实时刷新。

2. 报警显示

对于需要报警的变量给出报警提示，以颜色闪烁或提示框等方式直观地表现，并有专门的报警窗口可以查看历史报警。

4.6.1.3 综合信息集成软件平台

综合信息集成软件平台通过对监控过程数据的集成、加工处理，整合出对安全管理决策有用的数据，从而在安全管理决策和实时过程控制之间架起一座桥梁，达到两者之间的信息交换和紧密集成。

4.6.1.4 协同工作平台

为项目瓦斯安全管理提供统一交流、协作、协同办公的基本信息平台，整合原本分离的部门、个人的目标和工作行为，优化业务流程，提高项目瓦斯安全管理运作效率目标。

1. 数据挖掘系统

针对安全管理的不同方面，采用不同的数据挖掘模型建立方法，为安全生产提供预警。如在历史数据的基础上，建立相应的数学模型，利用数学模型进行预测或将预测人员的经验提取出来，形成知识库，用知识库中的规则对历史数据库加以推理，从而对安全生产环节进行预测。

2. 数据综合分析功能

能够对各自动化子系统数据、安全管理数据、业务管理数据等进行深入分析、挖掘、整合、分类、统计、评估等综合处理，输出结果供管理层查询使用

3. 综合报表系统

基于 Web 的综合报表系统，用于制作打印瓦斯安全分析报表。

4.6.2　KXB（B）声光报警系统

KXB（B）声光报警系统，是一套以自动化系统实时数据监测、实时报警判断为基础，系统通过对实现生产系统报警数据的采集及自定义报警生成条件的实时判断管理报警信息，并通过声光等形式，及时、醒目地提醒相关人员处理报警。KXB（B）声光报警系统软件部分由报警实时采集模块、报警生成条件管理模块、报警监测模块、报警处理模块、报警数据管理模块、报表分析、声光报警驱动模块、声光报警模块及数据库组成。硬件部分由计算机声卡、音箱、闪光灯模块组成。

4.6.2.1　报警实时采集模块

为隧道各点的瓦斯情况实时采集模块负责专门实时采集自动化系统的报警数据，并经过处理后汇入 KXB（B）声光报警系统中，进入报警处理流程。

4.6.2.2 报警生成条件管理模块

报警信息需要通过对实时数据的动态判断来产生。报警生成条件管理模块可以为自动化系统每类或每个设备参数、监测点定义报警条件，在实时监测过程中，如发现达到报警条件的数据，则自动生成报警信息，进入报警流程；当该数据恢复正常时，自动消除报警信息。

4.6.2.3 报警监测模块

报警监测模块用于实时监测各自动化系统数据，并按照报警条件管理模块产生的报警条件库对实时数据进行判断，如发现达到报警条件，则生成报警信息；如发现原来的报警点数据恢复正常，则自动消除报警数据，报警的生成和消除由报警处理模块完成。

4.6.2.4 报警处理模块

当报警监测程序监测到报警的生成或消除条件时，报警处理模块开始工作，根据需要生成或消除报警信息。对于通过报警采集模块采集的报警信息，报警处理模块根据报警实时采集模块的报警信息进行处理。

4.6.2.5 声光报警模块

当报警产生后，报警信息通过报警声光驱动程序启动报警系统的声光报警功能，声光报警模块负责具体的声、光报警功能。

4.6.3 平台功能展示

4.6.3.1 有害气体数据显示系统

利用监测监控系统数据，将有效数据发送至中心服务器程序，中心服务器软件存储并发布至 WEB 服务，用户通过 IE 就可以实时监控隧道内瓦斯数据，如图 4-26 所示。

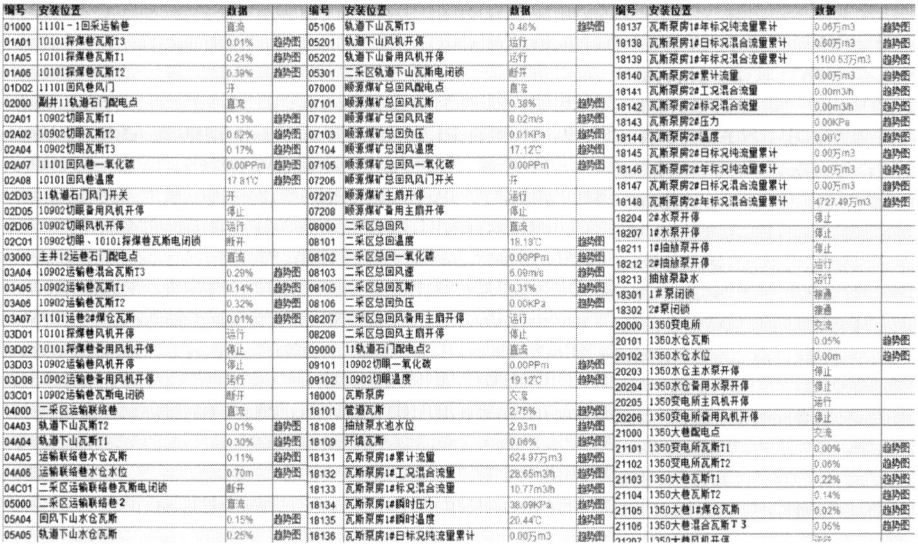

编号	安装位置	数据	
01000	11101－1回采运输巷	直流	
01A01	10101探煤巷瓦斯T3	0.01%	趋势图
01A05	10101探煤巷瓦斯T1	0.24%	趋势图
01A06	10101探煤巷瓦斯T2	0.39%	趋势图
01D02	11101回风巷风门	开	
02000	副井11轨道石门配电点	直流	
02A01	10902切眼瓦斯T1	0.13%	趋势图
02A02	10902切眼瓦斯T2	0.62%	趋势图
02A04	10902切眼瓦斯T3	0.17%	趋势图
02A07	11101回风巷一氧化碳	0.00PPm	趋势图
02A08	10101回风巷温度	17.81℃	趋势图
02D03	11轨道石门风门开关	开	
02D05	10902切眼备用风机开停	停止	
02D06	10902切眼风机开停	运行	
02C01	10902切眼、10101探煤巷瓦斯电闭锁	断开	
03000	主井12运巷石门配电点	直流	
03A04	10902运输巷混合瓦斯T3	0.29%	趋势图
03A05	10902运输巷瓦斯T1	0.14%	趋势图
03A06	10902运输巷瓦斯T2	0.32%	趋势图
03A07	11101运巷2#煤仓瓦斯	0.01%	趋势图
03D01	10101探煤巷风机开停	运行	
03D02	10101探煤巷备用风机开停	停止	
03D03	10902运输巷风机开停	停止	
03D08	10902运输巷备用风机开停	运行	
03C01	10902运输巷瓦斯电闭锁	断开	
04000	二采区运输联络巷	直流	
04A03	轨道下山瓦斯T2	0.01%	趋势图
04A04	轨道下山瓦斯T1	0.30%	趋势图
04A05	运输联络巷水仓瓦斯	0.11%	趋势图
04A06	运输联络巷水仓水位	0.70m	趋势图
04C01	二采区运输联络巷瓦斯电闭锁	断开	
05000	二采区运输联络巷2	直流	
05A04	回风下山水仓瓦斯	0.15%	趋势图
05A05	轨道下山水仓瓦斯	0.25%	趋势图

编号	安装位置	数据	
05106	轨道下山瓦斯T3	0.48%	趋势图
05201	轨道下山风机开停	运行	
05202	轨道下山备用风机开停	运行	
05301	二采区轨道下山瓦斯电闭锁	断开	
07000	顺源煤矿总回风配电点	直流	
07101	顺源煤矿总回风瓦斯	0.38%	趋势图
07102	顺源煤矿总回风风速	9.02m/s	趋势图
07103	顺源煤矿总回负压	0.01KPa	趋势图
07104	顺源煤矿总回风温度	17.12℃	趋势图
07105	顺源煤矿总回风一氧化碳	0.00PPm	趋势图
07206	顺源煤矿总回风风门开关	开	
07207	顺源煤矿主扇开停	运行	
07208	顺源煤矿备用主扇开停	停止	
08000	二采区总回风	直流	
08101	二采区总回温度	18.18℃	趋势图
08102	二采区总回一氧化碳	0.00PPm	趋势图
08103	二采区总回风速	6.09m/s	趋势图
08105	二采区总回瓦斯	0.31%	趋势图
08106	二采区总回负压	0.00KPa	趋势图
08207	二采区总回风备用主扇开停	运行	
08208	二采区总回风主扇开停	停止	
09000	11轨道石门配电点2	直流	
09101	10902切眼一氧化碳	0.00PPm	趋势图
09102	10902切眼温度	19.12℃	趋势图
18000	瓦斯泵房	交流	
18101	管道瓦斯	2.75%	趋势图
18108	抽放泵水池水位	2.93m	趋势图
18109	环境瓦斯	0.06%	趋势图
18131	瓦斯泵房1#累计流量	624.97万m3	趋势图
18132	瓦斯泵房1#工况混合流量	28.65m3/h	趋势图
18133	瓦斯泵房1#标况混合流量	10.77m3/h	趋势图
18134	瓦斯泵房1#瞬时压力	38.09KPa	趋势图
18135	瓦斯泵房1#瞬时温度	20.44℃	趋势图
18136	瓦斯泵房1#日标况纯流量累计	0.00万m3	趋势图

编号	安装位置	数据	
18137	瓦斯泵房1#年标况纯流量累计	0.06万m3	趋势图
18138	瓦斯泵房1#日标况混合流量累计	0.60万m3	趋势图
18139	瓦斯泵房1#年标况混合流量累计	1100.63万m3	趋势图
18140	瓦斯泵房2#累计流量	0.00万m3	趋势图
18141	瓦斯泵房2#工况混合流量	0.00m3/h	趋势图
18142	瓦斯泵房2#标况混合流量	0.00m3/h	趋势图
18143	瓦斯泵房2#压力	0.00KPa	趋势图
18144	瓦斯泵房2#温度	0.00℃	趋势图
18145	瓦斯泵房2#日标况纯流量累计	0.00万m3	趋势图
18146	瓦斯泵房2#年标况纯流量累计	0.00万m3	趋势图
18147	瓦斯泵房2#日标况混合流量累计	0.00万m3	趋势图
18148	瓦斯泵房2#年标况混合流量累计	4727.49万m3	趋势图
18204	2#水泵开停	停止	
18207	1#水泵开停	停止	
18211	1#抽放泵开停	停止	
18212	2#抽放泵开停	运行	
18213	抽放泵缺水	运行	
18301	1# 泵闭锁	接通	
18302	2#泵闭锁	接通	
20000	1350变电所	交流	
20101	1350水仓瓦斯	0.05%	趋势图
20102	1350水仓水位	0.00m	趋势图
20203	1350水仓主水泵开停	停止	
20204	1350水仓备用水泵开停	停止	
20205	1350变电所主风机开停	运行	
20206	1350变电所备用风机开停	停止	
21000	1350大巷配电点	交流	
21101	1350变电所瓦斯T1	0.00%	趋势图
21102	1350变电所瓦斯T2	0.06%	趋势图
21103	1350大巷瓦斯T1	0.22%	趋势图
21104	1350大巷瓦斯T2	0.14%	趋势图
21105	1350大巷1#煤仓瓦斯	0.02%	趋势图
21106	1350大巷混合瓦斯 T 3	0.06%	趋势图
21207	1350大巷风机开停	运行	

图 4-26　瓦斯实时监测数据

实时显示传感器数据变化，为管理人员监测隧道内瓦斯浓度和设备提供参考依据，如图 4-27 所示。

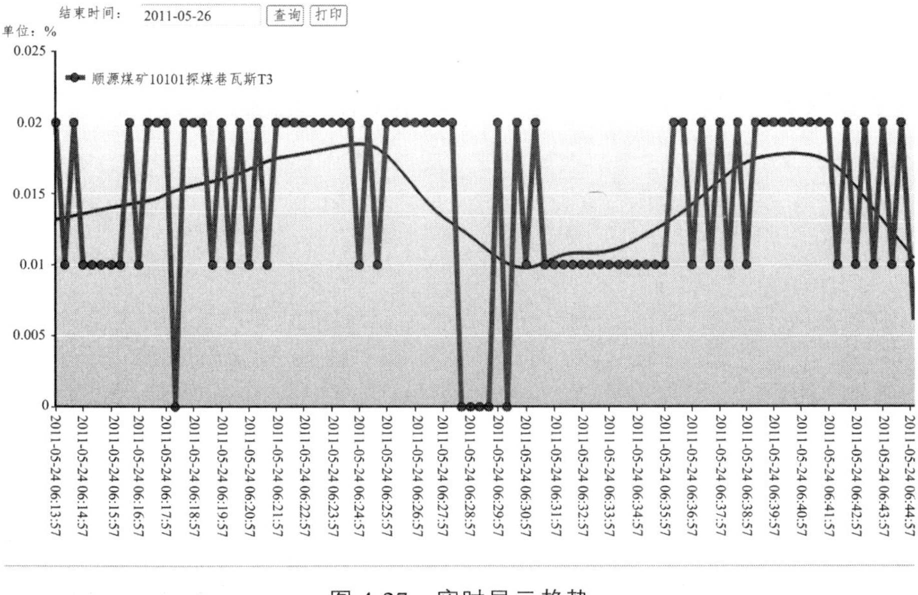

图 4-27　实时显示趋势

4.6.3.2 其他功能

（1）短信发送报警信息。

（2）报警联动设置，当发生报警时可以显示报警点的数据变化趋势以及处置预案。

第 5 章
油气型高瓦斯隧道施工期智能通风技术研究

5.1 智能通风系统需求分析

5.1.1 智能控制对瓦斯隧道通风的重要意义

自 19 世纪末，铁路就已经成为交通运输体系中必不可少的一项内容。经过 100 多年的建设和发展，中国的铁路交通日益发达。截至 2021 年 4 月 16 日，中国铁路营业总里程已经达到了 14.63 万 km，高速铁路运营里程达 3.79 万 km，铁路运输网络越发完善。在越来越多高速铁路建设项目出现之后，相应的隧道施工的工程也逐渐增加。

我国已成为世界上铁路隧道最多、最复杂、发展最快的国家之一。如此大规模的隧道建设，不但运营管理的任务十分艰巨，其安全与节能问题也日益突出。

在隧道及地下工程施工阶段，隧道通风是隧道内外气体进行交换的唯一通道。隧道通风能够保证隧道内施工作业人员的供氧量、机械设备的正常运转及隧道降温除尘等等。

瓦斯隧道对于通风要求较高，需要充足的风量将有毒有害物质稀释，并将其排出洞外，以保障施工人员的健康安全，避免灾害发生。隧道通风是快速施工技术改进的“瓶颈”，随着隧道建设规模增大和技术水平提高，施工隧道洞内生产环境与施工安全问题逐渐凸显出来，安全、绿色环保施工技术是我国隧道工程未来的发展趋势，对隧道施工通风的要求也越来越高。隧道施工现场环境复杂，需要考虑的因素较多，施工通风组织相对比较复杂。合理的隧道通风对于保障施工作业人员的身心健康、施工安全、施工质量以及施工进度等具有重大的意义。

瓦斯事故是威胁瓦斯隧道施工安全的灾害之一，对作业人员的安全威胁不容忽视。瓦斯隧道施工安全的关键是将瓦斯浓度限制在安全范围内。当前，在瓦斯隧道施工通风实践中，还存在着许多认识不足，如瓦斯随机分布、通风技术水平落后、灾害防范意识不强、通风设备往往只是摆设等等。由于隧道通风不及时给作业人员造成的许多疾病往往是时间积累才形成的，并不直接造成伤害，也正因为如此，隧道通风常常是最易被忽视的一环。随着人们安全环保意识的提高，隧道作业环境与工程质量、安全同样被重视，因此，对瓦斯隧道通风展开研究，寻找瓦斯在隧道内的分布运移规律，对瓦斯隧道通风流场特征进行研究，探究隧道施工通风的优化方案可为瓦斯隧道施工通风提供指导。

5.1.2　国内外研究现状

隧道施工通风是隧道工程不可或缺的一环，施工通风设计更是施工通风的关键。隧道施工通风设计主要涉及的内容是风量计算、风压计算、风管及风机设备选型等等。在通风设计的研究中，最初是由国外学者克生诺冯托娃和伏洛宁研究得出需风量的经验计算公式。在此基础上，穆斯铁立在染色体水力模型实验中得出压入式通风风量的计算公式。Kachurin AN[41]等在实验和理论研究的基础上，阐明了大断面长隧道围岩气体与大气交换存在的规律和气体杂质向大气转移的气-气动力学过程规律，为在建隧道风量计算提供了依据。

我国开展隧道施工通风设计研究较国外晚，但在国外相关研究的基础之上，国内学者也总结出了一些科研成果。对通风设计的研究最初是由排烟需风量的研究开始的。承伯仁[42]系统地对独头巷道通风相关设计参数进行了了解，对掘进面的需风量进行了深入研究。之后许多学者对通风设计进行深入研究，出现了适用于不同条件的风量计算公式，如吴中立公式、王英敏公式、杨立新公式等。近些年来，随着我国工程建设的增加，对于瓦斯隧道通风设计的研究也得出一系列研究成果。白俊[43]等结合瓦斯隧道施工通风标准，对大茶山高瓦斯隧道进行施工需风量、风压等参数计算，提出通风设备参数要求，满足了隧道瓦斯稀释与粉尘排出要求，一定程度上加快了施工进度并提高了安全质量。杨振[44]依据污染物允许浓度对国内外两个规范中的隧道需风量进行了求解、对比分析，并为我国相关设计规范提出了修正建议。陈选生以兴隆坪隧道为依托，通过合理的理论分析、现场验证等手段对通风参数计算、瓦斯隧道施工通风方案选择和机械设备选型进行研究；王莉[45]由通风方式比选、通风设计等对隧道施工通风进行通风方案研究，并为方案实施提出建议。何聪[45]研究以主副斜井巷道通风的方案以求解决特长隧道施工通风问题，满足高瓦斯区段的通风要求，并在工程实践中取得了良好的效果，为解决铁路特长高瓦斯隧道施工通风提供了参考。闫肃[47]结合老房子隧道工程特点，总结出可随隧道开挖进度动态变化的六阶段通风设计方案，并由数值模拟与实测结果进行校核，通风效果良好，具有借鉴作用。王闯[48]等综合考虑各项影响因素，结合依托工程特点，对隧道通风方式、施工通风需风量以及复杂工区通风方案进行研究，得出适合各工区特点的施工通风最优方案。周健[49]等依托米仓山隧道，对隧道工区划分、通风设计相关参数和风管布置等进行研究，得出能够达到较好通风效果的隧道通风具体实施方案。王永东[50]等提出了换气横通道结合单风井和双洞互补与竖井送排相结合的混合通风方式，并在工程实践中对隧道通风方案进行对比分析，得出改进型通风方式通风效率更高，有效地控制了运营成本。

宗志栓[51]等基于数值模拟与现场实测的风速值，研究隧道施工通风效果，计算出施工通风所需风量，并对隧道通风做阶段性评价。

当然，由于瓦斯隧道施工环境复杂，需要考虑的因素较多，且存在相关计算理论并不成熟、通风设计既不合理也不经济、风机通风效率不高等等问题，因此还需更多的科学研究进行工程验证，结合依托工程，合理计算隧道通风风量、风压，并由此进行风机设备、风管选择。

5.1.3 隧道通风流场特征研究现状

国外学者对通风特征的研究最早是由独头巷道开始的，直到 20 世纪 60 年代才具备了较为完整的理论分析和模型试验研究，并对隧道工作面的施工通风特征有了定性的认识。到了 20 世纪 80 年代，许多国外学者对巷道工作面通风流场分布结构特征进行了实验研究。Phuong NL[52]等由流体力学计算对巷道掘进工作面附近流场特征及粉尘分布进行了研究。Hargreaves DM[53]等对地下空间内通风流场进行模拟，为通风设计提供理论指导。Haas A[54]等通过数值模拟建立掘进巷道三维模型，对掘进工作面附近的流场特征进行研究。

我国在通风流场特征方面开展研究比国外晚。20 世纪 90 年代末，王恩元[55]等通过建立数学模型对巷道内的瓦斯分布特征进行分析，同时研究瓦斯在巷道中的驱替作用。梁栋[56]通过数值模拟研究了通风过程瓦斯的运移规律。王海桥等在流体力学理论与紊流射流理论的基础上，对压入式通风时巷道内风流结构特征进行研究，得出了射流流速变化规律、受限贴附射流通风流场分区等流场特征，并对射流起始段、射流贴附过程进行系统说明，而且提出了射流有效射程的计算模型。智军等结合射流特征参数计算，系统研究了几组参数之间的关系，得出射流特征参数与流场之间的关系，对改善通风效果具有借鉴意义。罗周全[57]等依托工程实际，运用数值模拟手段分析了受限贴附射流流场特征，研究发现通风流场可分为贴附射流区、冲击射流贴附区和回流区 3 个主要区域。

陈松[58]详细分析了开挖工作面控除尘下工作面流场特征，并系统介绍了附壁射流区和冲击区的流场特征，得出相关区域的流场特征参数。宋莹[59]等采用技术粒子图像测速仪（PIV）对突扩巷道流场纵向截面风流分布特征和矩形巷道流场的时均风速分布进行研究分析，为风流场湍流特性研究提供了实验理论基础。屈聪[60]对隧道内瓦斯的运移分布特征进行了系统研究，并进行了瓦斯浓度预测与风险预警。王闯[61]等综合考虑各项影响因素，结合依托工程特点，对隧道通风方式、施工通风需风量以及复杂工区通风方案进行了研究，得出适合各工区特点的施工通风最优方案。

相关研究对于巷道通风流场特征的研究比较充分，对隧道流场通风特性的研究还不够充分。但巷道通风与隧道通风具有相似性，均为有限空间内的射流，因此在巷道通风流场特征的研究基础上，对瓦斯隧道通风流场特征进行分析，研究射流的运动规律、瓦斯分布规律，可为瓦斯隧道施工安全提供理论依据。

5.1.4　隧道通风施工参数优化研究现状

隧道通风施工参数优化本质上是通风系统的优化，即是通过调节某些施工参数以求获得更好的隧道施工通风效果。研究发现，通风施工参数优化的研究成果相对较少，集中出现在近些年。国外对于隧道通风系统优化的研究主要是集中在隧道火灾、隧道风速、燃烧热效应、有害气体浓度等的研究中。Colella F[62]等将一种多尺度方法运用到隧道流场中，该方法能够提供详细的局部流动条件，在需要的情况下，计算时间减少，并研究和讨论了这种新方法引起的耦合过程和数值误差，同时也强调了将所开发的方法用作任何隧道通风系统的有效分析工具，为火灾诱导的气流和通风系统的耦合奠定了基础。

Kayili S[63]等通过建立隧道模型，研究不同通风速度下隧道内的堵塞效应对热释放速率的影响，在模型隧道内以不同的纵向通风速度进行燃烧，对燃烧气体进行采样，计算其放热速率并利用方差分析建立了一个统计模型。Khawaja H[64]等为找出通风速度和通风阶段数之间的相关性，基于计算流体力学（CFD）对研究问题进行建模，结果表明有效通风阶段数的增加并不会导致隧道内风速的线性增加。Ahmadi MH[65]等以入口隧道长度、坡度、入口气流流量 3 个影响因素对路口及入口隧道 H_2S 浓度分布的影响进行研究，通过数值模拟和现场实测研究了扎格罗斯长隧道主坡道与坡道交汇处的气流，可得隧道内 H_2S 气体浓度呈梯度变化，危险气体浓度沿隧道向出口方向减小等气体分布规律。

国内专家学者对隧道通风施工参数优化的研究与国外的研究方向不同。我国隧道工程建设较多，国内的专家学者更多是依托实际工程开展施工参数优化相关研究。刘钊[66]结合数值模拟研究了隧道内有毒有害气体的运移、分布特征，并为隧道通风设计提出了优化设计的建议。彭佩[67]等通过对上台阶长度和风管布置位置对流场通风特征的影响，评价通风效果，得出相关隧道通风优化措施。张恒[68]等针对隧道横通道处风机的布置、风管距掌子面距离、风管放置高度、风机放置高度对隧道通风效果的影响进行了研究，经现场监测验证，提出了瓦斯隧道施工通风优化方案。雷帅[69]等通过数值模拟，对流场及污染气体的分布特征进行分析，为低风速区污染气体易聚集问题提出通风优化建议。赵宁雨[70]等通过理论分析，以低海拔地区隧道施工压入式通风经验为基础计算适合高海拔地区隧道压入式通风的合理长度修正公式，并在实际工程中对理论公式进行可行性验证。

王阋章[71]对掌子面距二次衬砌间距、风筒直径、出风口距掌子面距离 3 个因素进行正交试验分析，分析以上 3 个因素对通风效果的影响，确定最优通风布置方案，为瓦斯监测提供建议。周洋[72]等通过数值模拟，研究风管直径、风管位置及风管出风口距掌子面的距离等 4 个影响因素对流场的影响，分析流场特征并对瓦斯在流场里的运移特征进行分析。王林峰[73]等基于数值模拟分析，对风筒直径、风筒口距掌子面距离、湿度 3 个影响因素进行正交试验设计，寻找优化参数组合，为依托工程提出通风优化建议。陈研[74]等为研究曲线隧道射流通风的优化方案，基于数值模拟分析对射流风机的横向间距与布置位置、风机偏转角度、纵向间距等参数进行数值模拟分析，评价隧道通风效果，得出隧道通风优化方案。卢毅[75]等以矩形大断面水下隧道为研究对象，研究了射流风机安装高度、横向净间距和纵向间距对纵向隧道通风效果的影响，得出隧道风机最佳布设位置。

综上可知，国内外学者针对隧道施工通风参数对流场特征影响的研究仍然不够，针对不同特点的隧道施工通风优化方案还需进一步地探讨，许多优化机理还需要进一步开展研究。瓦斯隧道施工环境复杂，面临的危险因素较多，且施工隧道是有限空间结构的隧道通风，容易出现瓦斯聚集的可能，危险性较高，因此对瓦斯隧道施工参数优化开展研究，提出改善施工隧道通风效果的有效途径具有重要意义。

5.2　隧道施工通风设计依据及标准

5.2.1　通风设计依据

（1）新建成都至自贡铁路 DK24 + 055 ~ DK39 + 406 段（DK24 + 055 ~ DK39 + 406）指导性施工组织设计。

（2）龙泉山一号隧道设计图（成自施隧-02）。

（3）《铁路瓦斯隧道技术规范》（TB 10120—2019）。

（4）《铁路隧道施工通风技术与标准化管理指导手册》。

（5）《铁路隧道设计规范》（TB 10003—2016）。

（6）《隧道安全施工技术手册》。

（7）《铁路隧道工程施工安全技术规程》（TB 10304—2009）。

（8）《施工现场临时用电安全技术规范》（JGJ 46—2005）。

（9）《煤矿安全规程》（2016版）。

（10）《矿井通风安全装备标准》（MT/T 5016—96）。

（11）《煤矿安全监控系统及检测仪器管理规范》（AQ 1029—2019）。

（12）《煤矿井下供配电设计规范》（GB 50417—2007）。

（13）《煤矿安全监控系统通用技术要求》（AQ 6201—2006）。

（14）《中华人民共和国安全生产法》。

（15）《中华人民共和国矿山安全法》。

（16）国家颁布的法律、法规和部发文件以及工程施工过程中必须执行的规范、规程、技术指南、验标等。

5.2.2 通风设计原则

（1）遵循铁路隧道现行有关规程、规范，参考公路隧道现行有关规程、规范。

（2）设计的隧道施工通风系统安全、稳定、可靠、经济，各用风地点风量配备应合理，风量、风速、瓦斯及其他有毒、有害气体浓度应符合要求。

（3）尽量采用变频、双级或多级调速轴流式通风机，并选取较大直径的通风管道。当需要风量大时，采用双级或多级运转，通风机以高转速运行；当需要风量较小时，采用单级运转，通风机以较低转速运行。

（4）同一工区各工作面配置的通风设备型号、规格不宜过多、过杂，射流风机数量亦不宜过多。

（5）隧道施工通风设计应根据隧道长度、断面大小、施工方法、施工设备配套等综合考虑。选择通风方案时，应充分考虑本隧道高瓦斯、作业面多、无轨运输等特点。

（6）坚持“以人为本、改善环境、确保安全、节约能源、节约投资”的设计原则。

5.2.3 通风系统

（1）瓦斯隧道各掘进工作面都必须采用独立通风，严禁任何两个工作面之间串联通风。

（2）瓦斯隧道需要的风量，须按照爆破排烟、同时工作的最多人数以及瓦斯绝对涌出量分别计算，并按允许风速进行检验，采用其中的最大值。

（3）瓦斯隧道施工中，对瓦斯易于集聚的空间和衬砌模板台车附近区域，可采用空气引射器气动风机等设备，实施局部通风的办法，以消除瓦斯聚集。

（4）瓦斯隧道在施工期间，应实施连续通风。因检修、停电等原因停机时，必须撤出人员，切断电源。恢复通风前，必须检查瓦斯浓度，压入式局部通风机及其开关地点附近 10 m 以内风流中的瓦斯浓度都不超过 0.5%时，方可人工开动局部通风机。

（5）瓦斯隧道各工区在贯通前，应做好风流调整的准备工作。贯通后，必须调整通风系统，防止瓦斯超限，待通风系统风流稳定后，方可恢复工作。

5.2.4　通风设备

（1）压入式通风机必须装设在洞外，避免污风循环。瓦斯工区的通风机应设两路电源，并装设风电闭锁装置，当一路电源停止供电时，另一路应在 10 min 内接通，保证风机正常运转。

（2）高瓦斯工区，必须有一套同等性能的备用通风机，并经常保持良好的使用状态。

（3）高瓦斯隧道掘进工作面的通风机，均应实行专用变压器、专用开关、专用线路及风电闭锁、瓦电闭锁供电。

（4）高瓦斯隧道应采用抗静电、阻燃的风管。风管口到开挖面的距离应小于 10 m，风管百米漏风率应不大于 1%。

5.2.5　通风设计标准

隧道在整个施工过程中，作业环境符合下列职业健康及安全标准：

（1）隧道内氧气含量：按体积计不得小于 20%。

（2）隧道内粉尘浓度要求见表 5-1。

表 5-1　作业场所空气中粉尘浓度要求

粉尘种类	游离 SiO_2 含量/%	时间加权平均容许浓度/（mg/m³）	
		总尘	呼吸性粉尘
煤尘	<10	4	2.5
矽尘	10～50	1	0.7
	50～80	0.7	0.3
	≥80	0.5	0.2
水泥尘	<10	4	1.5

注：时间加权平均容许浓度是以时间加权数规定的 8 h 工作日、40 h 工作周的平均容许接触浓度。

（3）其他有害气体浓度要求见表 5-2。

表 5-2　隧道有害气体最高允许浓度

名　称	最高允许浓度/%
一氧化碳 CO	0.002 4
氧化氮（换算成 NO_2）	0.000 25
二氧化硫 SO_2	0.000 5
硫化氢 H_2S	0.000 66
氨 NH_3	0.004

特殊情况下，施工人员必须进入开挖掌子面时，浓度可为 100 mg/m³，但工作时间不得大于 30 min；二氧化碳按体积计不得大于 0.5%；氮氧化合物（换算成 NO_2）为 5 mg/m³ 以下。

（4）洞内温度：隧道内气温不得超过 28 °C。

（5）洞内噪声不得大于 90 dB。

（6）隧道内风速不得低于 0.25 m/s，防止瓦斯集聚的风速不得小于 1 m/s。

（7）瓦斯隧道应采用抗静电、阻燃的风管，风管百米漏风率应不大于 1%。

5.3　隧道施工通风量方案设计

5.3.1　研究条件及参数（浓度稀释标准）

（1）隧道施工条件与参数设置（见表 5-3）。

表 5-3　龙泉山一号隧道各工区施工通风长度

工　区	里程范围			施工长度/m	最大通风距离/m
进口工区	D1K30＋950～D1K32＋029			1 079	1 109
1 号斜井工区	斜井 430 m	小里程方向	D1K32＋029～D1K32＋900	871	1 331
		大里程方向	D1K32＋900～D1K33＋688	788	1 238
2 号斜井工区	斜井 475 m	小里程方向	D1K33＋688～D1K34＋500	812	1 317
		大里程方向	D1K34＋500～D1K35＋447	947	1 432
3 号斜井工区	斜井 541 m	小里程方向	D1K35＋447～DK36＋400	953	1 524
		大里程方向	DK36＋400～DK37＋013	613	1 184
4 号斜井工区	斜井 661 m	小里程方向	DK37＋013～DK37＋800	787	1 448
		大里程方向	DK37＋800～D1K38＋572	772	1 463
出口工区	DK38＋572～DK39＋406			834	864

注：风机布置在洞外 30 m 位置。

（2）通风断面积按 $SZ = 146\ \text{m}^2$ 计（初支及仰拱施作后的净空面积）。

（3）正洞开挖爆破一次最大用药量 $A = 72$ kg。

（4）所有斜井工区进入正洞后，分大小里程方向两个掌子面开挖。

（5）隧道施工采用内燃机械作业，无轨运输出渣。自卸汽车隧道内设计标准车速为 10 km/h，具有 5°以上的坡度或者出现路面不平整时，车速为 5 km/h。

5.3.2　通风方案设计条件和参数

（1）瓦斯：成自线龙泉山隧道对 4 个钻孔进行了现场浅层天然气测试，4 个钻孔均有浅层天然气显示，说明浅层天然气对隧址侵染十分普遍。

其中 2 个浅孔天然气浓度较低，最大浓度不超过 3 000 ppm，2 个深孔天然气最大为 50 000 ppm（5%）；工程类比：龙泉山一号隧道左侧 130 m 为成都轨道交通 18 号线龙泉山隧道，基本与之平行至出口，洞身段局部偏离较远，最远 400 m，参考《成都地铁 18 号线油气专题报告》，前后 2 次对 17 个钻孔进行现场浅层天然气测试，10 个钻孔有天然气显示，最大浓度达 26 200 ppm（2.62%）。成都轨道交通 18 号线龙泉山隧道（YDK42 + 455 ~ YDK43 + 760）施工期间，发生瓦斯异常涌出情况，绝对瓦斯涌出量 4.095 ~ 5.14 m^3/min，导致施工暂停；该里程段落最近的成自线龙泉山隧道的历程段落为 DK32 + 000 ~ DK33 + 250。本研究绝对瓦斯涌出量采用成都轨道交通 18 号线龙泉山隧道掌子面绝对瓦斯涌出量最大值 5.14 m^3/min。

（2）供给每人的新鲜空气量按 4 m^3/min 计。

（3）供给内燃机的新鲜空气量按 $m = 4$ m^3/（min · kW）计。

（4）按照开挖的最不利因素，结合瓦斯隧道要求，保证洞内稳定风流之最小风速，根据相关规范，取 0.25 m/s。

（5）隧道内气温不超过 28 °C。

（6）正洞放炮后通风时间按 $t = 15$ min 计。

（7）风管百米漏风率 $\beta = 1\%$，风管内摩擦阻力系数为 $\lambda = 0.007\,8$。

（8）气象要素：根据施工方提供的资料，隧址区年平均气温 16.2 °C，年平均气压 956.4 hPa，年平均相对湿度 81%，空气密度对隧道施工通风影响较小，本方案不考虑其影响。

5.3.3 通风方案研究设计

隧道通风方法主要采用机械通风，按照风道类型和通风机安装位置不同，可分为风管式和巷道式两类。

（1）风管式通风是用风筒作风道，根据隧道内空气流向的不同，又可分为压入式、抽出式和混合式 3 种形式，其优缺点详见表 5-4。

表 5-4　几种风管式通风方案比较

通风方式	布置形式	优点	缺点
压入式	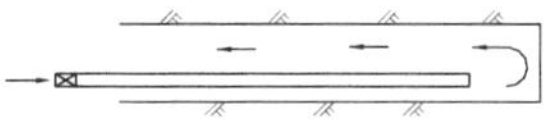	能很快排除掌子面的污浊空气，拆装简单	污浊空气流经全洞
抽出式	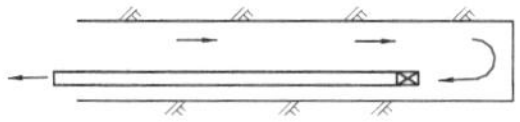	掌子面空气净化较快，洞内空气较好	通风机移动频繁，噪声大，管道漏风可造成循环污染
混合式	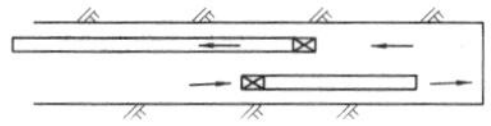	洞内空气好、净化快	噪声大，受空间限制

（2）巷道式通风适用于双线隧道，其特点是把开挖中的隧道作为风管进行通风，通过最前面的横通道使正洞之间形成一个循环通风系统，在正洞和横通道内安装射流风机，新鲜空气由一侧正洞流入，污浊空气经横通道由另一侧正洞排出，形成循环风流。对正洞前面的掌子面等独头巷道，可另外增设局部的风管式通风。巷道式通风利用已经形成坑道作为风道，断面大、阻力小，可减小独头通风距离，增大送至独头掌子面风量。

（3）在《铁路隧道设计规范》（TB 10003—2016）中第 11.2.2 条中规定，施工通风方式可根据独头通风长度、断面大小、施工方法、有害气体浓度、设备条件等采用压入式、吸出式（抽出式）、巷道式或混合式通风，高瓦斯和瓦斯突出工区宜选用巷道式通风。

（4）根据《铁路瓦斯隧道技术规范》：高瓦斯、煤与瓦斯突出工区可采用压入式或巷道式通风。当高瓦斯或煤与瓦斯突出区段距洞口大于 2 000 m 时，应采用巷道式通风。

5.3.4　施工通风形式设计

龙泉山一号隧道为高瓦斯隧道，进口工区、1 号斜井、2 号斜井、3 号斜井、4 号斜井工区均为高瓦斯工区，出口工区为低瓦斯工区。为保证施工安全，全部工区按照高瓦斯工区进行设防。

（1）龙泉山一号隧道没有平行导坑，不具备巷道式通风条件。根据施工组织计划，所有 10 个掌子面，最大通风距离 1 663 m，最小通风距离

864 m，所有掌子面通风距离小于 2 000 m，根据《铁路瓦斯隧道技术规范》可以采用风管压入式通风。

（2）根据施工经验，通风距离在 2 000 m 范围内，采用独头压入式通风完全能保证将有效风量送至掌子面。

（3）比较几种风管式通风的优缺点（见表 5-5），综合考虑隧道布置形式、掘进长度、断面大小、开挖方法、出渣运输方式、通风设备能力、单位通风管理能力等因素，通过分析比较，确定龙泉山一号隧道 6 个工区的 10 个掌子面全部采用压入式通风方式，可使足够的新鲜空气被送至掌子面，实现快速掘进。

表 5-5　独头压入式通风优缺点

安全性	优点：压入掌子面的风流未经内燃机废气污染，空气质量较好；左、右洞污风由本洞排出，污染程度平均，不易产生污染叠加效应；左、右洞通风系统相对独立，风量调节简单，抗灾能力较强；通风设备占洞内空间较小。 缺点：长距离局部通风管理难度较大；隧道口噪声较大
可靠性	优点：轴流通风机运行稳定，可靠性较高；通风机集中布置，供电集中，易于管理。 缺点：局部通风距离较长，风筒与运输车辆及施工机械擦剐概率增加
经济性	优点：通风机安装简单，工程量小；闲置设备少，系统集约化程度高；通风设备较少，电能消耗较小，经济性较好。 缺点：风筒安装、延接及维护工程量大

5.4　通风方案

5.4.1　通风方案总体思路

通过工程类比，根据构造部位，与油气田关系、地层岩性、隧道埋深等因素，综合判定成自线龙泉山一号隧道为高瓦斯隧道，结合相应埋深以及构造发育的区域，划分里程 D1K31 + 600 ~ D1K33 + 300、D1K 34 + 550 ~ D1K36 + 900、DK37 + 100 ~ DK38 + 250 段为高瓦斯段；D1K30 + 950 ~ D1K31 + 600、D1K33 + 300 ~ D1K34 + 550、D1K36 + 900 ~ D1K37 + 100、DK38 + 250 ~ DK39 + 406 为低瓦斯段。

本隧道分进口、1 号斜井、2 号斜井、3 号斜井、4 号斜井、出口工区共 6 个工区，进口工区、1 号斜井、2 号斜井、3 号斜井、4 号斜井工区均为高瓦斯工区，出口工区为低瓦斯工区。为保证施工安全，全部工区按照高瓦斯工区进行设防。

通过前述分析比较，确定龙泉山一号隧道 6 个工区的 10 个掌子面全部采用压入式通风方式，可使足够的新鲜空气被送至掌子面，实现快速掘进。

（1）风机统一配置为 SDF（C）-Ⅲ-NO.13 型多级变速对旋轴流风机，配备一套同等性能的备用通风机，安装在洞口 30 m 以外位置。10 个掌子面共配备 20 台 SDF（C）-Ⅲ-NO.13 型多级变速对旋轴流风机。

（2）风管统一采用直径 1.8 m 的抗静电、阻燃风管。高瓦斯工区为保证掌子面连续通风，且在瓦斯异常涌出情况能增大通风量，每个掌子面设备用风管一套。但受斜井断面限制，考虑风管布设对运输的影响，斜井内最多布置 3 条风管，斜井内布置一套备用风管，正洞大小里程掌子面分别布设备用风管，在斜井与正洞交会处采用分叉风管连接，根据各掌子面需要使用备用风管。

（3）射流风机：选用 SDS-11.2-4P-6-33°型隧道专用防爆射流风机安装在斜井内，大小里程掌子面分别施工后的回风汇流到斜井时，因断面突变，局部阻力增大，会对风流造成一定阻塞，射流风机用以引流，避免有毒有害气体、烟雾等。

（4）局部通风机：在掌子面开挖台车、二衬台车分别安装一台 2.2 kW 矿用防爆局部通风机，用于局部超挖、瓦斯隔离板缝隙施工、二衬台车背后等处消除局部瓦斯积聚用，提高局部风速，防止有毒、有害气体积聚。配备总数为 20 台。

（5）风机供电：所有工区的通风机设两路电源，并装设风电闭锁装置。当采用备用电源供电时，应保证风机在 10 min 内可靠启动和运行。本隧道受供电线路影响，采用柴油发电机组作为备用电源。

根据施工组织及贯通时间节点安排，将本隧通风划分为 3 个阶段：

第一阶段：各工区均只有一个独头施工掌子面，进出口工区在贯通前仅存在第一阶段；各斜井工区在施工斜井期间为第一阶段。

第二阶段：斜井工区转入正洞施工，分大小里程 2 个掌子面施工。

第三阶段：各段落陆续贯通。

5.4.2 各阶段通风方案

1. 第一阶段：各工区均只有一个独头施工掌子面

采用独头压入式通风，在距洞口 30 m 处安设 SDF（C）-Ⅲ-NO.13 型多级变速对旋轴流风机，配备一套同等性能的备用通风机，设两路电源，并装设风电闭锁装置。采用柴油发电机组作为备用电源。接 1.8 m 直径柔性风筒将新鲜风流压入至掌子面，污风沿已施工巷道直接排出地表，如图 5-1 所示。

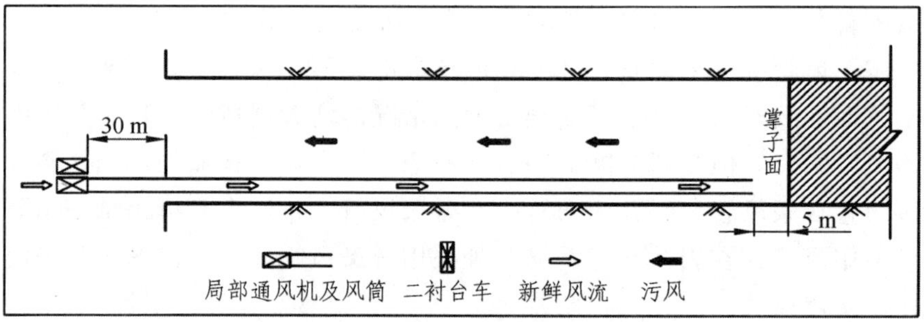

图 5-1　施工通风第一阶段布置示意图

2. 第二阶段：斜井内大小里程同时施工

各斜井工区转入正洞施工，分大小里程两个掌子面采用独头压入式通风，在距洞口 30 m 处安设 SDF（C）-Ⅲ-NO.13 型多级变速对旋轴流风机，配备一套同等性能的备用通风机，设两路电源，并装设风电闭锁装置。采用柴油发电机组作为备用电源。接 1.8 m 直径柔性风筒将新鲜风流压入至掌子面，污风沿已施工巷道直接排出地表，如图 5-2 所示。

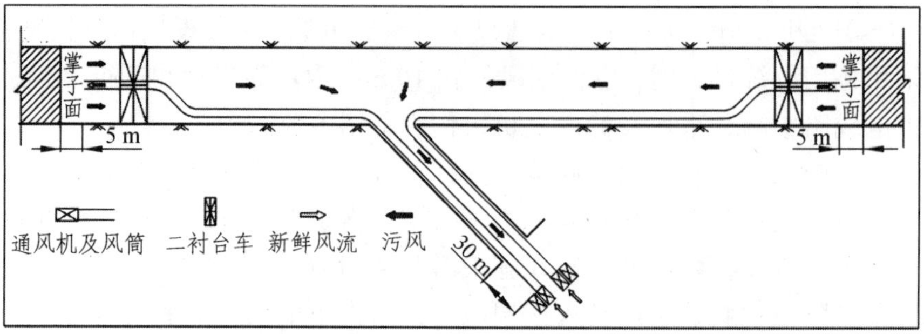

图 5-2　施工通风第二阶段布置示意图

由于所有掌子面风机全部设置在地面，所有正洞贯通时对还在施工的独头掌子面施工通风无影响；仅影响贯通正洞段落的风速，在贯通段落未完全衬砌之前，至少保证 1 台风机运转，直至衬砌全部完成，在贯通段落出风向安装风速传感器，每 300 m 安装 1 个瓦斯传感器，然后停止贯通段落的风机；全部贯通后，检测所有施工缝隙瓦斯浓度，根据检测结果确定风机开停及各斜井是否封堵。

5.5　隧道施工通风量风量计算

5.5.1　掌子面需风量计算

根据确定的通风方式，龙泉山一号隧道各工区掌子面均采用独立压入式供风，最短通风距离 864 m，最长通风距离为 1 663 m。绝大多数通风距离在 1 200 ~ 1 500 m，为方便管理和调配，风机型号统一配置，下面仅以最大通风长度的 3 号斜井小里程掌子面进行计算选型。

（1）按洞内同时工作的最多人数计算风量：

$$Q = q \times k \times m = 4 \times 1.2 \times 100 = 480\ (\mathrm{m^3/min})$$

式中　q——每人每分钟需要的新鲜空气量（$\mathrm{m^3/min}$）；

k——风量备用系数，取 1.1 ~ 1.25；

m——洞内同时工作的最多人数，正洞按 100 人计。

（2）按洞内允许最小风速要求计算风量：

$$Q = v \times S \times 60 = 0.25 \times 146 \times 60 = 2\,190\ (\mathrm{m^3/min})$$

式中　v——洞内允许最小风速（m/s）；

S——巷道断面面积（$\mathrm{m^2}$），取仰拱填充顶面（或底板顶面）。

（3）按爆破排烟计算需风量：

$$Q_{炸药} = \frac{2.25}{t}\sqrt[3]{\frac{AKb(SL)^2}{P^2}}\ (\mathrm{m^3/min})$$

$$= (2.25/15)\sqrt[3]{72 \times (146 \times 137.8)^2 \times 0.8 \times 40/[(1-1\%)^{16.63}]^2}$$

$$= 1\,637\ (\mathrm{m^3/min})$$

$$L = 12.5\frac{Ab\beta}{SP^2}$$

β——紊流扩散系数，可参考说明表 5-6 采用；

P——风机功率。

表 5-6　紊流扩散系数

$l/2d$	6.35	7.72	9.60	12.10	15.80	21.85
β	0.40	0.46	0.53	0.60	0.67	0.74

注：l 为出风口至掌子面距离（m），d 为风管直径（m）。

K——淋水系数，根据隧道渗水情况，可参考说明表 5-7 采用。

表 5-7　淋水系数

级别	淋水特征	系数 K
1	干燥巷道	0.80
2	湿润巷道	0.60
3	岩层含水或使用水幕	0.30

式中　t——通风时间（min）；

A——每循环爆破的炸药用量（kg）；

b——1 kg 炸药爆破时有害气体生成量（L），可按岩层中取 40，煤层中取 100；

S——巷道断面面积（m^2）；

L——巷道长度或临界长度（m）；

$$L = 12.5 \times (72 \times 40 \times 0.4)/\{146 \times [(1-1\%)^{16.63}]2\} = 137.8\ \text{m}$$

$Q_{炸药}$——1 kg 炸药爆破时所构成的一氧化碳体积，取 40 L。

（4）按稀释和排除内燃作业机械废气计算（内燃机械配置见表 5-8）：

$$Q = q \times \sum N_i T_i \quad (\text{m}^3/\text{min})$$
$$= 4 \times (162 \times 0.65 + 125 \times 0.65 + 156 \times 0.65 \times 2 + 165 \times 0.5)$$
$$= 1\,887\ (\text{m}^3/\text{min})$$

表 5-8　隧道内内燃机械设备配置

机械设备名称	单机功率/kW	利用率系数	配置数量/台
ZLC50 侧卸式装载机	162	0.65	1
PC220-6 液压反铲机	125	0.65	1
自卸汽车（重车）	156	0.65	2
混凝土罐车	156	0.5	1

（5）按瓦斯绝对量计算：

$$
\begin{aligned}
Q &= 100qk/(n-n_0)\ (\mathrm{m^3/min}) \\
&= 100\times 5.14\times 2/(0.5-0) \\
&= 2\,056\ (\mathrm{m^3/min})
\end{aligned}
$$

式中　q——瓦斯绝对涌出量（$\mathrm{m^3/min}$），通过地质勘探或隧道内实测获得，按照邻近既有线成都轨道交通 18 号施工过程中最大瓦斯绝对涌出量 5.14 $\mathrm{m^3/min}$ 取值；

n——隧道内瓦斯最大容许含量的百分数；

n_0——进风中瓦斯含量的百分数；

k——瓦斯涌出不均衡系数，$k=1.5\sim 2.0$，本方案取 2。

$$Q_{需} = \max(Q_{人员}、Q_{风速}、Q_{炸药}、Q_{内燃}、Q_{瓦}) = 2\,190\ \mathrm{m^3/min}$$

5.5.2　修正风量

隧道风管漏风损失修正风量（见表 5-9）

$$Q_{\mathrm{L}} = Q\cdot P_{\mathrm{L}}$$

式中　Q_{L}——风筒漏风损失修正风量，$\mathrm{m^3/min}$；

P_{L}——风筒漏风损失修正系数

$$P_{\mathrm{L}} = \frac{1}{1-\dfrac{L}{100}\cdot P_{100}}$$

L——风筒长度。

表 5-9　龙泉山一号隧道各掌子面风量修正结果

序号	掌子面	施工长度/m	最大通风距离/m	$Q_{需}$ / (m³/min)	P_L	Q_L / (m³/min)	$Q_{机}$ / (m³/min)	备注
1	进口掌子面	1 079	1 109	2 190	1.125	2 463	2 956	
2	1号斜井小里程	871	1 331	2 190	1.154	2 526	3 031	斜井430 m
3	1号斜井大里程	788	1 238	2 190	1.141	2 499	2 999	
4	2号斜井小里程	812	1 317	2 190	1.152	2 522	3 027	斜井475 m
5	2号斜井大里程	947	1 432	2 190	1.167	2 556	3 067	
6	3号斜井小里程	953	1 524	2 190	1.180	2 584	3 101	斜井541 m
7	3号斜井大里程	613	1 184	2 190	1.134	2 484	2 981	
8	4号斜井小里程	787	1 448	2 190	1.169	2 561	3 073	斜井661 m
9	4号斜井大里程	772	1 463	2 190	1.171	2 565	3 078	
10	出口掌子面	834	864	2 190	1.095	2 397	2 877	

本隧道为天然气瓦斯隧道，存在涌出量不确定性因素，最终风机风量根据风管漏风修正结果取 1.2 富裕系数。

5.5.3　风速验算

$$V = Q/(S \times 60)$$

式中　V——洞内风速（m/s）;

S——巷道断面面积（m²），取仰拱填充顶面（底板顶面）。

各掌子面风速验算见表 5-10。

表 5-10　龙泉山一号隧道各掌子面风速验算

序号	掌子面	施工长度/m	最大通风距离/m	$Q_{机}$ /(m^3/min)	断面面积/m^2	风速/(m/s)	备注
1	进口掌子面	1 079	1 109	2 956	146	0.34	
2	1 号斜井小里程	871	1 331	3 031	146	0.35	斜井 430 m
3	1 号斜井大里程	788	1 238	2 999	146	0.34	
4	2 号斜井小里程	812	1 317	3 027	146	0.35	斜井 475 m
5	2 号斜井大里程	947	1 432	3 067	146	0.35	
6	3 号斜井小里程	953	1 524	3 101	146	0.35	斜井 541 m
7	3 号斜井大里程	613	1 184	2 981	146	0.34	
8	4 号斜井小里程	787	1 448	3 073	146	0.35	斜井 661 m
9	4 号斜井大里程	772	1 463	3 078	146	0.35	
10	出口掌子面	834	864	2 877	146	0.33	

5.6　隧道施工通风设备选型研究

5.6.1　风筒直径选择设计

本着经济、合理的原则，风管内风流不宜超过 20 m/s，需配风筒直径计算如下：

$$D = 2\times\sqrt{Q_x \div (3.14\times 20)} = 1.66\ \text{m}$$

式中　D——风筒直径，m；

Q_x——风筒内风速上限，取 20 m/s。

根据计算，选用风筒直径 1.8 m。

5.6.2　通风机选型研究

$$h = h_{\text{f}} + h_{\text{x}}$$

式中　h——风筒通风阻力，Pa；

h_{f}——风筒摩擦阻力，Pa；

h_{x}——风筒局部阻力，Pa。

5.6.2.1 风筒摩擦阻力计算

1. 风筒摩擦阻力系数计算

$$\alpha=\frac{\lambda\cdot\rho}{8}$$

式中 α——风筒摩擦阻力系数，N · s^2/m^4；

λ——风筒摩擦系数，又称达西系数，Φ1.8 m 风筒取 0.017 2；

ρ——空气密度，取 1.20 kg/m^3。

$$\alpha=\frac{0.017\,2\times1.20}{8}=0.002\,6\ \mathrm{N\cdot s^2/m^4}$$

2. 风筒风阻计算

$$R_{\mathrm{f}}=\frac{6.5\alpha\cdot L}{D^5}$$

式中 R_{f}——风筒风阻，N · s^2/m^8；

D——风筒直径，Φ1.8 m。

3. 风筒摩擦阻力计算

$$h_{\mathrm{f}}=\frac{R_{\mathrm{f}}\cdot Q_{\mathrm{L}}^2}{P_{\mathrm{L}}}$$

式中 Q_{L}——通风机吸入风量，m^3/s。

5.6.2.2 风筒局部阻力计算

局部阻力主要为施工通风第二阶段时通风机风筒转弯所产生的阻力，斜井工区风筒 1 处转弯，采用圆角转弯。

$$h_{\mathrm{x}}=\frac{1}{2}\xi\cdot\rho\cdot\frac{Q_{\mathrm{L}}^2}{A^2}$$

式中 ξ——风筒局部阻力系数，风筒转弯取 0.6 N · s^2/m^4；

A——风筒断面面积，2.54 m^2。

另按照 15%的摩擦阻力考虑风筒吊挂不直、过台车等局部阻力。表 5-11 所示为风筒通风阻力计算。

表 5-11　风筒通风阻力计算

序号	掌子面	施工长度/m	最大通风距离/m	P_L	$Q_机$	α (N·s²/m⁴)	R_f (N·s²/m⁸)	h_f/Pa	h_x/Pa	h/Pa
1	进口掌子面	1 079	1 109	1.125	2 956	0.002 6	0.991 9	2 140	0	2 140
2	1 号斜井小里程	871	1 331	1.154	3 031	0.002 6	1.190 4	2 632	142	2 775
3	1 号斜井大里程	788	1 238	1.141	2 999	0.002 6	1.107 2	2 424	139	2 564
4	2 号斜井小里程	812	1 317	1.152	3 027	0.002 6	1.177 9	2 602	142	2 744
5	2 号斜井大里程	947	1 432	1.167	3 067	0.002 6	1.280 8	2 868	146	3 013
6	3 号斜井小里程	953	1 524	1.18	3 101	0.002 6	1.363 0	3 086	149	3 235
7	3 号斜井大里程	613	1 184	1.134	2 981	0.002 6	1.059 0	2 305	138	2 443
8	4 号斜井小里程	787	1 448	1.169	3 073	0.002 6	1.295 1	2 906	146	3 052
9	4 号斜井大里程	772	1 463	1.171	3 078	0.002 6	1.308 5	2 941	147	3 088
10	出口掌子面	834	864	1.095	2 877	0.002 6	0.772 7	1 623	0	1 623

5.6.3　通风机选型及配置

经计算，各工区最小需风量 2 887 m³/min（48.11 m³/s），对应风筒通风阻力 1 623 Pa；最大需风量 3 101 m³/min（51.68 m³/s），对应风筒通风阻力 3 235 Pa。

通风机电机运行功率验算：

$$N = \frac{Q_f \times H_f \times K_e}{1\,000 \times \eta \times \eta_e}$$

式中 N——电动机功率，kW；

Q_f——通风机工作风量，m^3/s；

H_f——通风机工作风压，Pa；

K_e——电动机容量备用系数，取 1.1 ~ 1.2，本次取 1.15；

η——通风机全压效率；本次取 0.8；

η_e——电动机传动效率，0.98。

各工区风机参数计算结果见表 5-12。

表 5-12　各工区风机参数计算结果

序号	风机	最大通风距离/m	最大 $Q_{机}$ (m^3/min)	最大 h /Pa	工作风阻 / ($N \cdot s^2/m^8$)	验算功率 /kW
1	进口掌子面	1 109	2 956	2 140	0.88	155
2	1 号斜井小里程	1 331	3 031	2 775	1.09	206
3	1 号斜井大里程	1 238	2 999	2 564	1.03	188
4	2 号斜井小里程	1 317	3 027	2 744	1.08	203
5	2 号斜井大里程	1 432	3 067	3 013	1.15	226
6	3 号斜井小里程	1 524	3 101	3 235	1.21	245
7	3 号斜井大里程	1 184	2 981	2 443	0.99	178
8	4 号斜井小里程	1 448	3 073	3 052	1.16	229
9	4 号斜井大里程	1 463	3 078	3 088	1.17	232
10	出口掌子面	864	2 877	1 623	0.71	114

设计选用 SDF（C）-Ⅲ-NO.13 型多级变速对旋轴流风机，其主要参数详见表 5-13。

表 5-13　选用风机型号及主要技术参数

风机型号	转数 /（r/min）	风量 /（m^3/min）	风压 /Pa	高效风量 /（m^3/min）	功率/kW
SDF（c）-Ⅲ-NO.13 型多级变速对旋轴流风机	1 480	1 780 ~ 3 200	1 450 ~ 5 800	2 600	132×2
	980	1 200 ~ 2 030	660 ~ 2 650	1 750	45×2
	740	900 ~ 1 530	380 ~ 1 510	1 320	22×2

该风机叶轮叶片可调，具有质量轻、耐腐蚀、耐高温、不氧化、不断裂等优点。叶片断面为机翼型，具有优良的空气动力形状，风机推力大；可调节叶片数量及角度，风机性能范围宽广；采用新型微穿孔板消声结构，吸声系数大，吸声频带宽，运行噪声低；可直接反风，选配变频启动设备，叶轮、叶片、电机均可单独拆卸，维护方便。$SDF_{(C)}$-4-NO.13/2 × 132 kW 隧道风机性能曲线（高速）如图 5-3 所示。

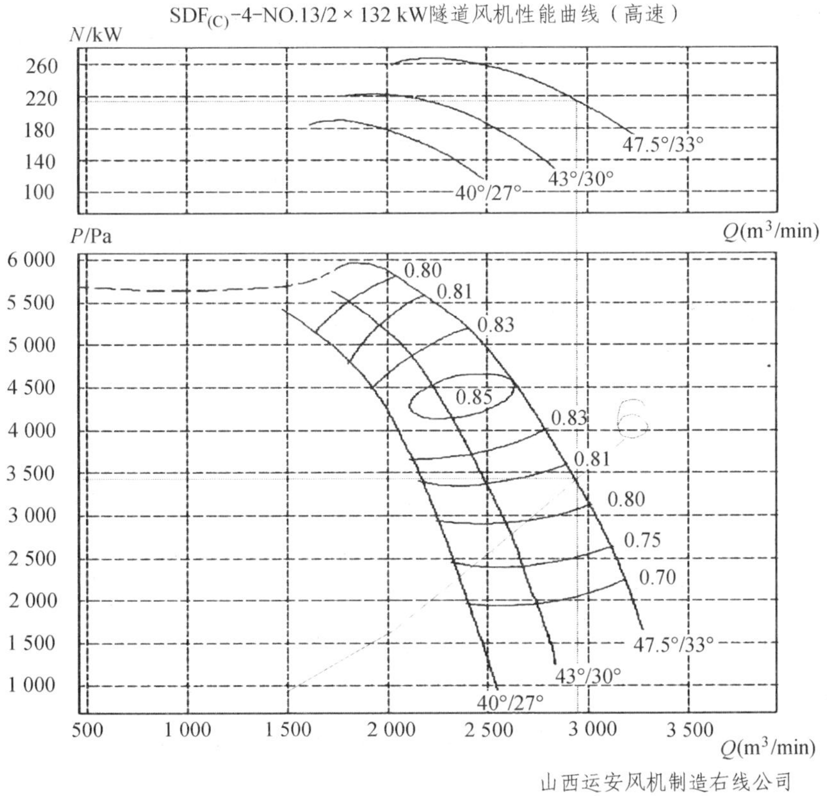

图 5-3　风机曲线与工况

5.6.4　斜井射流风机选型及配置

斜井工区内大小里程掌子面分别施工后的回风汇流到斜井时，因断面突变，局部阻力增大，会对风流造成一定阻塞，计划在斜井内装设一台隧道专用防爆射流风机，用以引流，避免有毒有害气体、烟雾等积聚。设计选用 SDS-11.2-4P-6-33°型隧道专用防爆射流风机，其主要参数详见表 5-14。

表 5-14　SDS-11.2-4P-6-33°型射流风机主要参数

通风机型号	通风机主要参数					数量/台
	极数	风量/（m^3/s）	出口风速/（m/s）	轴向推力/N	电机功率/kW	
SDS-11.2-4P-6-33°	4P	31.8	30.3	1 240	30	4

在掌子面开挖台车、二衬台车分别安装 1 台 2.2 kW 矿用防爆局部通风机，用于在局部超挖、瓦斯隔离板缝隙施工、二衬台车背后等处消除局部瓦斯积聚用，提高局部风速，防止有毒、有害气体积聚。配备总数为 20 台。

5.7　智能变频通风系统设计

5.7.1　总体设计

通风机控制室监控上位机通过以太网与井下数据采集控制箱通信，实现远程监控功能，控制箱通过总线与风机电源开关内的综合保护器通信，读取风机运行的电压、电流、功率和故障保护类型等参数，同时采集局部通风主机、从机的远程/就地状态、运行状态、合闸、分闸、复位等各种状态以及风机进风口和风机开关 10 m 范围内的瓦斯数据，并通过 PLC 程序判断，实现局部通风机的自动控制功能。矿用本安型触摸屏通过 MPI 与 PLC 控制箱通信，实现就地局部通风机信息显示和控制功能。系统设计图如图 5-4 所示。

（1）系统能够按照预定目标，完成局部通风机和备用局部通风机的自动切换。当局部通风机因断电或其他故障而无法正常运行时，备用局部通风机立即启动，提供备用通风，保障工作面供风和避免瓦斯超限。

（2）可以通过地面控制室的计算机来调节井下局部通风机的运行和倒机试验，只需按下测试切换按钮即可进行自动切换测试。

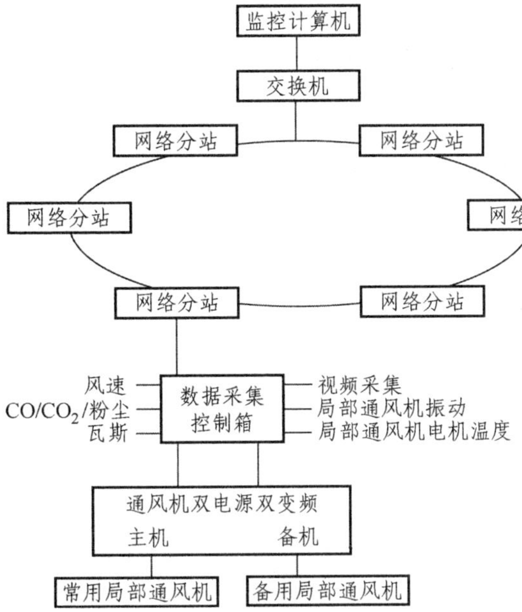

图 5-4　系统设计图

（3）对局部通风机的温度、电流等参数进行监测，当其超出安全范围时，及时警报。

（4）每台局部通风机 PLC 控制柜都配备了千兆网线接口，使其能够直接接入进行工业环网。

（5）瓦斯体积分数的数值及警报信号能直观地从井下瓦斯监测分站和地面监测站中显示和读取。

（6）安装在地面监测站的系统，用于记录本地通风机系统的运行情况，并对测试切换历史进行记录，其中包括风机切换的日期和切换过程的耗时、远程或自动本地切换、供电和设备故障的日期和时间等，以保证工作记录留存。

5.7.2　智能变频调节

轴流风机电动叶片调节的主要优点是在大范围内修改流量时，效率变化不大，因此在调节流量时的经济性很高。另外，还可以从 2 个方向改变流量，从额定流量到更低或更高的流量，从而获得更大的调节范围。它以比例法则为基础，通过调整风机的速度来改变其性能曲线，从而发挥作用。风机变速调节曲线图如图 5-5 所示。

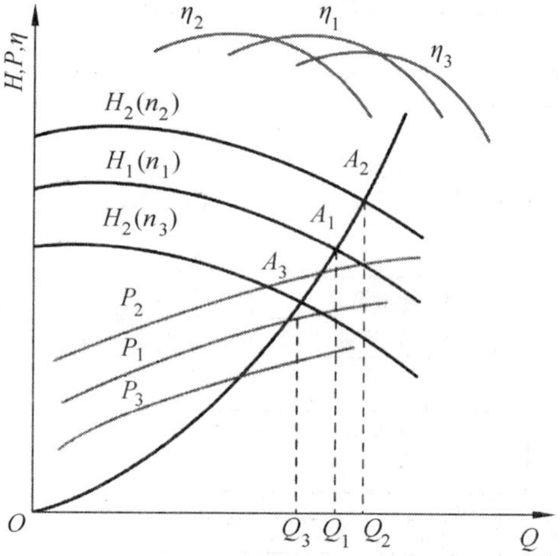

图 5-5　变速调节曲线

图中：n 为风机的转速；H 为风压；Q 为流量；P 为功率；η 为效率。由图可知，当风机的工作速度增加时，流量和压力上升；而当风机的工作速度降低时，流量和压力下降。管道变速调节的特性保持不变，不存在附加的调节阻力。这是风机最合适的调节方式，因为它在提供增加调节阻力的同时，也提供了良好的调节经济性。

5.7.3　智能变频调节的功能实现

根据采集到的瓦斯、温度、风速、CO、粉尘等（选配）信号来设定控制模式。设有 3 个工作模式，分别是“自控模式”下的通风和排瓦斯模式以及“手控频率给定模式”。

（1）自控通风模式运行状态下，调速装置在工作面迎头、回风区瓦斯体积分数低于设定值。一旦瓦斯体积分数超过预设值，则切换至以巷道风量、温度、CO 含量、粉尘含量来综合控制风机调速，此时巷道风量、温度、CO 含量、粉尘含量任何 1 个测点超过设定值时，调速装置将自动提高转速，增大供风量（上限频率），直到超标信号恢复至设定安全数值以下后，风机转速下降至正常水平（下限频率）。在此过程中瓦斯体积分数需一直在安全值下，任何时候超标则快速切换至自控排瓦斯模式。风速、CO、粉尘、温度传感器位置及数量根据实际井下工况合理布置。

（2）正常状态下，调速装置的工作模式为自控通风。当工作面迎头实时瓦斯体积分数>工作面迎头设定值或回风区实时瓦斯体积分数>回风区瓦斯体积分数设定值时，工作模式自动调整至自控排瓦斯模式，风机转速随工作面迎头瓦斯体积分数变化而改变，呈正相关趋势，通过风机输出风量的自动调节，达到避免瓦斯体积分数超限的目的。当工作面迎头瓦斯体积分数超过 1.5%，调速装置停止制动，且在工作面迎头瓦斯体积分数未下降至设定值时不会自动重新启动；当工作面迎头瓦斯体积分数及回风区瓦斯体积分数皆小于其设定值时，调速装置自动重新启动，并在 10 min 内转入自控风模式。

5.7.4　远程监控功能

1. 故障监测与诊断预警

系统主要包括现场传感器数据监控、智能开关故障监控、无人值守监控平台报警等多平台联动，具备故障报警及自动切换功能，故障时能够自动地切换至备用电源和备用风机，具备完整的故障保护功能。具备数据、视频监测及故障报警功能，实现对局部通风机通风系统的监控，系统故障在上述中心实时报警提示，为快速处理故障提供多方面保证，实现局部通风机通风系统安全运行。系统具备历史报警查询功能，可对各子系统、报警类别、报警等级、起始日期、结束日期、持续时间大于某个值来查询。并可按各子系统、日期、级别来统计当天的报警记录。

2. 地面监控功能

与大屏显示系统配合使用时，地面配置软件可以完整显示现场视频和数据，以及每台局部通风机的状态和其他参数，为统一调度和远程指挥提供决策依据。在上位机监控画面中，可以手动给定风机频率、启停风机、切换风机等。配置 6 个监控功能模块，实现视频、工艺、可视化、应急流程、巡检数据、报警的集中管控。当地面设备发生故障如停电、断网等时，若对井下局部通风机的无人值守系统不产生影响，则由现场控制器完成紧急作业。

5.7.5 关键技术

1. 风机状态监测

对于电机的性能，温升是一个关键参数，不同耐热等级的电机对温升的要求有一定的差异。温升与温度呈正相关，虽然电机不同部位的温度不尽相同，但其分布非常有规律。

绕组与电动机铁心之间的温升是影响电动机温升的最主要原因。因为这些元件都是导热介质，它们的热量在空气中一般总是按照某种规则均匀分布在同一个曲线上，则最高温升和平均温升之间必然存在差异。因此，虽然可以应用各部件的最高温升来确定各部件的发热极限，但在实际计算中，作为一个整体只能计算出发热部件的平均温升：而平均温升和最高温升之间也有必然的规律关系，所以也可以用于判断发电机的发热情况。局部通风机为径向散热方式，风流流过电机表面，经过各个径向通风通道产生的热空气量几乎一致，绕组和铁心都在电动机中央附近达最高的工作温度。部分热通过铁心和通风通道散入空气中，而部分热则沿着绕组走向二端，最后在绕组末端处散入空气中，通过铁芯和通风通道，分散在空气中。当电机出现绝缘下降或铁心出现异常时，电机损耗增加，温度上升，温度出现异常，虽然电机可维持工作，但随时都可能完全损坏。通过采样电机的实时温度，绘制温度曲线，即可提前判断电机状况。

电机温度采集框图如图 5-6 所示。在数据采集分站中，配置了温度采集模块，扫描周期小于 1 s。PLC 通过 modbus 通信，每 0.5 s 读取 1 次采集的电机温度数据，并将数据上传至上位机终端中保存，并实时绘制温度曲线。当温升出现异常时，报警提醒。用户可通过上位机终端查询电机温度历史曲线，由此判断分析设备问题。

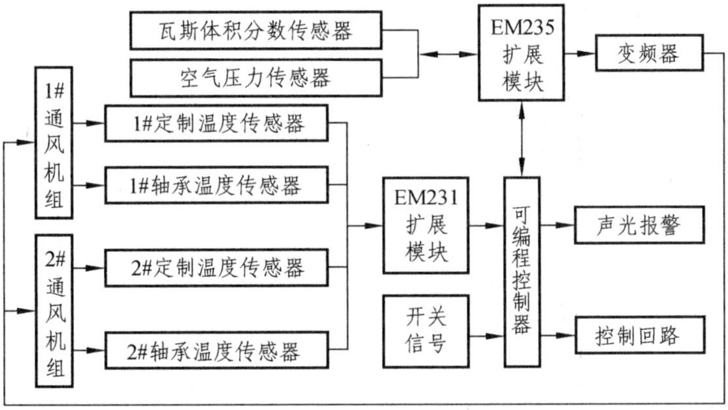

图 5-6　电机温度采集框图

2. 风机转速控制

在满足降低瓦斯体积分数、CO/CO_2 体积分数、粉尘浓度和新风供应的前提下，尽量降低风机的转速，既可以降低风机噪声，改善工作环境，又可以节约大量的能源。

智能控制系统通过采集瓦斯体积分数、CO 体积分数、CO_2 体积分数和风速，通过综合计算，控制变频器频率，从而实现风机转速的最优控制。数据采集及控制框图如图 5-7 所示。

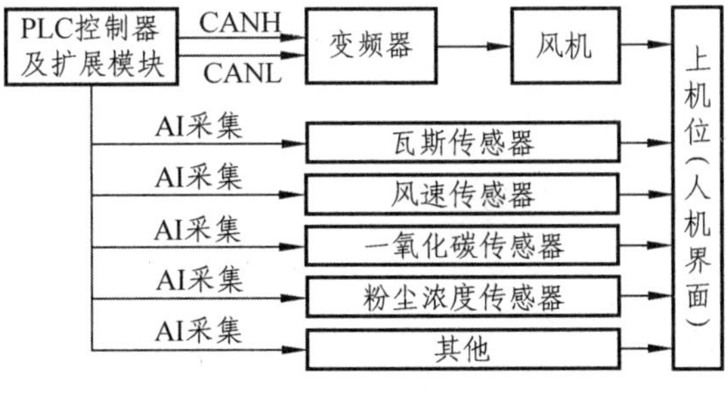

图 5-7　数据采集控制框图

第 6 章

油气型高瓦斯隧道施工期瓦斯综合治理体系研究

6.1　组织机构设计

6.1.1　超前地质预报组织机构

1. 超前地质预报组织机构

超前地质预报组织机构由指挥部总工程师担任总负责人，地质工程师配合总负责人进行超前地质预报技术服务工作。地质预报委托给具有资质的设计单位施作，现场设 2 个超前地质预报小组，每个项目部派遣一个小组，配合现场施工完成超前地质预报工作。

2. 超前地质预报职责分工

地质素描、加深炮眼由施工单位施作并做好施工记录，超前地质钻孔由施工单位按照设计要求对掌子面钻孔取芯并提供现场记录表交设计单位，由设计单位根据钻芯记录出具地质分析报告。地质雷达探测、瞬变电磁探测由被委托的设计单位独立施作并出具分析报告。弹性波反射法由施工单位按照设计单位交底打探测孔，设计单位现场施作后并出具报告。设计单位根据各种超前地质预报结果出具地质综合分析报告交施工单位。

6.1.2　施工现场瓦斯检测与监测组织机构

成立以项目部经理为组长，总工、安全总监、副经理为副组长，各部门负责人为组员的高瓦斯隧道施工管理领导小组。领导小组下设办公室，办公室设在安质部。

（1）负责制订高瓦斯隧道施工管理办法、制度，并检查、督促落实。

（2）组织定期或专项检查各项高瓦斯隧道管理制度落实情况，并进行考核。

（3）组织对通风、瓦斯监控与检测、防爆供电、防爆改装等安全专项方案评审。

（4）发生安全事故后，及时启动应急预案，组织抢险救援，根据国家有关规定上报事故情况，并参加或组织事故调查处理。

（5）现场必须建立瓦斯监测检测组、通风管理组、进洞管理组、施工爆破管理组、应急抢险救援组等专项管理机构或班组，在项目经理部的直接领导下开展工作，全方位、全程加强对施工安全的管控。

6.1.3　通风瓦斯治理组织机构

6.1.3.1　指挥部通风瓦斯综合治理组织机构

1. 成立通风瓦斯综合治理领导组织

（1）为加强通风瓦斯综合治理，实现安全生产管理目标，建立健全安全生产组织机构，指挥部成立以指挥长为组长，副职、总工程师及安全总监为副组长，相关下属项目部负责人及部室负责人为组员的通风瓦斯综合治理领导小组。

（2）领导小组下设办公室，办公室设在指挥部安质部，负责制订高瓦斯隧道施工管理办法、制度，并检查、督促落实。项目部应成立相应的安全生产领导小组。

（3）领导小组成员由项目部负责人、业务部门负责人组成，成员变动时及时补充，对不适应安全工作的人员要及时调换。

2. 通风瓦斯综合治理领导小组的职责

（1）贯彻执行国家、国铁集团、成自公司及上级部门有关高瓦斯隧道施工管理文件、规定。负责制订高瓦斯隧道施工管理办法、制度，并严格落实执行。

（2）负责高瓦斯隧道通风、安全专项方案、瓦斯检测与监测、高瓦斯隧道风险评估、供电、爆破、监控量测、超前地质预报、贯通、应急预案、设备改装等专项方案的编制，组织专家评审，经集团公司技术负责人、总监理工程师批准后实施。

（3）负责对管理及作业人员进行岗前培训、安全教育、安全交底、技术交底等工作。

（4）负责施工过程日常管理，开展定期或不定期的施工安全专项检查，建立各类管理台账。对检查发现的问题建立问题库，及时整改，实行问题库闭环管理。

（5）负责应急预案的编制、培训、演练，并按预案将各类资源配置到位。

（6）严格落实高瓦斯隧道领导和干部带班作业制度。

发生安全事故后，及时启动应急预案，组织抢险救援，根据国家和国铁集团有关规定上报事故情况，参与事故调查。

指挥部通风瓦斯综合治理组织机构架构图如图 6-1 所示。

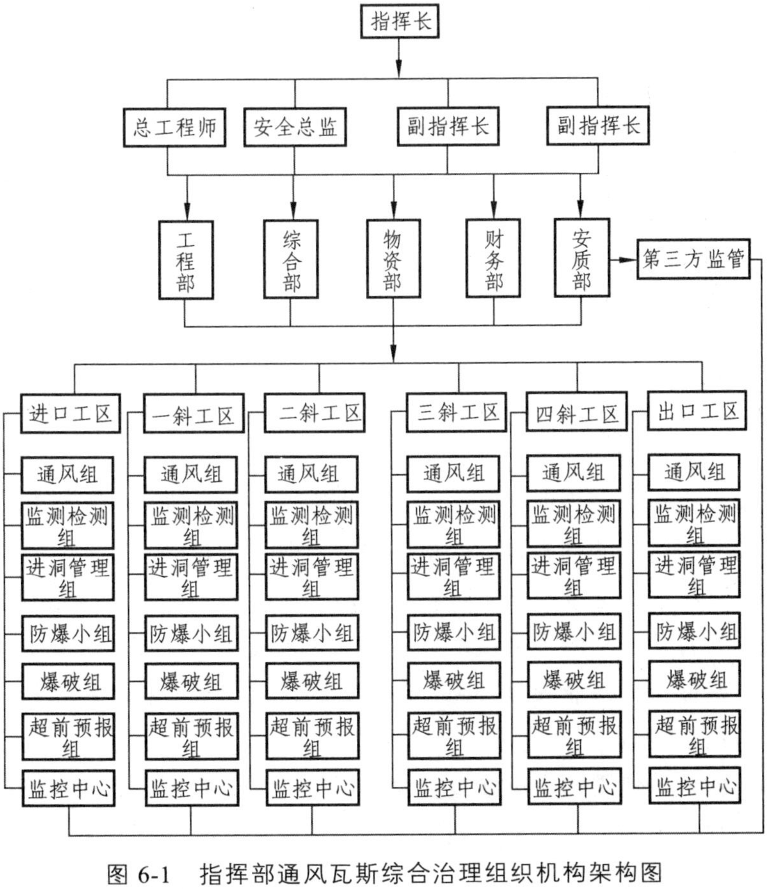

图 6-1　指挥部通风瓦斯综合治理组织机构架构图

6.1.3.2 项目部通风瓦斯综合治理组织机构

1. 成立通风瓦斯综合治理领导组织

（1）为加强通风瓦斯管理，实现安全生产管理目标，建立健全安全生产组织机构，项目部成立以项目经理为组长，副职、总工程师及安全总监为副组长，相关下属项目部负责人及部室负责人为组员的通风瓦斯综合治理领导小组。

（2）领导小组下设办公室，办公室设在项目部安质部，按照指挥部制订的高瓦斯隧道施工管理办法、制度，细化岗位责任，落实到具体责任人。下辖通风班组、瓦斯检测班组、瓦斯监测班组、机电班组、进洞管理班组、施工爆破管理班组、应急抢险救援组，负责通风瓦斯日常工作。

2. 通风瓦斯综合治理领导小组的职责

（1）落实专职管理人员，明确管理职责。现场施工管理应制订针对性的安全管理制度、岗位职责、操作规程等管理文件，用于指导施工，严格规范施工和约束管理行为。

（2）建立通风班组、瓦斯检测班组、瓦斯监测班组、机电班组、进洞管理班组、施工爆破管理班组、应急抢险救援组，在项目经理部的直接领导下开展工作，全方位、全程加强对施工安全的管控。

（3）作业过程中，应当严格遵守安全生产规章制度和操作规程，督促作业人员正确佩戴和使用劳动防护用品，并严格按批准的方案作业；现场管理人员发现事故隐患或者其他不安全因素，应当立即处理；对不能处理的应当及时报告；接到报告的人员应当及时赶往现场处置。

（4）开工前，必须对员工进行瓦斯隧道施工专项安全技术培训教育。未经安全教育培训和培训考试不合格者，不得安排上岗作业。

（5）确保特种作业人员必须按国家有关规定培训合格、取得操作资格证书，持证上岗。

（6）隧道内使用的所有涉及安全的保护产品，必须取得相应产品安全标志，必须满足高瓦斯隧道的施工安全管理规定。凡涉及安全生产的新技术、新工艺、新设备、新材料，在使用前必须经过论证、安全性能检验和鉴定，并对作业人员进行相应的技术培训。

（7）在编制实施性施工组织设计、专项方案的同时，必须编制安全设计或安全技术措施。安全技术措施所需费用、材料、设备等必须列入财务计划，保证安全资金投入及时到位。

（8）在隧道主要施工场所附近设置安全备品站，存储足够数量的合格的自救器及其他安全防护用品。

（9）建立高瓦斯隧道风险评估与管理制度。针对高瓦斯隧道的施工特点和特殊施工工艺，预先研究确定可能对员工职业健康、安全造成伤害的重大危险源，及时进行危险源分析、评价，并以此为基础，编制切合施工实际的职业健康安全保证方案，并组织实施。

（10）根据隧道施工风险特点，编制应急预案并按程序报批。根据预案要求组织开展应急演练，以降低和减少职业健康安全事故或异常事件发生后给员工身心健康及安全所造成的危害。

（11）应就近与当地矿山救护队签订救护协议。

（12）落实高瓦斯隧道的施工动态管理制度，根据隧道施工安全风险特点的变化，及时组织调整或变更施工方案，从源头上提升应对安全风险的能力。在施工方案调整或变更未到位前，不得继续作业。

（13）建立洞内外联系通信系统，在洞内配置防爆型通信设备，确保洞内外通信联络畅通。

（14）每月开展 1 次高瓦斯隧道施工安全专项检查，及时整治现场安全隐患，相关情况应于月末书面报指挥部。

（15）对高瓦斯隧道施工安全管理情况实行严格的考核与责任追究。

（16）加强超前地质预测预报工作，并将其纳入工序管理。

（17）加强瓦斯监测，建立“人工检测 + 自动监控系统”相结合的瓦斯监测体系。

（18）加强通风技术与管理，要求对高瓦斯隧道进行专项通风设计，采用机械通风，应由专业通风施工队伍实施。风机设置两路电源并装配同等性能备用风机，确保出现故障后能在 10 min 内启动备用风机，实行 24 h 不间断通风。

（19）编制洞内供电专项方案，采用防爆型供电设备，并实现瓦电闭锁、风电闭锁功能。

（20）柴油设备防爆改装必须采用具有防爆合格证和煤矿安标的产品，由具有相关业绩的专业单位进行设计、改造，并出具改装部分的检验报告、产品合格证等。

（21）严格控制洞内火源，建立动火审批程序并纳入工序管理；加强非作业火源的管理，禁止火源进洞。

（22）洞口设置门禁系统和人员定位系统。

发生安全事故后，及时启动应急预案，组织抢险救援，根据国家和国铁集团有关规定上报事故情况，参与事故调查。

6.1.3.3　通风班组职责

（1）全面负责通风机及风筒的安装、管理、检查和维修，并设专人测定隧道气象、通风、粉尘及有毒、有害气体浓度等参数。

（2）建立以岗位责任制和奖惩制为核心的通风管理制度，并严格按照通风管理规程及操作细则组织实施。

（3）强化班组人员的责任心，熟悉有关通风技术与通风方案，掌握通风系统设备的操作。

（4）教育作业人员爱护通风管路，在放检底炮或剥皮炮前必须妥善保护风管，已经损坏的风管必须及时修补或更换，使漏风率降到最低。

（5）根据施工条件变化、通风系统的调整，及时检测通风系统的可靠性、风速是否满足要求，保证风向稳定、风速不低于要求。

（6）由专业技术人员、项目部管理人员定期或不定期对通风系统进行隐患排查，发现隐患，及时整改。

6.2　质量管理制度

6.2.1　建立超前地质预报质量管理体系

为实现隧道施工地质超前预报的工程质量目标，成立以项目经理为组长的质量管理领导小组，建立质量管理体系，制订质量管理办法及质量保证措施和预报安全管理措施以及进度保证措施。

6.2.2　超前地质预报的质量保证措施

在贯彻质量管理体系的基础上，按照超前地质预报实施性施工组织所制订的各项技术指标的要求，严格技术交底，做到目的明确、清晰地开展预报工作，使预报质量得到有效的控制，从而切实保证预报的精度和质量。各种方法的质量保证措施如下：

（1）地质素描在每炮后应及时进行，对掌子面、边墙、拱顶及底板围岩的工程地质及水文地质特征进行详细描述，描述要真实贴切，并辅以适当的图形、图片。在开挖 60 m 后，及时对素描资料进行汇总，并形成展示图。

（2）TSP 超前探测前应对炮孔及接收器孔进行测量，其参数应严格满足设计要求；接收器套管安装要耦合完好；检测噪声在低于 – 78 dB 时方可接收数据，接收时要保持检测噪声是最安静的状态，接收到的信号要求初值明显；曲线隧道预报的终点不能偏离隧道中线 30 m。

（3）超前钻孔前应进行详细的技术交底，钻孔时应严格按照交底操作，钻进过程中对钻进速度、岩粉及冲洗液变化情况、卡钻情况、地下水情况等做详细记录，如遇特殊情况，需进行钻孔取芯。

（4）在各项现场采集工作结束后，内业数据分析、处理以及报告编写应及时，成果报告应有编制、复审核。

（5）成果报告及时提交给指挥部及施工单位，做到信息化施工。

（6）把预报、检测结果与实际开挖情况进行比对，不断总结，调整各种参数、方案组合等，对预报作出修正，提高准确性。

质量保证体系如图 6-2 所示。

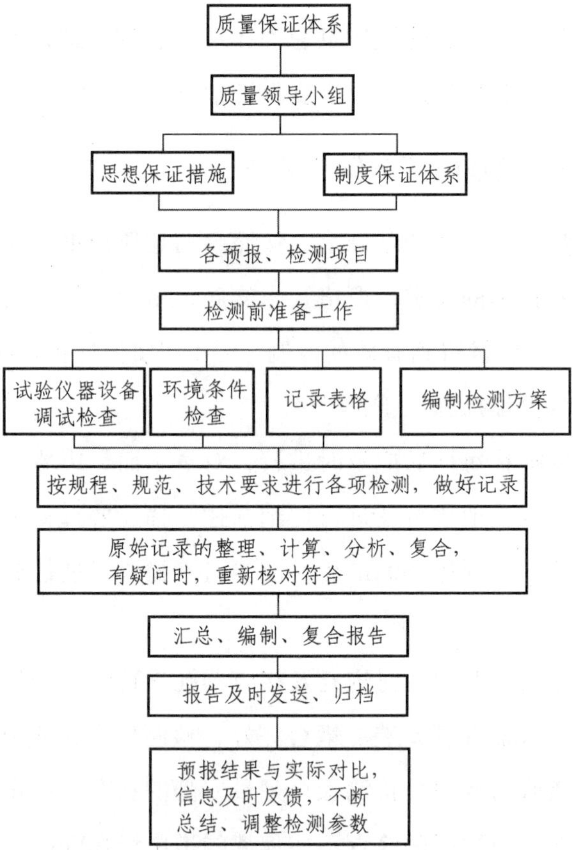

图 6-2　质量保证体系

6.3　安全管理措施

6.3.1　超前地质预报的安全保证措施

认真贯彻执行党和国家的安全生产方针、政策，严格执行施工规范和安全技术规则，对预报人员进行岗前安全教育培训及岗后安全总结，班前、班中、班后安全讲话以及每周的安全教育工作，牢固树立“安全第一、预防为主、综合治理”和“管生产必须管安全”的思想意识。建立健全安全保证体系，领导挂帅，全员参加，使安全工作制度化、经常化，并贯穿预报全过程（见图 6-3）。

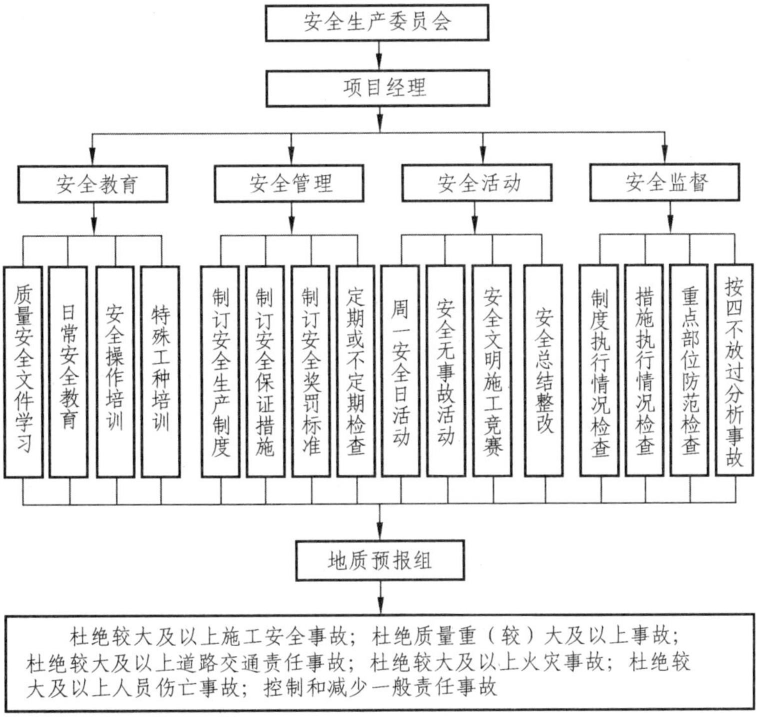

图 6-3　安全保证体系框图

为实现安全目标，本标段须设立以项目负责人为第一责任者的安全生产领导小组，总负责并领导本项目的安全生产工作。主管安全生产的副经理为安全生产的直接责任人，总工程师为安全生产的技术负责人。

建立健全各项安全制度、加强安全生产教育与培训、做好专项安全技术方案的编制与审批、制订施工安全措施，提高和增强安全意识，经常对全员进行遵章守纪的安全教育，建立和完善各级安全生产责任制，明确各级管理人员的安全责任，抓好逐级安全负责制的落实。

6.3.1.1　安全工作制度

采用新工艺、新方法、新设备，工人调换工作岗位、新工人上岗时，进行新操作方法的培训和新工作岗位的安全教育，未经教育、不达标准不得上岗。

制订实现安全目标和保障目标的详细规章制度，并且从上到下逐一落实制度，严格实施安检人员一票否决制。严格执行施工安全协议书和批准的施工计划，遵守安全规定，互相监督，协调配合，尽职尽责，堵塞漏洞，消除不安全因素。

安全组织制度——建立积极有效的安全生产管理机构，切实可行地把安全意识落实到位。

安全生产责任制度——以岗位责任制为中心，任务到人，责任到人，奖罚分明。

安全教育培训制度——坚持定期进行安全学习活动，对施工现场安全隐患以及场内外的安全事故展开讨论，对预报人员进行岗前安全教育培训及岗后安全总结，班前、班中、班后安全讲话以及每周的安全教育工作，总结反思，做到警钟长鸣，防患于未然。

安全生产值班制度——做到时时有监督，分分讲安全。

安全生产奖罚制度——提高员工安全生产警惕性与责任心。

重大安全事故上报制度——一旦发生重大伤亡事故，须立即报告上级主管部门和当地劳动部门、检察机关，并通知甲方代表。

安全生产检查验收制度——定期、不定期地进行安全检查、评比，及时发现和处理不安全因素，杜绝违章作业和违章指挥。

安全生产资料归档、备案制度——统计数据、总结经验，更好地实施安全施工。

6.3.1.2 具体措施

1. 作业环境方面

人员到达工作面后，首先检查工作面是否处于安全状态。支护、拱顶是否稳定，如有松动危石应清除并加以支护后再进行后续的地质探测工作。

2. 高空作业方面

高空作业时使用统一规定的信号、旗语、手势、哨等与地面联系。使用梯子进行高空作业时应注意：使用前先检查；上下梯子时，手上不要拿任何物体，要使用绳索吊运物体；在梯子上工作时要面对梯子，并使用双绳安全带；任何时候只能一人在梯子上工作。

3. 设备及设施的安全卡控要点

制订安全操作规程，安装安全防护装置，加强对操作人员的安全思想教育，经常检查在施工过程中规章制度的执行情况，发现问题及时解决，不留隐患；施工机具进场时应按要求对机具进行登记，并在进场前与进场后均做使用验收，在施工过程中做到定人、定期、定机的原则，切实加强对机械设备的操作、使用、维修、保养的管理和提高操作人员责任心；每月对机械设备进行一次全面仔细的自检，做好检查记录；操作人员必须服从施工技术人员的指导，精心操作，在施工过程中要经常对机械设备进行检查、维修、保养；各类设备应确保用电安全，与输电线路保持水平和垂直的安全距离，小于安全操作距离应采取切实有效的防护措施。

4. 突泥突水预防

编制突泥突水应急预案，总的原则是发生事故后迅速撤离人员至安全区域；启动应急预案，快速排出洞内涌水；在保证抢救人员安全的前提下，及时抢救被困人员和机械设备；制订抢险方案，堵住涌水部位后进行超前注浆，清理并恢复生产。

5. 加深炮孔探测和爆破法探测的相关规定

制订爆破作业安全操作规程，爆破前应提前清场，无关人员一律退出爆破场地，清场人员应使用高亮电筒确认现场无人；爆破区域前后各安排 1 名安全维持员，负责阻止闲杂人员进入；接线人员应至少 2 人，1 人负责照明，1 人负责接线，杜绝将触发线和引爆线接反；接线人员完成接线后立即退出到安全区域内，并提醒引爆器操作员操作完毕；放炮采用二级指令，预报仪操作员发出第一级“接线”指令后，引爆器操作员才可接线，但不得旋动爆破按钮；现场再次确认无误后，预报仪操作员发出第二级“放炮”指令后，引爆器操作员才可旋动爆破按钮，进行爆破；如发现哑炮，应立即通知现场负责人员，进行相应处理，不得擅自处理；所有爆破工作结束后，安全员专门负责清理现场爆破器材，不得遗漏；未使用完的爆破用品应立即归库处理，不得丢弃、转运、用作他途；所有收尾工作结束后，通知施工单位复工。

6. 人员的防护

开工前了解生产任务、作业要求和安全事项。工作中检查劳动防护用品穿戴、机械设备运转安全装置是否完好。完工后应将阀门开关关好。整理好用具和工具箱，放在指定地点；危险物品应存放在指定场所，填写使用记录，关门上锁。

人员防护用品要齐全。进入施工场地的施工人员必须戴符合国家标准的合格安全帽；进入施工场地的施工人员必须穿安全鞋，禁止穿拖鞋上岗；进入现场的施工人员必须穿统一工作服；进行高空作业必须带符合国家标准的双绳安全带，必须束腰绑腿；进行搬运、拆除等容易伤及手部的工作时应佩戴橡胶涂层手套；对于进入某些灰尘较多或具有有害气体的工作区域（如喷锚、出渣、通风死角等区域）必须佩戴口罩。

6.3.2 瓦斯检测与监测安全技术措施

1. 成立瓦斯管理机构

成立以项目部经理为组长，总工、安全总监、副经理为副组长，各部门负责人为组员的高瓦斯隧道施工管理领导小组。领导小组下设办公室，办公室设在安质部。

（1）负责制订高瓦斯隧道施工管理办法、制度，并检查、督促落实。

（2）组织定期或专项检查各项高瓦斯隧道管理制度落实情况，并进行考核。

（3）组织对通风、瓦斯监控与检测、防爆供电、防爆改装等安全专项方案评审。

（4）发生安全事故后，及时启动应急预案，组织抢险救援，根据国家有关规定上报事故情况，并参加或组织事故调查处理。

（5）现场必须建立瓦斯监测检测组、通风管理组、进洞管理组、施工爆破管理组、应急抢险救援组等专项管理机构或班组，在项目经理部的直接领导下开展工作，全方位、全程加强对施工安全的管控。

2. 瓦斯检查制度

（1）瓦斯检测人员必须熟悉瓦斯检测仪器设备性能，且经过有资质的培训机构培训、取得上岗证后持证上岗作业。在瓦斯检测过程中，要严格遵守瓦斯检测的操作规程，随时注意检查各类瓦检仪器，保持完好状态。

（2）对隧道进行巡回瓦斯检查的频率：每 2 h 瓦斯检查不少于 1 次。对隧道施工放炮进行“一炮三检”。对超前钻探时的瓦斯情况进行检查。对可能出现局部瓦斯积聚的地方进行重点检查。洞内用火时现场值守检查瓦斯。

（3）实行瓦斯检查“三填写”制度，瓦检员在现场检测数据后，必须及时填写瓦斯检查手册和瓦斯检查牌板，出隧道后，填写瓦斯检查日报表。

（4）瓦斯检查日报表每天送施工队有关领导签阅。

（5）瓦检员实行现场交接班，严禁空班漏检。

（6）严格执行瓦斯浓度卡控标准，杜绝瓦斯超限作业。

（7）落实一岗双责制，管理人员、班（组）长、放炮员、电工入洞时必须携带报警仪，检查隧道施工中存在的瓦斯安全隐患，发现问题及时处理，并汇报有关负责人。

（8）瓦斯浓度异常处理程序：瓦斯浓度超限应直接报项目部，由项目部报监理、建设单位。当瓦斯浓度为 0.5%～0.75%时，由项目部组织处理；当瓦斯浓度为 0.75%～1.0%时，由监理单位会同施工单位共同研究处理；当瓦斯浓度超过 1.0%时，由建设单位组织施工、监理单位共同研究处理。

3. 瓦斯监控系统管理制度

（1）隧道瓦斯自动监控系统必须经过验收合格后方可投入正常运行，监控系统应具有短信息预警功能。运行期间自动监控系统（含车载式甲烷断电仪）由专职监测电工进行巡视及维护工作，保证系统正常运行。

（2）瓦斯监控系统严格按方案布置，瓦斯监测工负责瓦斯监控系统的维护、校正。

（3）瓦斯监控系统地面中心站实行 24 h 连续值班制度，除瓦斯监控值班人员外，其他人员不得使用监控系统的电脑。

（4）监控工每天进入隧道检查监控系统的传感器、分站及传输线是否完好，发现问题及时处理，并向有关负责人汇报。每周对传感器、分站、监控系统、报警仪及车载瓦斯监控系统进行一次全面校正，协助电工每周对监控系统断电功能进行一次检验。

（5）每天打印前一天的监控日报表送项目部负责人签阅。

（6）填写各类台账及记录表。

（7）系统运行记录、监控日报表及主机内的数据和曲线必须永久妥善保管备查；严禁任何人删除主机内的历史数据。

4. 进洞管理制度

（1）成立进洞管理组，指定专人负责进洞管理工作。在隧道洞口建立门禁管理系统，对出入隧道的人员、机具、设备等实施 24 h 管控，建立管理台账。

（2）严禁携带任何火种及可能产生火花的物品入内。人员进洞前，应将随身携带的手机、香烟、打火机等火种和电子设备（防爆及本安型除外）等保存到专用衣柜，严禁穿着化纤类衣物进入隧道。进洞人员须经过门禁系统消除随身静电。

（3）进入隧道的机械设备、电气设备、车辆必须满足防爆要求，否则禁止进入隧道。驾乘人员必须经过安检且车辆驾驶室须经检查同意方能进洞。

（4）防爆机械设备、车辆应随车（设备）携带出厂合格证（复印件）及定期检查记录；采用加装车载瓦斯监控系统的机械设备、车辆，应随车携带车载瓦斯监控系统检验报告、合格证，以及甲烷超限断电功能测试记录（甲烷超限断电功能测试由监控系统维护人员和驾驶员共同每 7 天进行 1 次测试）。

（5）动火设备进洞时必须携带批复的动火许可证。

（6）在未通风及瓦斯浓度超标的情况下，禁止任何人员进洞。

（7）进洞管理组对进入隧道的人员有安全管理事项的告知义务，禁止任何拒绝履行防火、防爆检查的人员以及饮酒者进入隧道。

5. 高瓦斯隧道仪器设备管理制度

（1）高瓦斯隧道所需安全仪器仪表、防爆机械、防爆电气设备、电缆等由项目部按照批准的施工组织设计（方案）的要求及标准采购，并建档管理。进场时，应报监理单位组织检查验收。

（2）隧道仪器、设备安装完成后，由项目部组织相关部门并邀请监理单位共同进行验收，未经监理单位检查验收合格的仪器设备不得投入使用。

（3）项目部和监理单位应每月共同组织1次对仪器、设备的专项检查；项目部应每周组织1次对洞内施工使用的仪器、设备、设施的全面安全检查；工区和作业队应每天对仪器、设备进行巡视检查；现场专业监理工程师应随时对仪器、设备进行抽查。各类检查应建立检查记录和台账，对检查发现的安全隐患，要制订整改措施，落实责任人和整改时间，整改完成后应建立验收检查记录。

（4）光学瓦检仪统一编号后由专职瓦检员使用，光学瓦检仪、便携式瓦检仪、瓦斯传感器的日常校正及保养由瓦斯监测组维护人员负责。便携式瓦检仪、瓦斯传感器应建立校正记录，每15天调校1次。

（5）项目部应建立光学瓦检仪、便携式瓦检仪、瓦斯传感器使用、检定管理台账，全程关注瓦检设备的使用动态。项目部指定专人负责仪器仪表周期检定工作，没有检定证书的禁止使用。

（6）安全监控系统、人员定位系统、洞内照明、动力线路、接头、开关、局部通风机均应采用Ⅰ类防爆型。项目部专职电工每日检查1次，并严格执行相关安全操作规程。施工单位应对煤安标志证书和防爆合格证书存档。

（7）凡是容易被撞击的、裸露的电气设备及机具传动部分，必须加装护罩或遮拦，以确保使用的机具、设施运转良好，制动有效，不产生静电、火花。

（8）洞内使用矿灯必须满足Ⅰ类防爆标准，具有防爆合格证书和煤安标志证书。使用人员不能拆开敲打和撞击矿灯，矿灯如有电线破损、灯罩接触不良、灯头密封不严、玻璃和胶壳破裂等情况，严禁洞内维修和使用。

（9）便携式瓦检仪和矿灯集中由施工单位指定专人统一充电、管理，并登记发放。

（10）风机要设置专职司机，24 h 值守，确保风机的正常连续运转，并建立风机运转工况记录台账。建立备用风机、备用电源启动试验记录，每月不少于 1 次。

（11）凡要求维护的仪器、设备、机械，应无条件按期整改到位，否则应暂停使用。

（12）洞内严禁带电处理维修施工机具、电气设备，仪器、设备的维修、校正必须由专业人员进行。

（13）凡隧道施工暂不使用的所有仪器、设备、机械必须及时移出洞外，禁止放于洞内。

6. 瓦斯排放管理制度

（1）停风区中瓦斯浓度超过 3%时，项目部必须制订安全排放瓦斯措施，经监理单位审核同意后方可实施。

（2）排放过程中必须有瓦检员、安全员、电工等有关人员在场。

（3）瓦斯排放安全措施应根据不同地点、不同情况制订专项措施。

（4）排放瓦斯时，严禁通风机发生循环风。

（5）排放瓦斯时，隧道内必须切断电源（不含通风电源），撤出所有人员；洞口设置警戒，禁止人员进洞。

（6）排放瓦斯后，经检查证实，隧道内风流中的瓦斯浓度不超过 0.75%、二氧化碳浓度不超过 1.5%，且稳定 30 min 后瓦斯浓度没有变化时，方可恢复正常通风。

（7）恢复正常通风后，由电工对隧道内的电气设备进行检查，确认完好后，方可恢复供电、施工。

7. 防火、防爆管理制度

（1）高瓦斯隧道所需防火、防爆机械设备等由项目部按照批准的施工组织设计（方案）的要求及标准采购，并建档管理。进场时，应报监理单位组织检查验收。

（2）隧道防火、防爆设备安装完成后，由项目部组织相关部门并邀请监理单位共同进行验收，未经监理单位检查验收合格的仪器设备不得投入使用。

（3）项目部和监理单位应每月共同组织 1 次对防火、防爆设备的专项检查；项目部应每周组织 1 次对洞内施工使用的防火、防爆设备全面安全检查；工区和作业队应每天对防火、防爆设备进行巡视检查；现场专业监理工程师应随时对防火、防爆设备进行抽查。各类检查应建立检查记录和台账，对检查发现的安全隐患，要制订整改措施，落实责任人和整改时间，整改完成后应建立验收检查记录。

（4）建立洞内火源综合卡控制度。

① 严格执行高瓦斯隧道进洞管理制度，严格控制火源进入洞内。

② 严格执行爆破安全管理制度，杜绝爆破火源。

③ 隧道内车辆限速 15 km/h，以降低撞击或擦刮产生火花的概率。

④ 电缆电线连接必须采用防爆接线盒，电缆不得出现“鸡爪子”“羊尾巴”“明街头”。

⑤ 防止静电火花，进洞人员不得穿着化纤衣物。

⑥ 为防止产生撞击火花，装渣前必须将石渣洒水湿润。

⑦ 掌子面找顶排险时，加强通风，瓦检员现场值守。

⑧ 原则上不允许洞内电焊、气焊作业；特殊的、不可避免的焊接，按照“高瓦斯隧道特殊工序管理制度”执行。

⑨ 各类机械设备、电气设备维修保养过程中使用的汽油、煤油、变压器油等作业，按照“高瓦斯隧道特殊工序管理制度”执行。洞内使用的棉纱、布头、润滑油等必须存放在有盖的铁桶内并隔离，严禁乱扔乱放或抛在隧道内，并应及时清运出洞。

⑩ 加强安全用电管理，按规定频率对各种用电设施进行检查。

⑪ 隧道洞口、通风机附近 20 m 范围内不得有火源。

⑫ 隧道洞口附近设置避雷系统，避雷系统应覆盖隧道洞口、变电所、

空压机房、主通风机等处。进洞的风水管应在洞口处可靠接地，并加装绝缘装置。

8. 特殊工序管理制度

（1）针对高瓦斯隧道施工安全管控的特殊性，将下列工序界定为特殊工序：

① 隧道洞内施工中可能产生高温、产生明火的电气焊、防水板焊接、止水带热硫化焊接等。

② 因特殊原因需要使用非防爆设备、仪器。

（2）对于特殊工序，动火申请应提前1天申请，批准最长期限为3天，期满应重新登记，否则视作无证动火。动火申请由作业队长填写，说明动火原因，报现场生产经理审批，安质员监督（瓦斯隧道专业瓦检员全程跟踪），经批准后方可动火。

（3）特殊工序施工计划确定后，应编制特殊工序作业指导书，制订出切实可行的安全技术措施，经项目总工程师审核、副总监（或分站长）审批后实施，现场严格执行。

（4）需要动火的特殊工序施工前，应严格执行动火申请审批要求。施工时瓦检员、安全员、监理人员必须三到位，否则禁止作业。全过程监测瓦斯浓度，同时对作业地点强化局部通风措施，保证该范围内瓦斯浓度不超过0.5%。施工单位必须在作业区10 m范围内配备不少于2具灭火器材，安全员跟班作业，确保万无一失。施工现场 20 m 范围不得有可燃物，并设应急水管。作业完成后由专人检查，对现场进行降温，确认无残火后方可结束作业。

6.3.3 通风安全管理措施

1. 通风系统检查制度

（1）建立测风制度，编制配风计划，并定期对通风系统进行检查，及时、合理地进行风量调配，保证用风地点风量足够，杜绝有毒、有害气体浓度超限。

（2）通风系统运行正常后，每 5 天进行 1 次全面测风，对掌子面和其他用风地点根据需要随时测风，做好记录。测风应在专门的测风站进行，在无测风站的地点测风时，要选择测风断面规整、无片帮、空顶、无障碍物、无淋水和前后 10 m 内无拐弯的巷道。

（3）每 5 天在风筒进、出口测量 1 次风量，并计算漏风率，风筒百米漏风率不宜大于 2.0%，风筒破损必须及时修补，并做减阻处理。

（4）建立通风系统运行管理档案，包括各种检查记录、调试记录、测量记录、维护记录、运行记录等。

（5）通风班组应对通风系统运行情况进行记录，主管副经理每旬分别对运行记录予以审核、签认，并建档保存。

（6）每旬用风速测定仪对隧道风速进行人工检测，检测结果与自动监控系统相应时间、位置、风速值进行核对，确保测风结果准确性。

（7）必须实行通风班组交接班制度，交接双方签字认可，对上一班存在的问题、隐患、需注意事项、仪器设备状态等必须交接清楚，交接班记录由通风机构负责人每天定时予以审核签字。

2. 通风系统管理措施

（1）通风机专职管理人员必须严格遵守操作规程，熟悉通风系统性能，严禁其他人员随意操作通风机。

（2）通风机应保持连续运转，避免无计划停风，需停机或开启时，应根据调度通知进行。为减少通风机启动时的气锤效应对风筒的冲击破坏，应采用分级启动，分级间隔时间为 3 min。

（3）随着隧道施工作业的推进，通风距离将增加，通风阻力随之增大。应根据隧道实际情况，及时调整通风机运行速级，保证隧道风量足够。

（4）建立安全监控系统管理办法，安全监控设施的安装必须符合规定，并定期进行调试和校正，保证设备正常运行，充分发挥其效用。

（5）设置专职风筒维修工，每班对全部风筒进行检查，发现破损等情况及时处理。对于轻微破损的管节，将破损部位清洁打毛后，采用快干胶水粘补：破损口小于 15 cm 时，直接粘补；破损口大于 15 cm 时，先将破口缝合后再行粘补，粘补面积应大于破损面积 30%，粘补后 10 min 内不能送风。对于严重破损的管节，必须及时更换。

（6）通风机使用前应卸去废油，换注新油，以后使用过程中每半个月加注 1 次。

（7）因洞内渗水和温度变化的影响，风筒内可能会积水，应定期排水，以减少风筒承重和阻力。

3. 停风报批制度

（1）因通风系统检修及其他原因需要通风机停止运转时，必须提前提出申请并逐级上报，根据停风时间长短，由相关负责人审批后方可实施。

（2）有计划停风时，停风时间在 30 min 以内的，由当班人员报通风班组长审核后，由项目部安质部长批准实施；停风时间超过 30 min 的，由当班人员报项目部安质部长审核后，由项目部安全总监批准实施。停风时间超过 3 h 的，由当班人员报项目部安质部长，制订安全措施，经项目部安全总监、现场监理审核后，由指挥部安全总监批准实施。

（3）停风前必须确保洞内所有人员已经撤离，并切断电源。恢复通风前，必须检测有毒、有害气体浓度；开机时，应控制风量，使风流中的有毒、有害气体浓度不超过相关规定。

4. 无计划停风管理制度

（1）立即停工、断电、撤离洞内所有作业人员。

（2）启用备用风机，在 10 min 内恢复洞内通风。

（3）主通风机因故停止运转，在恢复通风前，必须首先检查瓦斯，只有停风区中最高甲烷浓度不超过 1.0%和最高二氧化碳浓度不超过 1.5%，且局部通风机及其开关附近 10 m 以内风流中的甲烷浓度都不超过 0.5%时，方可人工开启局部通风机，恢复正常通风。

（4）停风区中甲烷浓度超过 1.0%或者二氧化碳浓度超过 1.5%，最高甲烷浓度和二氧化碳浓度不超过 3.0%时，必须采取安全措施，控制风流排放瓦斯。

（5）停风区中甲烷浓度或者二氧化碳浓度超过 3.0%时，必须制订安全排放瓦斯措施，报项目部总工程师审核，监理总监批准后，采取安全措施，控制风流排放瓦斯。

（6）临时停工的地点，不得停风；否则必须切断电源，设置栅栏、警标，禁止人员进入。停工区内甲烷或者二氧化碳浓度达到 3.0%或者其他有害气体浓度超过规范规定不能立即处理时，必须在 24 h 内封闭完毕。恢复已封闭的停工区或者开挖工作接近这些地点时，必须事先排除其中积聚的瓦斯。排除瓦斯工作必须制订安全技术措施。

（7）严禁在停风或者瓦斯超限的区域内作业。

5. 特殊情况下的通风管理制度

遇节假日或其他原因停工前，应制订停工期间的管理措施，包括洞内供电管理、洞口门禁管理、通风管理、瓦斯检查与监控、支护处理等，原则上停工不停风；复工前应制订复工安全措施，进行复工验收合格后方可复工。

第 7 章
油气型高瓦斯隧道施工期风险分析及控制管理措施

在我国铁路隧道施工过程中发生过不少瓦斯突出、瓦斯爆炸的例子，造成了生命财产的巨大损失。为确保安全生产，研究适合于油气型瓦斯隧道工程建设的风险分析、评估和管理的理论和方法迫在眉睫。风险分析可以对那些不确定性因素进行分析，将不可预见的风险因素转化为定量的指标，帮助相关单位完成最后的决策，降低各种风险，包括自然风险、施工风险、环境风险等，以达到安全、经济、高效的管理目标。

对油气型高瓦斯隧道进行风险评估是指导施工的一个重要手段。任何一个重大工程项目都存在不同程度的风险。在设计阶段，设计人员已经对项目风险进行了评估并采取了相应的措施，如线路及施工工法的选择、不良地质段的加强支护等。由于客观条件所限，如时间紧迫、信息量不足、经验不足等，势必造成设计阶段风险评估不够完善。因此，在施工阶段对隧道风险进行再评估显得尤为重要。施工阶段的风险管理是风险能否得到有效控制的关键，也是对瓦斯隧道风险进行控制的最重要一环。对风险进行排序，针对不可接受的风险水平采取降低或规避等措施，从而为降低风险提供一套科学和系统的方法。对瓦斯隧道开展风险评估，有利于决策科学化，有利于减少危害事故的发生，有利于提高政府、业主、设计单位、施工单位及运营单位的风险管理意识和风险管理能力,从而达到控制风险、减少损失的目的。

东汉政论家荀悦有云“先其未然谓之防，发而止之谓之救，行而贵之谓之戒，防为上，救次之，责为下”。事先对油气型高瓦斯隧道建设过程中可能出现的灾害事故进行分析和预测,并采取相应的措施对其规避或转移，是确保油气型高瓦斯隧道建设顺利完成的最合理、最有效的方法。因而，在施工前对施工中可能出现的各种风险进行辨识、估计、评价，并根据评价的结果对建设方无力承担的风险进行规避或转移，对可以接受的风险制订应急预案，对油气型高瓦斯隧道进行科学化的风险管理，及时防范和化解工程风险，减少施工风险事故的发生，提高我国油气型高瓦斯隧道建设管理水平和投资效益，具有十分重要的意义。

7.1 风险分析理论研究现状

7.1.1 油气型高瓦斯隧道施工期风险国内外研究现状

瓦斯的存在使得隧道施工难度增加，施工风险提高，一旦处理不当，将发生瓦斯溢出、瓦斯燃烧、瓦斯爆炸、瓦斯突出及瓦斯中毒等问题，因此，采用合理有效的施工措施，对工区瓦斯问题进行有效治理，以降低施工风险、保证施工安全是十分必要的。

瓦斯燃烧或爆炸必须具备火源、氧气及一定的瓦斯浓度等条件，由于氧气含量不易控制，而在隧道施工作业中需要进行焊接、找顶等工作，产生火花是无法避免的，因此众多学者针对如何通过降低隧道内瓦斯浓度来降低施工风险进行了大量的研究。

针对煤系地层中瓦斯隧道施工风险控制，以实际工况为依托，刘辉[76]建立了公路瓦斯隧道施工风险识别方法用以增加施工安全性，并对风险控制进行研究。研究表明煤系地层瓦斯浓度高，在瓦斯压力高的地层内有发生瓦斯突出的可能，并且隧道施工导致围岩产生大量塑性变形，增加施工风险。为保证施工的安全进行，研究表明，在揭煤段应进行超前钻孔探测，且探测起点距煤层距离大于 10 m，如围岩岩性明显变黑或围岩内瓦斯浓度梯度呈增长趋势且增幅较大时，需加强探测。在进行揭煤施工时，为保证施工的安全进行，工作面附近瓦斯浓度须控制在 1%以下。

冯波[77]针对瓦斯隧道施工中如何有效降低隧道内瓦斯浓度，对瓦斯隧道施工通风进行了详细研究，研究发现，在隧道内布置通风设备，采用通风的方法将隧道内瓦斯浓度降低，将其控制在安全范围内，可正常施工。分析表明施工通风是保证瓦斯隧道安全施工的重要环节。并根据火源产生原因的不同，将其分为两类，即作业火源和非作业火源两类，其中作业火源又细分为作业机械设备产生的火源及作业过程产生的火源。并针对不同火源提出控制方法，其中包括洞内使用防爆带电器、防爆作业机具以降低火源出现的可能性；洞内加强监督管理，禁止非施工所用火源进入隧道等。

谢衔光[78]对高瓦斯隧道工程风险特点进行了详细分析研究，以项目风险管理理论为基础，遵循目标控制理论，建立了隧道施工风险控制系统，并将其应用于实际工程施工中，发挥了重要作用。针对瓦斯浓度控制方面，研究表明在二衬台车处、隧道拱部坍腔、加宽带拱顶等处易发生瓦斯聚集现象，需加强通风。

崔波、付宗运[79, 80]通过对围岩中瓦斯运移情况进行研究，研究发现，在围岩内瓦斯处于非受压状态时，围岩中瓦斯通常是从掌子面或赋水区域渗出，且瓦斯渗出量与时间成反比；在围岩中瓦斯处于受压状态情况下，大量富集于断层或裂隙处的瓦斯在受到施工扰动的情况下，会在较短的时间内喷涌而出，导致隧道内部瓦斯浓度在短时间内急剧上升，若围岩中瓦斯含量较大，其喷涌时间会相应延长；在围岩中瓦斯处于受压状态情况下，受施工扰动，在压力作用下，大量瓦斯迅速由岩体中涌出，发生突出，导致洞内瓦斯浓度增加；由于瓦斯主要成分为甲烷，其可溶于水，因此当地下水中富含瓦斯时，隧道发生涌水现象也会导致隧道内瓦斯浓度升高。针对风险控制措施的研究结果表明，在公路瓦斯隧道的施工过程中，确定煤层是否富含瓦斯、瓦斯危害程度预测具有极其重要的意义，故应采用超前钻孔对掌子面前方岩体赋气情况进行探测，并根据探测结果确定瓦斯突出危险工作面。

为避免隧道内部瓦斯浓度超限，洞内通风是必要措施，Wei Dang[81]对通风系统的通风方式进行了研究，研究表明在非瓦斯工区，由于围岩中瓦斯赋存量有限，在该区域适合采用压入式或混合式通风方式，在低瓦斯工区应采用压入式或巷道式通风方式，并且可在局部区域采用增设射流机的方式进行风险控制，由于巷道式通风方式具有较高处理效率，非常适合在瓦斯涌出量大的高瓦斯工区进行布设。LUO Sheng[82]等研究人员从瓦斯隧道分级角度进行研究，指出目前规范中所采取的分类方法针对部分大断面瓦斯隧道实用性较弱，故在目前分类原则的基础上，结合瓦斯隧道断面面积、需风量、瓦斯浓度等因素对瓦斯隧道进行综合等级划分，用以提升洞内瓦斯控制效果。崔庆合、Li Yu、Ke Wu[83, 84]等研究人员，结合具体工程案例，对通风管理进行了研究。对通风系统中需风量进行计算，按照洞内最小允许风速、洞内同一时间内最多工人数量、瓦斯绝对涌出量、稀释和排炮烟所需风量、同时起爆炸药量分别进行计算，最终选取计算结果的最大值作为隧道正洞所需风量。并针对瓦斯隧道内的应急管理、动火管理、爆破施工安全管理、监控量测系统、超前地质预报、门禁管理、防爆设备等展开研究，结合具体施工，从上述方面对瓦斯隧道内风险控制进行分析。

张雪金、方勇、赵子成[84]等研究人员，以实际工程为研究背景，针对瓦斯隧道在施工过程中局部区域存在瓦斯聚集现象，建立了数值模型对瓦斯涌出规律进行研究，并对洞内通风及隧道内瓦斯扩散规律进行分析。根据模拟结果，由于掌子面附近布置有射流机，使得掌子面附近瓦斯浓度较低，根据其瓦斯浓度可归为横断面低瓦斯区域；在风筒一侧区域会形成回流区，在该范围内瓦斯与空气充分接触并融合，瓦斯浓度升高，模拟结果显示该区域瓦斯浓度是平均瓦斯浓度的 11.5 倍；在其余区域，瓦斯浓度分布区域均匀化。之后伴随通风时间的延长，隧道内部低瓦斯分布范围逐渐缩小，低瓦斯区域周围瓦斯浓度与高速流动的空气流速成正比。隧道内的瓦斯对洞内流场产生一定的影响，使隧道内相对稳定的流场和压力重分布，由于空气密度大于瓦斯密度，隧道内瓦斯会向上运移至拱顶，会在拱顶某些区域形成一定范围的涡流，涡流的存在较易造成瓦斯局部积聚，是产生局部瓦斯浓度较高的主要原因。洞内通风量的增加，可以降低隧道内瓦斯浓度，数据分析结果显示，瓦斯浓度与通风量的关系接近倒数关系，在高瓦斯区域，可通过通风量的增大来避免瓦斯积聚。在风筒布置位置方面，当风筒在隧道拱顶布设时，有利于预防瓦斯积聚现象，瓦斯浓度和流场分布对称，瓦斯浓度和浓度梯度由隧道拱脚向隧道拱顶逐渐降低；风筒布置于边墙位置，瓦斯浓度和流场分布复杂，不具备对称性，模拟结果显示此种布置方案易于隧道拱顶、风筒下部等区域形成瓦斯积聚现象。因此，在条件允许情况下，在工作面附近风筒应尽量布置在拱顶处。

高杨[85]等学者针对瓦斯设防体系的建立进行研究，提出在赋存瓦斯的环境中，瓦斯的运移和压力是在长期作用下发展而成的，无法通过采取某一单一措施达到绝对隔绝瓦斯的目的，因此提出综合治理措施。为减少围岩内瓦斯向隧道方向运移的通道，应对断层、节理等瓦斯富集区域采取注浆的方式对其进行封堵，达到降低隧道内瓦斯浓度的目的。研究发现，当围岩内瓦斯压力大且补给条件好时，采用预注浆、径向注浆等方式对围岩内裂缝进行封堵，可有效减少围岩内瓦斯向隧道内渗透，而且此法对于加固围岩也起到积极的作用。如果瓦斯压力过高，可以采用设置抽排方式，有效降低围岩中瓦斯压力。李固华[86]对压浆工艺及泥浆配合比进行了详尽的研究。王巡[87]依托实际工程，对预埋后注式注浆技术进行优化，形成一种新的注浆技术且在实际工程中得到应用。

7.1.2　目前瓦斯隧道工程风险研究中存在的问题

瓦斯隧道工程由于基础信息缺乏，地质环境复杂，加之勘察手段等各方面的限制，虽然有超前地质预报等新兴方法，但也不可能完全掌握施工中地质状况，必须利用开挖过程中所揭示的具体地质条件对原设计方案进行必要调整和修正。

因此，瓦斯隧道工程的设计无法确保在施工前做到万无一失，加之瓦斯的易燃、易爆特性，施工存在很大的不确定性和高风险性。但目前关于瓦斯隧道工程施工风险研究的进展相对较缓慢，还存在如下一些问题。

1. 基础资料缺乏，风险辨识困难

以前，在国内，不论是铁路还是公路，所修建的瓦斯隧道和穿煤隧道并不多，对这类隧道的施工，特别是在钻爆技术方面与矿业工程实施的钻爆技术相比，尚有一定差距。2002 年铁道部颁布了我国第一部《铁路瓦斯隧道技术规范》，对铁路隧道爆破、揭煤防突等安全技术方面做了具体规定。对于公路隧道施工，目前尚未有类似的规范发布。由于瓦斯赋存地质条件的复杂性，隧道施工中的瓦斯问题仍未能完全解决，瓦斯爆炸难以控制，安全危险性大，而且有关的文献也很少，缺乏这方面资料的搜集及综合，造成目前进行瓦斯隧道风险分析时无历史资料可借鉴。

2. 风险意识依然淡薄

近年来，随着山岭地区交通快车道的大力建设，铁路、公路隧道穿越岩性软弱的煤系地区和赋存高压力的煤层瓦斯隧道比较多见。由于瓦斯地质条件的特殊性，政府越来越重视施工管理的科学性，并且把风险分析评价列为工程立项中一项不可或缺的组成部分。但大部分施工单位领导为了追求短期经济效益的利益，不愿增加风险管理费用，或仅把风险分析过程草草了事，把风险分析评价作为报告中一项锦上添花的项目，并未真正落实风险分析评价的结果与实行科学的风险管理。

3. 研究结果的应用性和可信度较差

在我国，目前隧道工程的风险分析或评价中，基本上是以科研单位为主体，设计、施工单位以及决策部门共同参与的局面。但其中的科研单位缺少具体实际工程经验，对现场情况了解甚少，且各单位往往只能在风险源的确认上达成基本共识，导致分析过程和结果的被认可程度还比较低。

7.2 高瓦斯隧道风险理论

7.2.1 风险的定义

项目风险是指在实施工程建设项目的过程中，由于工程中存在不可预测性的因素导致实际操作后与预期结果不同，因这些不同而产生的损失。风险并不是一成不变的，项目风险的本质是由于造成工程风险的组成要素引起风险事故，使得最后产生了损失。

7.2.2 风险分析定义

风险分析的定义分为狭义和广义两种，首先狭义的风险分析是采用定量的方法计算出随机变量可实现值的概率分布。一般情况下随机变量有 3 个，分别为费用、进度、质量。而广义上的风险分析是指通过开拓、选择和管理方案等方式来处理风险的有序的方式。风险分析主要包括的内容为风险识别、风险评估和风险控制。

风险识别是指运用一些方法或者根据经验来确定可能导致随机变量向不利方向变化的事件，并定性分析的过程。在这里首先要分辨和识别系统技术缺乏的部分，然后得到风险的源头，并将风险源组合并整理成文件供今后参照。风险评估是在风险识别的基础上，运用定性或定量的方法来分析或计算出风险发生的概率及危害发生的影响严重程度。而风险控制则是首先通过风险识别及风险分析，然后对其中可能产生风险的因素采取一定的方法来降低这些风险。风险控制是风险分析的最终目的。

7.2.3　瓦斯隧道灾害类型

7.2.3.1　瓦斯窒息

瓦斯实际上是多种气体混合而成，其主要成分为甲烷。由于密度小于空气，又因为其扩散速度是空气的 1.6 倍，聚集的瓦斯气体会压缩空气的气体空间，使短时间内某一集中区域内部空气含量减少，导致人体窒息。不同氧气浓度条件下人体感受见表 7-1。

表 7-1　不同氧气浓度对人体的影响

氧气浓度/%	人体征兆（大气压下）
23.5	最高“安全水平”
21	空气中的氧气浓度（20.954）
19.5	最低“安全水平”
17	开始影响判断力
16	初期缺氧症状开始出现
16～12	呼吸频率及脉率增加；肌肉协调能力轻微受损
12～10	情绪低落，用力后出现异常疲乏感
6	身体出现抽搐、气喘、呼吸停止

因此，当瓦斯含量过高而导致氧气含量低于 12%，就有可能导致人体感觉不适甚至窒息死亡。《公路隧道施工技术规范》（JTGF 60—2009）中规定，空气中的氧气含量在作业过程中应始终保持在 19.5%以上，也是为了满足最低“安全水平”。

此外，规范对于空气中的一氧化碳（CO）二氧化碳（CO_2）、氮氧化物（NO_2）等有害气体浓度也有规定（见表 7-2）。

表 7-2　工作场所空气中有毒物质容许浓度

中文名（CAS NO.）	MAC	TWA	STEL
二氧化氮	—	5	10
二氧化硫	—	5	10
二氧化碳	—	9 000	1 800
一氧化碳			
非高原	—	20	30
高原			
海拔 2 000 ~ 3 000 m	20	—	—
海拔>3 000 m	15	—	—

注：MAC—时间加权平均容许浓度（8 h）；TWA—最高容许浓度；STEL—短时间接触容许浓度（15 min）。

7.2.3.2　瓦斯爆炸

瓦斯爆炸是一种热-链式反应。空气和瓦斯气体混合后并不会发生爆炸，需要借助进一步的吸热反应，混合气体分子间的链才会发生断裂，此时爆炸才具备发生的条件。在一定的条件下，每个游离基又可以进一步分解，随着游离基的增多，化学反应速度随之加快，最后就发生了燃烧或爆炸式的氧化反应。

$$CH_4 + 2O_2 = CO_2 + 2H_2O + 882.6\ \text{kJ/mol}$$

瓦斯爆炸必须同时满足以下 3 个基本条件：

1. 瓦斯浓度

瓦斯爆炸的范围称为瓦斯爆炸界限，不同瓦斯浓度下的瓦斯爆炸界限如图 7-1 所示。

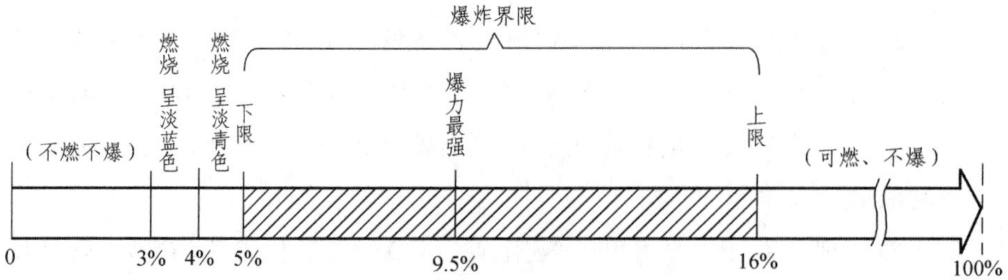

图 7-1　瓦斯爆炸界限示意图

虽然上图有明确的数值来划分不同瓦斯浓度时的情况，实际上瓦斯爆炸界限的临界值并不是一成不变的，它还会受很多因素的影响，主要包括温度、其他可燃性气体、压力等。

2. 氧气浓度

瓦斯爆炸发生的另一个前提条件则是氧气，没有充足的氧气助燃助爆，爆炸反应是不能持续发生的。实践证明，瓦斯爆炸界限随着空气中氧气的浓度减小而降低，当氧气浓度减少至小于 12%时，瓦斯混合气体就不会发生爆炸。

3. 引火源

在已经具备燃烧物与助燃剂的情况下，一旦遇到引火源则会发生爆炸事故。通常情况下引火温度为 650 ~ 750 °C。但也会受诸多因素如火源性质、气体压力等的影响而产生小范围的浮动。

7.3　高瓦斯隧道风险识别

7.3.1　隧道施工风险识别定义

风险识别是要确定在工程项目实施中什么时候、什么部位存在哪些风险，这些风险可能会对工程项目产生什么影响，并将描述这些风险及其特性资料归档。瓦斯隧道施工风险识别是指找出影响隧道施工质量、进度、承包、安全等目标顺利实现的主要风险，分析风险可能会产生的影响。

瓦斯爆炸是瓦斯隧道施工的主要事故，防止瓦斯隧道内发生事故的第一步就是确认危险源的存在。由于隧道项目本身是个复杂的系统工程，影响因素多，关系错综复杂，在实际施工中难以预料，而且各风险因素所产生的风险事件和所引起后果严重程度也不尽相同。在对瓦斯隧道整体风险评价时，若忽略了主要风险因素，都将带来决策错误，并失去对这些风险的应对机会。根据瓦斯隧道工程特点，对瓦斯隧道施工风险进行识别的主要内容为：第一，在瓦斯隧道工程项目施工过程中有哪些基本风险应考虑；第二，引起这些风险的主要因素以及可能产生的后果；第三，风险的严重程度如何，即各风险因素的综合权重分别有多大。

7.3.2 隧道施工风险识别的步骤

风险识别需要确定 3 个相互关联的因素。

（1）风险来源：时间、费用、技术、法律等。

（2）风险事件：给项目带来消极影响的事件，在隧道项目中主要是指造成人员伤亡、财产损失、环境破坏、经济损失、工期延误等的偶然性事件，也称风险事故。

（3）风险征兆：风险征兆又称为触发器，是指实际风险事件的间接表现。

隧道施工风险识别的过程包括：收集资料、分析不确定性、确定风险事件、编制风险识别报告等，其过程如图 7-2 所示。

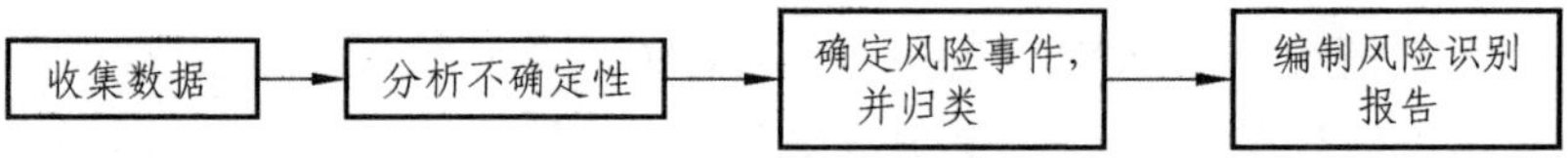

图 7-2　风险识别过程

（1）收集数据和信息。工程项目风险识别应注重下列几方面数据信息的收集：工程项目环境方面的数据资料；类似工程的有关数据资料；工程的设计、施工文件。

（2）分析不确定性。在基本数据和信息收集的基础上，应从下列几个不同层面对工程项目的不确定性进行分析：不同建设阶段的不确定性分析；不同目标的不确定性分析；工程结构的不确定性分析；工程建设环境的不确定性分析。

（3）确定风险事件，并将风险归纳、分类。首先，可按工程项目内、外部进行分类；其次，按技术和非技术进行分类，或按工程项目目标分类。

（4）编制工程项目风险识别报告。应包括以下内容：已识别出的风险；潜在的工程项目风险，工程项目风险的征兆。

7.3.3 隧道施工风险识别的目的和意义

风险是客观存在的，瓦斯隧道项目风险管理人员在研究项目所面临的风险及对策时，最重要也是最困难的工作就是去了解及寻找工程项目所有可能遭受的损失的来源。这些来源可能增加一个项目的投资或造成重大人员伤亡事故以致工期延误等后果。风险管理人员若不能识别项目面临的所有潜在损失，就不能确定对付这些不确定风险的最佳方法。

风险识别的目的包括 3 个方面：① 识别出可能对项目进展有影响的风险因素、性质以及风险产生的条件，并据此衡量风险的大小；② 记录具体风险的各方面特征，并提供最适当的风险管理对策；③ 识别风险可能引起的后果。任何一种风险在识别阶段被忽略，尤其是重大风险被忽略，则可能导致项目整个风险管理失败，给业主、设计单位或施工单位等造成不可估量的损失。增强风险意识，认真识别风险，是衡量风险程度，采取有效的风险控制措施和风险管理决策的前提条件。

7.3.4　隧道施工风险识别方法

工程项目风险因素的识别工作，首先要弄清工程项目的风险因素，然后确定针对本项目应该采取何种风险识别方法。

工程项目的建设周期较长，客观上注定将会遇到较多的风险因素，加上自身及其所处环境的复杂性，给人们全面、系统地识别风险因素带来了许多困难。

（1）政治风险。由于国家政局、政策变化、政权更迭、罢工、国际局势变化、战争、动乱等因素引起社会动荡而造成财产损失以及人员伤亡的风险。

（2）经济风险。由于经济活动中经营管理不善、市场预测失误、贸易条件变化、价格波动、供求关系转变、通货膨胀、汇率、利率变动等原因导致的经济损失风险。

（3）社会风险。主要包括宗教信仰、社会治安、文化素质、公众态度等。

（4）工程风险。工程风险系指一项工程在设计、施工及移交运行的各个阶段可能遭受的、影响项目系统目标实现的风险。由以下原因组成：① 自然风险，包括恶劣的天气情况、未曾预料到的工程水文地质条件、未曾预料到的一些不利地理条件等；② 决策风险，包括在投资决策、总体方案确定、设计施工队伍选择等方面的决策选择是否出现偏差；③ 组织与管理风险，它是由于项目有关各方关系不协调以及其他不确定性而引起的风险或者管理人员管理能力不强、经验不足、合同条款不清楚、工人素质低、劳动积极性低、管理机构不能充分发挥作用造成的风险；④ 技术风险，一般表现在方案选择、工程设计及施工过程中由于技术标准的选择、计算模型的选择、安全系数的确定等方面出现偏差而形成的风险；⑤ 责任风险，指由于项目管理人员的过失、疏忽、侥幸、恶意等不当行为造成财产毁损、人员伤亡的风险。

7.3.5 工程项目风险识别方法

风险识别包括确定风险的来源，风险产生的条件，描述其风险特征和确定哪些风险会对本项目产生影响。项目风险识别的方法有多种，但各种方法适用范围不同，我们需要研究各方法的优缺点，并找出适用于公路瓦斯隧道工程的分析方法。总的来说可分为定性方法、半定量方法和定量方法。

1. 定性方法

定性风险评价是借助于对事物的经验、知识、观察及对发展变化规律的了解，科学地进行分析、判断的一类方法。此方法不对风险进行量化处理，只用于对事故发生的可能性等级和后果的严重程度等级进行相对比较，目前采用较多的方法有：安全检查表法、故障假设/检查表法、预先危险性分析、专家评议法、故障类型和影响分析、专家调查法等，隧道风险分析最常用的定性分析方法为专家调查法。定性评价的优点是简单直观、容易掌握，缺点是评价结果不能量化，很大程度上取决于评价人员的经验。下面着重介绍专家调查法。

在风险识别工作中很难采用实验分析或建立数学模型进行理论推导，主要还是依靠实际经验和采用推断的方法。专家调查法又称德尔菲法，它起源于 20 世纪 40 年代末期，由美国的兰德公司（Rand Corporation）首先使用。采用该方法，首先是由项目风险管理人员选定和该项目有关领域的专家，并与之建立直接的函询联系，通过函询进行调查，收集意见后进行综合整理，然后将整理后的意见通过匿名的方式返回专家再次征求意见，如此反复多次后，专家的意见将会逐渐趋于一致，可以作为最后预测和识别的依据。

采用专家调查法的重要一环就是制订函询调查表，调查表制订的好坏，直接关系到预测结果的质量。具体的表格设计，应该注意以下几点。

（1）在调查表中，首先应该对调查的目的和方法作出简要的说明，因为并非每一个被调查的对象都对德尔菲法有具体的了解。

（2）问题要集中，用词要确切，排列要合理，问句的内容要具体，以引起专家回答问题的兴趣。

（3）调查表要简化，问题的数量要适当，问题太少起不到调查的目的，太多则容易引起人们厌倦，一般以 20 ~ 30 个为宜。

（4）避免把两个以上的问题放在一起来提问，如果一个事件包括两个方面，一个方面是专家同意的，而另一个方面是专家不同意的，这时就很难回答。

（5）若问题涉及某些可能的数据时，需要给出预测的范围，让专家易选择。

（6）对于敏感性问题的调查，应注意问句表述的技巧和方式。

专家调查法的特点：

（1）进行专家函询法的专家应匿名进行应答。

（2）应答专家只知道信息反馈是全体专家的倾向，而不是具体某人的意见。

（3）此法是在统计评估的基础上确定集体的判断。

（4）多次复信应答反馈。

（5）可以修改意见。

专家调查法的优点：该方法与专家评议法相似，但比专家评议法更精确、合理。其优点主要有：

（1）可避免因专家多而产生的当面交流困难、效率低的现象。

（2）防止因权威作用或人数众多而压倒其他意见。

（3）多次征询意见，专家可以修改意见，防止专家考虑错漏而造成误差。

专家调查法的适用范围：

（1）难以借助精确的分析技术而可以依靠集体的直观判断进行预测的问题。

（2）问题庞大复杂，专家代表不同的专业并没有交流的历史。

（3）受时间、经费限制，或因专家间有分歧、隔阂不宜当面交换意见。

2. 半定量方法

半定量分析方法又称定性定量分析方法，是指根据分析决策者的需要和现有资料决定是进行定性分析还是定量分析。对于要求不高的分析项目或者资料比较缺乏的项目，就可进行定性分析；若要求较高，则需要进行定量分析。主要的半定量分析方法有事故树法、事件树法、影响图法、原因-结果分析法、风险评价矩阵法等。隧道风险分析最常用的半定量分析方法为事故树法。

事故树分析又称故障树分析（Fault Tree Analysis），是一种演绎的系统安全分析方法。它是从要分析的特定事故或故障开始层层分析其发生的原因，一直分析到不能再分解为止。将特定的事故和各层原因之间用逻辑门符号连接起来，得到形象、简洁地表达其逻辑关系的逻辑树图形，即故障树。通过对故障树简化、计算达到分析、评价的目的。其具体步骤如下：

（1）确定分析对象系统和要分析的各对象事件（顶上事件）。

（2）确定系统事故发生概率、事故损失的安全目标值。

（3）调查原因事件。调查与事故有关的所有直接原因和各种因素（人员失误、设备故障和环境不良因素）。

（4）编制故障树。从顶上事件起一级一级往下找出所有原因事件，直到最基本的原因事件为止，按其逻辑关系画出故障树。

（5）定性分析。按故障树结构进行简化，求出最小割集和最小径集，确定各基本事件的结构重要度。

（6）定量分析。找出各基本事件的发生概率，计算出顶上事件的发生概率，求出概率重要度和临界重要度。

（7）结论。当事故发生概率超过预定目标值时，从最小割集着手研究降低事故发生概率的所有可能方案，利用最小径集找出消除事故的最佳方案，通过重要度分析确定采取对策措施的重点和先后顺序，从而得出分析、评价的结论。其流程如图 7-3 所示。

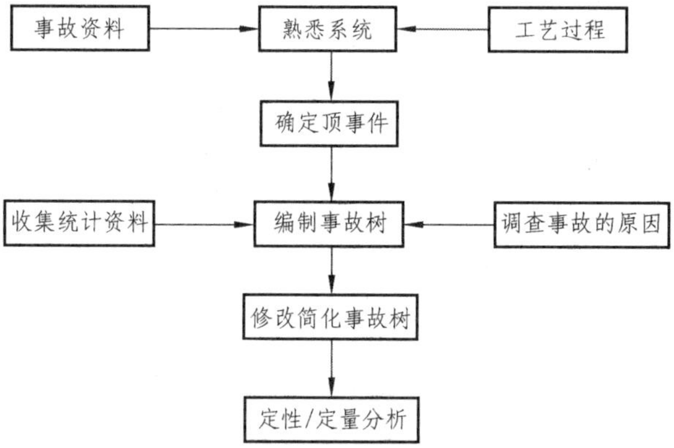

图 7-3　故障树流程图

3. 定量分析法

定量分析是根据一定的算法和规则对生产过程中的各个因素及相互作用的关系进行赋值，从而算出一个确定值的方法。若规则明确、算法合理，且无难以确定的因素，则此方法的精度较高，且不同类型评价间有一定的可比性。主要的定量分析方法有模糊综合评判法、层次分析法、蒙特卡罗模拟法、等风险图法、控制区间记忆模型法、神经网络法、主成分分析法等，隧道风险分析最常用的定量分析方法为层次分析法。

利用层次分析法进行风险整体评估的主要步骤如图 7-4 所示。

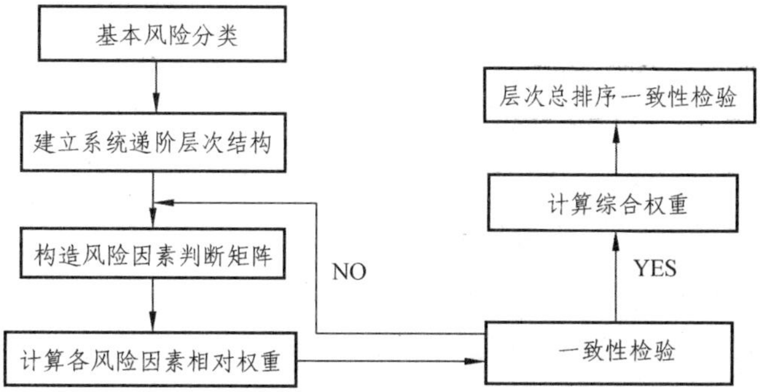

图 7-4　层次分析法确定风险权重流程图

小结：以上列举了风险分析的3类方法，各类风险分析方法的适用范围不同。我们在具体的风险分析中应该采用哪种方法，主要根据最终目的、现有的资料情况以及研究对象性质来决定。目前，风险识别主要是用定性分析方法作出叙述性评价或列表描述，而定量分析方法用得较少。但依靠定性分析方法在识别风险时，分析者基本上依靠人的主观判断，而工程风险分析是个主观、客观结论相结合的过程，这样势必造成某些过程中潜在风险因素评价很难用定量数字来描述。由于隧道工程风险分析处于刚刚起步阶段，很多数据资料缺乏，而本文所研究对象——油气区高瓦斯隧道是一个复杂的系统，影响其施工安全的风险因素众多，我们没有时间也没有必要对每个风险因素进行分析。只需找出主要风险因素，以便于在具体施工过程中有目的地进行控制。本文我们采用专家调查法与层次分析法相结合来识别油气型高瓦斯隧道施工中的风险因子，将影响油气型高瓦斯隧道施工的各类风险因素条理化、层次化，建立多层递阶的关系模型。再通过计算求得各因素相对重要性权值，进而得到整个系统的风险因素影响程度排序。其中既包含定性分析，又有定量结果，为决策者提供了一个全面了解项目全过程风险情况的机会，使其决策更为科学、合理。

7.4 油气型高瓦斯隧道施工基本风险的构成分析

油气型高瓦斯隧道施工风险分析是个极其复杂的系统工程，按风险的相互关系分解成若干个子系统，使人们较为容易地识别出在施工阶段的主要风险，使风险分析更准确、完整和系统化。本文研究的基本风险因素主要考虑对施工安全有直接影响的风险事件，不考虑因国家政策变化、物价变化、投标合同的不合理性等非直接的施工风险因素。根据油气型高瓦斯隧道施工特点，参考以往铁路瓦斯隧道以及煤矿工程风险分析的资料及数据，结合专家问询等方法，从通风、防火、施工、瓦斯浓度等风险因素考虑施工的风险。各项基本风险的发生机理、影响因素及其后果归纳如下：

7.4.1　施工通风风险

高瓦斯隧道施工过程中，对隧道的通风要求高，因此隧道的通风应该作为瓦斯隧道施工中的首要风险因素。

（1）停电：隧道施工现场电线、管道线路极其复杂，操作不慎极易引起线路的短路及断路；雷雨天气施工时，雷电也可导致施工线路的断电。这些恶劣情况一旦发生容易导致供电系统切断电路，瓦斯通风机械停电造成风机停转或供风不足。

（2）采用机械通风时机械出现故障：瓦斯隧道施工应区分瓦斯工区与非瓦斯工区，各工区应设置独立的通风设备。

但实际在施工现场中，施工单位盲目追求经济效益，节约成本开支，在瓦斯隧道的各工区施工进展中没有设置独立的通风系统。或者瓦斯隧道施工通风设计计算选配通风机械设备时没有考虑设备出现故障情况，对通风机械设备、通风管路没有做到经常性维护保养和检查，以及没有配备足够的备用风机，或备用风机通风能力低下、启动慢等原因常常导致通风系统供风能力得不到保障。

（3）通风管破损、没有阻燃和抗静电的性能。瓦斯隧道施工时没有选用防爆型风机，风管达不到阻燃型风管的要求，不具备防静电性能，风机布设时距离洞口太近，通风管路的漏风量太大，隧道通风管接头不密封，施工通风系统或通风设施等出现异常，如通风风筒脱节或破坏等。

那些被损坏的风管若没有及时折换、补修，将导致施工通风系统工作不正常，影响正常的通风效果。

（4）积聚的瓦斯没有完全消除。瓦斯隧道施工时常常因为通风供电线路的破损或者设备故障造成洞内瓦斯积聚与超限。一些施工单位没有配备发电机及备用供电系统，以致在特殊情况时因停电或供电线路故障时造成洞内瓦斯积聚或超限。隧道内因停电或设备故障恢复正常通风后，对隧道上部、坍塌洞穴、避车洞等通风不良、瓦斯易积聚的地点没有进行瓦斯浓度检测或虽检测浓度超标，仍盲目进行施工而不采取局部充分通风处理措施。这些原因易导致瓦斯积聚达到爆炸浓度。

7.4.2 施工段风险

1. 超前钻孔探测不准确

在油气型高瓦斯隧道施工过程中，应加强地质预测及瓦斯监测及超前钻孔预测。若隧道围岩条件不好，钻孔打不进，或者钻孔深度不够或钻孔布置不合理，会使得隧道工作面前方没有处于钻孔的卸压范围内，超出了设计瓦斯排放半径。如遇地质岩性明显变黑，或随着向前掘进瓦斯浓度升高梯度变大时应加强超前钻孔探测。但是在围岩的强度和渗透性能发生改变的地质构造带中，若不及时改变钻孔布置的参数，就不可能防止突出事故的发生。另外，由于超前钻孔孔数不足，超前距离不够，或是因地质条件变化未能及时修改设计与钻孔施工，就有可能发生突出。

2. 瓦斯排放不及时

若建设者对高瓦斯区域在掘进、回采前，没有充分收集瓦斯地质资料，就不能科学地预测瓦斯涌出量。在打超前钻孔时，也有发生突出的可能，即使小直径钻孔也不例外，若在此过程中，没有时时注意突出预兆的观测，在该停钻的时候没有停，将酿成大的安全事故。钻孔施工时，没有根据煤层的不同特点而采取相应的排放方法，某些施工单位考虑经济利益而缩短钻孔超前距离，这将影响钻孔有效排放时间，影响瓦斯排放质量。

3. 施工风险

施工风险因素很多，归纳如下：测量人员在洞内使用全站仪、断面仪等电子仪器测量时，因更换仪器电池而产生火花。钻爆开挖不满足瓦斯工区施工安全的要求，包括钻孔时采用电钻钻孔，或者干式钻孔；钻爆作业没有按钻爆设计指定的位置、角度、深度进行钻眼；在钻孔过程中，出现顶钻、夹钻、喷孔等动力现象时，没有停止钻进，撤出人员，加强通风，而是继续钻进时，这往往是瓦斯突出的征兆；爆破材料采用的是非煤矿许用材料；爆破作业开始时，没有对爆破点附近洒水降尘，爆破点附近瓦斯检测浓度过高；没有坚持“弱爆破、短进尺、强支护、早封闭、勤量测”的原则；掌子面并经凿顶后，未进行通风稀释瓦斯再进行初喷；装渣前未用高压水冲洗岩壁将渣体淋湿，以致出渣时极易产生火花；未及时进行气密性喷射混凝土支护，及时封闭瓦斯；洞内瓦斯浓度过高时，仍进行钢筋网作业；防水板铺设不严密等等。这些均是在施工过程中极易产生瓦斯爆炸的根源。

4. 施工中没有勤检测，该发现的情况没有发现

加强对洞内死角，尤其是隧道上部、坍塌洞穴、避人（车）洞等各个凹陷处通风不良、瓦斯易积聚的地点，严格进行浓度检测。瓦斯隧道施工单位没有制订并实施相应的瓦斯检测等制度（如一炮三检制、3 人联锁爆破制），或者瓦斯检测员数量不够，或非专职人员，不实行“三班制”24 h 不间断巡查检测，检测间隔时间太长，隧道内瓦斯检测部位不正确，该检测的地方没有检测，这些都是致险因素。隧道施工单位若没有配置高浓度瓦斯检测仪和瓦斯自动检测报警断电装置，瓦斯检测仪器、装置若使用时间过长，而不经常性检查和校准，这些因素将导致瓦斯检测工作人员的失误。

7.4.3　隧道内瓦斯浓度限值及超值处理风险

瓦斯爆炸是由 3 个方面的因素促成的，即瓦斯积聚、引爆火源和管理工作不善、某些人员的失职。前 2 个因素是瓦斯爆炸的基本条件，瓦斯爆炸大多是因后一个因素的存在而形成的。大量事实充分表明，多数瓦斯爆炸事故是因某些人，尤其是负责特殊工作的人员（如瓦斯检查工、放炮工、电钳工及班组长等）不能尽职尽责、麻痹大意，甚至违章违纪造成的。

如因停电、通风机械设备故障等因素造成的通风系统停止运行，在恢复正常通风后，没有对隧道上部、坍塌洞穴、避车洞等通风不良、瓦斯易积聚的地点进行瓦斯检测，或瓦斯检测浓度过高，未进行局部充分通风处理，因赶进度仍进行施工。瓦斯工区管理层缺乏健全的瓦斯检查、审查签字制度、没有配备足够的瓦斯检测仪器、掘进工作面和其他工作地点瓦斯超限作业、未严格执行装药前、放炮前、放炮后瓦斯检查制度、安全监控系统缺少瓦斯断电仪、风电瓦斯闭锁装置等功能。

7.4.4　施工防火风险

瓦斯的防治主要是消除瓦斯超限和积存，断绝一切可能引起瓦斯爆炸的火源。

1. 没有配备消防设施

瓦斯隧道施工时，施工单位必须制订具体的防火措施。施工现场，一些施工单位往往没有配备必要的急救设施、抢救设备及经过专业训练的人员。对专用供电线、专用变压器、专用开关、瓦斯浓度超限与供电的闭锁情况不经常性地进行检查。供电线路接头连接不牢固、松散，缺乏漏电保护及接地装置，电缆随意悬挂，缺少必要的防护装置等。

2. 隧道存放易燃物品

在含有瓦斯地层的隧道中施工时，常常看见隧道内存放或丢弃某些工业用油，或使用过的棉纱、布头等易燃物品，这些废弃品极易引燃火源，造成瓦斯爆炸。

洞内施工机具没有采用防爆型；电灯照明不符合安全规定；灯头、开关、灯泡等照明器材不是采用防爆型；开关随意设置，没有设在送风口或洞口。洞内装设及检修各种电气设备时，事先没有切断电源；电缆互接和分路时在洞内进行焊接和绝缘包扎并热补；在洞内电缆上临时接装电灯或其他设备。这些都是导致事故的危险源。

3. 隧道内装卸钢铁物件时发生碰撞

瓦斯隧道开挖时，采用干式凿岩，而不是采用湿式凿岩；开挖的金属锤头与石块碰撞产生火花；装渣使用金属器具时，用力过猛地碰击石渣，或铲前没有将石渣浇湿。瓦斯隧道洞内施工机械极易摩擦产生火花或机械摩擦、冲击热源，若不采取相应监测措施，一样可引起瓦斯爆炸隐患。

4. 进入隧道人员携带易燃物

国家规定，凡从事瓦斯隧道工作的干部、工人都必须进行瓦斯的安全技术培训，并经考试合格后发给安全工作合格证。

若瓦斯隧道的特别作业人员，没有取得合格证而上岗；施工人员不具备防治瓦斯爆炸方面的安全知识；没有进行有关防治瓦斯劳动保护安全常识的学习，加上隧道洞口值班员玩忽职守，没有认真检查进洞人员的情况，进洞人员稍微不慎就容易将火柴、打火机、手电筒及其他可自燃的物品带入洞内。瓦斯工区应禁止作业人员穿化纤衣服；不允许工作人员使用油灯、电石灯、汽灯等有火焰的灯火照明；进入隧道的施工机械及电气设备应具有防爆或隔爆性能。

7.5　高瓦斯隧道风险估计研究

瓦斯隧道施工风险识别针对施工阶段存在哪些基本风险进行了识别分类及其权重计算，但风险因素发生有多大可能性以及产生的后果等问题还有待做进一步的分析估计。因此，在对龙泉山一号隧道施工风险评价之前进行风险估计是十分必要的。

7.5.1　油气型高瓦斯隧道施工风险估计概述

1. 工程项目风险估计的内涵

项目风险估计（Risk Measurement）是对工程项目各个阶段的风险事件发生可能性的大小、可能出现的后果、可能发生的时间和影响范围的大小等的估计。

2. 工程项目风险估计过程

工程项目风险估计过程如图 7-5 所示。

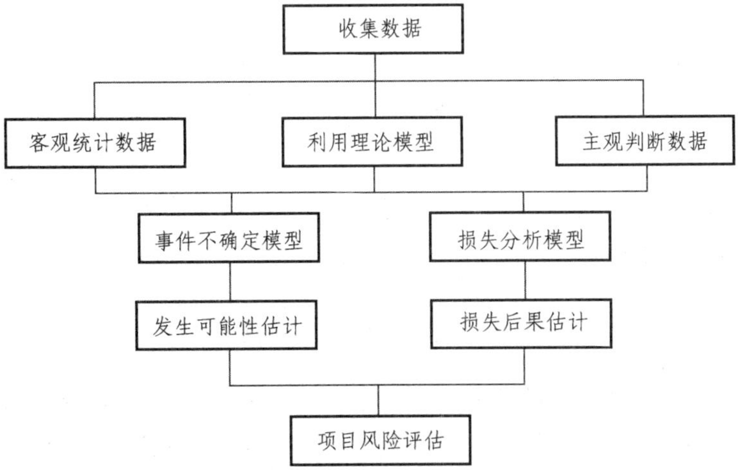

图 7-5　工程项目风险估计过程

3. 瓦斯隧道施工风险估计内容

（1）风险事件发生可能性的估计：瓦斯隧道风险估计的首要任务是分析和估计风险事件发生的概率，即风险事件发生可能性的大小。这是瓦斯隧道风险估计中最重要、最困难的一项工作。

（2）风险事件后果严重程度的估计：瓦斯隧道风险估计的第二项任务是分析和估计风险事件发生后其后果严重程度，即风险事件可能带来的损失大小。在项目实施的过程中，经常会遇到这样的情况：风险事件发生的概率不一定很大，但如果它一旦发生，其后果是十分严重的。工程项目损失的标的主要有：进度（工期）拖延；费用超计划；质量事故或技术性能指标严重达不到要求；安全事故。

4. 风险概率、损失估计方法

一般而言，风险事件的发生概率或概率分布应由历史资料和数据来确定，即所谓的客观概率；但当人们没有足够的历史资料和数据来确定风险事件的发生概率或概率分布时，可以利用理论概率分布或主观概率进行风险估计。损失估计方法有：

（1）统计分析类比法。

把过去所发生的类似油气型高瓦斯隧道的风险事件的损失情况进行统计，然后对项目目前及将来所处环境和条件进行分析，与以前所发生的风险事件进行对照，找出与工程项目环境和条件相同或相似的以往风险事件，对该风险事件的损失修正，将修正后的结果作为对风险事件后果的估计。

（2）主观估计法。

主观估计法包括德尔菲法、专家咨询法等，对风险事件发生的损失大小进行专家主观估计。

7.5.2 油气型高瓦斯隧道施工风险估计方法

对于油气型高瓦斯隧道施工风险分析，国内外相关研究极少，既无大量的实验数据，又无足够的历史资料供参考。只能从以往特征相似的隧道工程施工风险分析中，找出曾经发生的安全事件，结合油气型高瓦斯隧道工程的水文、工程地质条件等环境因素，采用专家咨询方法，分析和估计风险因素的发生概率以及所产生的后果。

但由于估计的主观性，项目风险管理者或风险专家对项目风险概率很难给出精确的大小，而只能给出模糊的大小。如预测风险发生概率，常用可能性很大、可能性不大或很少可能；预测风险事件后果时，也常用灾难性的、非常严重的、严重的、一般的等语言变量来加以区别，只能用定性的概念来评价，确切地说，用“模糊概念”来判断。现有的绝大多数风险分析模型采用都是数字化的定量技术，而与风险分析相关的大部分信息却很难用数字表示，但易于用文字来描述，这种性质最适于用模糊数学模型来研究。由于隧道工程风险的度量具有模糊性，因此引入模糊理论来估计油气田区瓦斯隧道施工风险。

7.5.3　风险模糊估计过程

1. 确定专家权重

为获得专家对各风险因素概率隶属度的评价意见，根据专家的年龄、资历、经验等，将专家大致分为 3 类。具体专家分类见表 7-3，然后发放调查问卷，最后采用加权平均法对所得数据进行处理，确定风险概率隶属度。

表 7-3　专家分类

级别	一类	二类	三类
专家分级说明	1. 隧道工程领域元老级专家； 2. 安全课题组专家； 3. 施工单位项目经理； 4. 设计负责人	1. 高级职称监理人员； 2. 高级职称科研人员； 3. 高级职称设计人员	1. 中级职称监理人员； 2. 中级职称科研人员； 3. 中级职称施工人员、中级职称设计人员
专家权重（γ）	1.0	0.8	0.5
人数	4	2	4

2. 风险概率分级

根据国际通用风险发生概率定性定级方法，结合龙泉山一号隧道工程实际情况，结合征求部分专家意见，将风险发生概率 P 分为 5 级，见表 7-4。

表 7-4　风险概率分级

等级	A	B	C	D	E
事故描述	不可能	很少发生	偶尔发生	可能发生	频繁
区间概率	$P<0.03\%$	$0.03\% \leqslant P<0.3\%$	$0.3\% \leqslant P<3\%$	$3\% \leqslant P<30\%$	$30\% \leqslant P$

3. 专家模糊估计

第 i 个专家对第 j 个风险事件因素 5 个发生概率等级隶属度作出评价，可用下式表示：

$$P_{ij}=\frac{\mu_{PAij}}{A}+\frac{\mu_{PBij}}{B}+\frac{\mu_{PCij}}{C}+\frac{\mu_{PDij}}{D}+\frac{\mu_{PEij}}{E}$$

其中：$\sum_{K=A}^{E}\mu_{PKij}=1$。

4. 基本风险因素发生概率隶属度

对 n 个专家对某基本风险事件 j 的概率隶属度进行加权平均，则得基本风险事件 j 发生概率的模糊集：

$$P_{j}=\frac{\mu_{PAj}}{A}+\frac{\mu_{PBj}}{B}+\frac{\mu_{PCj}}{C}+\frac{\mu_{PDj}}{C}+\frac{\mu_{PEj}}{E}$$

其中，$\mu_{PKj}=\dfrac{\sum_{i=1}^{n}\gamma_i\mu_{PKij}}{\sum_{i=1}^{n}\gamma_i}$（$k=A$，$B$，$C$，$D$，$E$；$n$ 代表专家人数）。

5. 风险损失模糊估计

瓦斯隧道项目风险损失估计是风险估计的一个重要方面，其估计的精度直接影响到项目决策或项目风险应对措施的选择。主要包括 4 个方面的损失：工期拖延、费用超计划、质量事故或技术性能不达标、安全事故。这 4 类损失分属不同性质，如超支用货币衡量，而进度则属时间的范畴，质量事故和安全事故既涉及经济，又可导致工期的延误，显得更加复杂。在风险管理中，质量和安全的影响问题常可归结为费用和进度的问题。在某些场合还可进一步将工程项目的进度问题归结为费用的问题去分析处理。

根据国际通用风险后果定性定级方法，将风险损失 C 分为 5 级（见表 7-5），然后依据专家权重，进行专家模糊估计。

表 7-5　风险损失分级

级别	后果描述	定　　义
1	可忽略的	事故基本不导致结构设备的损坏、工期延误，无人身伤害
2	较轻	次要结构、次要设备或环境轻微破坏，工期延误不超过 2 天，无人身伤害
3	严重	次要结构、次要设备或环境破坏，工期延误 1 周，轻度人身伤害
4	重大	主要结构、主要设备或环境破坏，工期延误 1～2 周，重度人身伤害
5	灾难性	结构毁坏、设备损坏或严重环境破坏，工期延误超过两周，人员死亡

小结：首先对油气型高瓦斯隧道施工风险估计的内容和方法进行了概述。鉴于隧道工程风险的度量具有模糊性，引入模糊理论来评估油气型高瓦斯隧道施工风险。采用调查问卷的方式，得出了龙泉山一号隧道施工风险因素的概率及损失估计结果。应用模糊数学方法，从模糊的角度对定性问题进行了定量化处理。

7.6　高瓦斯隧道风险评价设计

工程项目风险估计仅对风险事件发生的概率和引起的损失进行了讨论，而没有涉及各风险事件的共同作用，也没有去考虑风险事件的发生概率和引起损失的综合结果，更没有去研究这些风险对项目实施的影响和工程项目主体能否接受这些风险等问题。本节的重点讨论风险事件作用下工程项目整体风险的分析评价。

7.6.1 高瓦斯隧道风险评价理论

油气型高瓦斯隧道施工风险评价就是对多种因素所影响的施工风险进行总的评价。鉴于隧道工程风险评价问题层次结构具有复杂性、不确定性、人类思维模糊性、信息的不充分性等特点，人们很难客观地作出评价和决策。大量实践表明，风险评价结果是否准确与可靠取决于风险影响因子选取、因素权重分配和评价模型的选择等是否合理。根据龙泉山一号隧道施工的特点，采用多级模糊综合评价模型来确定低层次风险因素风险评价指标，从而确定高层次风险因素及整体风险水平等级。

7.6.1.1 模糊综合评价法的思路

模糊综合评价法最早由我国学者汪培庄提出。作为模糊数学在实际工作中的一种重要的应用方式，该方法以模糊数学理论为基础，可满足多因素、多级的评价要求。因任何事物的差异之间存在着中间过渡的现象，导致人们对一些事物的边界概念含糊不清，这就是所谓的模糊性。评价就是按照指定的评价条件对评价对象的优劣进行评比、判断。综合评价就是对受到多个因素影响的评价对象作出全面的评价。

模糊综合评价法的基本思路是：充分利用在油气型高瓦斯隧道工程项目风险管理中收集到的各种信息，以及风险管理人员以往积累的经验，首先把风险按单项指标进行评价，即单因素评判，并根据风险大小，将其排序；在单因素评价的基础上，再进行多因素的模糊综合评价；然后制订风险管理应对措施。

7.6.1.2 模糊综合评价基本步骤

模糊综合评价主要分两步进行：首先按每个因素单独评价，然后再按所有因素综合评价。其基本方法和步骤介绍如下：

1. 建立因素集

因素集是影响评价对象的各种风险因素所组成的一个普通集合。通常用 U 表示，即

$$U=\{u_1,u_2,\cdots,u_m\}$$

式中，U 是因素集，$U_i(i=1,2,\cdots,m)$ 即代表各影响因素。这些因素通常都具有不同程度模糊性。每一层次的单因素评价是低一层次多因素决定的结果。

2. 建立风险因素权重集

一般来说，在因素集中，各风险因素的重要程度是不一样的。为了反映各因素的重要程度，对各个风险因素 $U_i(i=1,2,\cdots,m)$ 应赋予相应的权数 $W_i=(i=1,2,\cdots,m)$。由各权数所组成的集合：$W=\{w_1,w_2,\cdots,w_m\}$ 称为因素权重集，简称权重集。

3. 建立评价集

评价集是评价者对评价对象可能作出的各种总的评价结果所组成的集合。通常用大写字母 V 表示，即

$$V=\{v_1,v_2,\cdots,v_n\}$$

各元素 $v_i(i=1,2,\cdots,n\}$ 即代表各种可能的总评价结果所组成的集合。模糊综合评价的目的，就是在综合考虑所有风险因素的基础上，从评价集中得出一最佳的评价结果。评价结果是从 V 中得出一个最合理的风险等级。

4. 单因素模糊评判

单独从一个基本风险因素出发进行评价，以确定评价对象对评价集元素的隶属度，称为单因素模糊评价。

设评价对象对因素集 U 中第 i 个因素 U 进行评价，对评价集 V 中第 j 个元素 V 的隶属度为 r，则按第 i 个因素 U 的评价结果，可用模糊集合表示为

$$R=\{r_{i1},r_{i2},\cdots,r_{in}\}$$

各基本因素评价集的隶属度为行组成的矩阵为 R，R 称为单因素评价矩阵。

5. 模糊综合评价

通过单因素的模糊评价，得到的是一个因素对评价对象的影响。若要综合考虑所有因素的影响，得出正确的结果，必须用到模糊综合评价。

若已给出评价矩阵 R，再考虑各因素重要程度，即给定隶属函数或权重集 W，则模糊综合评价模型为

$$B = WR$$

评价集 V 上的模糊子集，表示系统评价集诸因素的相对重要程度。权重集 W 可视为一行 m 列的模糊矩阵。按模糊矩阵乘法进行运算。

6. 多层次模糊综合评价

因素集 U 中的元素按某些属性分成几个下属层次，每一层次的单因素评价又是低一层次多因素综合作用的结果。同样，低一层次的多因素综合的结果又是更低层次的多因素综合的结果，如此构成了多层次的模糊综合评价。一般从低层次逐级向高层次进行。

7.6.2 评价结果

以模糊数学为基础发展起来的模糊综合评判方法，在工程风险领域得到越来越广泛的运用，因此本文详细研究了模糊综合评判方法。

根据 $R = P \times C$ 模型建立风险评估矩阵，综合考虑风险因素发生概率及损失对风险评价的影响，并通过加权平均法得到基本风险因素的风险等级，建立了龙泉山一号隧道施工风险多层次模糊综合评价数学模型，得出了总体施工风险等级。

龙泉山一号高瓦斯隧道施工的整体风险等级为四级，必须决策采取控制、预警等措施降低风险或转移风险。从评价结果可以看出，施工通风风险、施工风险、施工防火风险、隧道内瓦斯浓度限值及超值处理风险，等级较高，均为四级，必须决策采取措施进行规避或转移。而基本风险因素中，通风设施损坏；在钻孔过程中，出现顶钻、夹钻、喷孔等动力现象时，继续钻孔；管理工作不善、技术人员失职；隧道洞口值班员玩忽职守 4 个风险因素等级为五级，需特别引起注意，并采取有力措施降低或转移风险。

7.7　高瓦斯隧道风险控制

通过龙泉山一号隧道工程项目风险的识别、估计、评价，对本项目存在的种种风险和潜在损失等方面有了一定的把握。风险分析的最终目的是选择行之有效的策略，并寻求既符合实际，又会有明显效果的控制风险的具体措施，力图使风险转化为机会或使风险所造成的负面效应降低到最低的限度。

7.7.1　制订风险控制的基本要求

风险控制技术的选择因项目特征而异。针对龙泉山一号隧道工程风险发生概率大、后果损失严重的特征，施工前应对风险事故发生时各种可能出现的情况做好应急预案，同时根据现场实际情况采取有针对性的预防措施，这样才能保证施工顺利进行。制订风险控制措施的基本要求是：

（1）风险控制措施应与组织的施工经验和能力相适应。

（2）对不可承受风险，必须迅速制订风险控制措施计划以降低风险，使其达到可承受程度。

（3）对于已识别出的需通过变更项目方案来消除或控制的不可承受风险，应考虑通过诸如保险等手段进行风险转移。

（4）对可承受风险，需保持相应的风险控制措施，并要进行不断监控，以防其风险变大至不可承受的范围。

（5）即使所采取的风险控制措施已经涵盖了所考虑施工风险，在实施时，还要考虑这些风险控制措施的实际控制程度。

7.7.2　风险控制技术措施

在龙泉山一号隧道施工中，施工通风风险、施工风险、施工防火风险、隧道内瓦斯浓度限值及超值处理风险，这四大风险不仅发生概率最高，且造成损失值也最大，是高瓦斯隧道施工的重点控制对象。为降低油气型高瓦斯隧道施工期风险，保证工程的顺利完工，重点从以下方面进行风险防范，并制订了相应的控制方案：

1. 施工通风风险

为了确保隧道安全施工，防止瓦斯燃烧与爆炸，以及防止有害气体的危害，瓦斯隧道通风是安全施工的有力保证。特别是油气型高瓦斯隧道的通风技术水平，将直接影响隧道独头掘进的速度与施工工期，充分显示了瓦斯隧道通风工作的重要性。

（1）有瓦斯的坑道，决不允许用自然通风，必须采取机械通风。施工期间必须不间断通风，其通风量应能保证最小风速及瓦斯隧道施工所需最大风量。

（2）为了保证通风效果，使掘进工作面的有害有毒气体尽快排离工作面，风筒距工作面应保持在 10 m 以内，为了避免洞口风机吸进洞内排出的污风，风机应设在洞口侧 5 ~ 10 m 以外，以免造成循环风，影响通风质量与效果。

（3）瓦斯隧道各工区，设独立的通风系统。施工期间应保持连续通风。当通风机发生故障或停止运行时，洞内工作人员应立即撤离到新鲜空气地区，直至通风恢复正常，才允许进入工作面继续工作。使用局部扇风机进行通风的掘进工作面，无论工作或交接班时，必须撤出人员，切断电源。在恢复通风前，必须检查瓦斯，局部扇风机及其开关地点附近 10 m 以内风流中瓦斯浓度不超过 0.5%时，方可人工开动风机。

（4）高瓦斯隧道的通风装置应有两套独立的通风机和各自独立的电动机，一旦工作中的通风机发生故障时，备用机械能立即供风。主风机应能反转，在 10 min 内可改变风流方向，且反向风量不小于正常风量的 60%。备用风机保持良好的使用状态，在 10 min 内能启动供风。风管须采用阻燃抗静电风筒，通风设备必须防止其漏风。所有掘进工作面的局部扇风机都应装设三专（专用变压器、专用开关、专用线路），一闭锁（风、电）设施，保证局部扇风机可靠运转。

（5）依据以往瓦斯隧道施工经验，隧道洞口的主风机管理问题不大，能够实现 24 h 连续供风，隧道内无大面积瓦斯浓度超限现象。但隧道拱部坍腔、二衬台车、加宽地带以及拱顶等易产生瓦斯聚集现象，这些部位的局部通风仍是薄弱环节，需要加强监控。凡洞内风流不畅易积聚瓦斯处（如大型固定设备下风侧），应布置小型局扇，一旦瓦斯超标立即启动。消除隧道内积聚瓦斯，可采用射流风管、气动式局扇、引射器及各种分支通风法等。

（6）隧道通风管应具有阻燃和抗静电的性能。局部风机和风筒保持成一直线，确保风筒悬挂顺直，高低要平，被损坏的风管应及时更换、补修。

（7）通风效果的好坏，通风系统设计是前提，管理是关键，确保 100 m 漏风率低于 1.5%是一个至关重要的指标。为保持良好的通风效果，必须加强管理，建立专门的通风组织，负责通风设备、通风管道的日常使用、检查、维修保养等工作，以及协调有关部门做好通风效果的检测、试验与记录等。

2. 施工风险

超前钻孔探测进入隧道前 10 m 要进行超前钻孔预测。如遇地质岩性明显变黑或随着掘进瓦斯浓度呈高梯度变大时应加强超前钻孔探测。钻孔长度要求在 15 m 以上，最小超前距离不得小于 5 m，钻孔的数量与布置应保证钻孔间距不超过钻孔有效排放半径的 2 倍。应经常检查超前钻孔措施的执行情况，不断根据变化了的地质条件，及时测定钻孔的有效半径，校正钻孔布置的参数。在打超前钻孔的过程中要随时注意突出预兆的观测，必要时停钻，甚至撤离人员。为了避免在打钻时发生突出造成人身事故，可先将工作面两帮和迎面均用木板背严，然后再开钻，这样一方面可避免煤壁坍塌造成跨孔，另一方面在地压剧烈活动时，便于观察声响，以及时撤离人员。

3. 隧道内瓦斯浓度限值及超值处理风险

隧道中瓦斯涌出浓度的大小是危险程度的标志，施工中必须将瓦斯浓度控制在安全的限值以内。隧道施工控制瓦斯限值及超限处理措施见表 7-6。

表 7-6　隧道施工控制瓦斯限值及超限处理措施

序号	地点	限值	超限处理措施
1	低瓦斯工区任意处	0.5%	超限处 20 m 范围内立即停工，查明原因，加强通风监控
2	局部瓦斯积聚（体积大于 0.5 m^3）	2.0%	超限处 20 m 停工、断电、撤人进行处理，加强通风
3	开挖工作面风流中	1.0%	停止电钻钻孔
		1.5%	超限处停工、撤人、断线、查明原因、加强通风等
4	工作面回风流中	1.0%	停工、撤人、处理
5	放炮地点附近 20 m 风流中	1.0%	严禁装药放炮
6	局扇及电气开关 10 m 范围内	0.5%	停机、通风、处理
7	电动机及开关附近 20 m 范围内	1.5%	停止运作，撤出人员、断电、进行处理
8	竣工后洞内任何处	0.5%	查明渗漏点，进行整治

高瓦斯隧道施工时，项目经理部必须配置足够数量的监测、检测、警报、自救、防爆、消防设施、设备和工具。保证备用风机、发电机的完好性，必须满足隧道 24 h 不间断供风的需求。还必须建立下列安全管理制度：安全教育、检查、奖惩制度；瓦斯隧道通风管理制度（含通风设施设备管理、局部通风管理、通风设计、审批、管理等）；瓦斯排放管理制度；瓦斯检测、监控、报告制度（瓦斯隧道施工单位应于每天将监测结果报公司安质部）；紧急救援与抢险制度（含紧急救援预案的编制、培训、演练，紧急抢险队伍的人员配置、职责分工、响应机制；紧急救援物资的储备等）；瓦斯隧道用各种仪器、设备、设施等的检查维修检定制度。

4. 施工防火风险

（1）瓦斯隧道施工必须制订具体的防火措施及配备必要的消防设施。

① 瓦斯工区内必须设置消防管路系统，每隔 100 m 设置一个阀门（消火栓）。

② 瓦斯作业区内应设置灭火器及消防设施，经常保持良好状态。

③ 瓦斯工区必须在洞外设置消防水池和消防用砂，池中应经常保持不小于 200 m^3 储水量，并保持一定的水压。

（2）进入瓦斯隧道人员须接受洞口值班员检查，严禁将火柴、打火机及其他易燃品带入隧道内，严禁穿化纤衣服进入含瓦斯工区。进入瓦斯突出工区的作业人员必须携带个人自救器。洞口、洞口房、通风机房附近 20 m 范围内不得有火源。

（3）易燃品管理。

① 瓦斯工区内不得存放各种油类，废油应及时运出洞外，不得洒在洞内。

② 瓦斯工区内待用和使用过的棉纱、布头和纸张等，必须存放在密闭的铁桶内，并由专人送到洞外处理。

（4）灯头开关、灯泡等照明器材必须采用防爆型；在洞内装设、检修电气设备必须先切断电源；使用矿灯照明时，电池不得漏液，电线不得破损，灯头不得松动，严禁拆卸、敲打；洞内机具设备，如电瓶车、装碴机、通风机等，必须采用防爆型。

小结：对风险评价结果，针对龙泉山一号隧道工程风险发生概率大、后果损失严重的特征，对风险识别阶段确定的重点风险事件，有针对性地研究制订了油气型高瓦斯隧道施工风险控制措施。无论是业主还是施工方都要注重施工管理，高度重视隧道施工中的风险问题，不断提高职工的从业素质和风险意识，恪守工程操作规程，严防瓦斯事故的发生。

参考文献

[1] 赵勇，田四明. 截至 2018 年底中国铁路隧道情况统计[J]. 隧道建设（中英文），2019，39（2）：324-335.

[2] 闫光明. 炮台山隧道施工中的瓦斯治理[J]. 铁道建筑技术，1995（4）：21-24.

[3] 姚海波，高峰，张文选，孟庆明，罗世刚. 特长油气田区高瓦斯隧道地质构造与瓦斯精准探测方法研究[J]. 高速铁路技术，2020，11（3）：1-6.

[4] 苏培东，廖军兆，王奇，文黎. 四川盆地龙泉山含油气构造浅层天然气对隧道工程危害研究[J]. 工程地质学报，2014，22（6）：1287-1293.

[5] 常兴旺，王光能，刘云鹏. 老石山隧道瓦斯特征及分区预测研究[J]. 铁道工程学报，2013，30（4）：79-85.

[6] 岳志勤，丁浩江，苏培东，孙意. 成贵铁路川南、川西南浅层天然气勘察[J]. 铁道工程学报，2015，32（3）：1-5.

[7] 王威，徐国盛，崔建伟，廖义沙. 川西坳陷洛带气田沙溪庙组天然气成藏规律[J]. 油气地质与采收率，2007（5）：39-41 + 113.

[8] Wheeler S J，Sills G C，et al. Influence of shallow gas on the geotechnical properties of fine-grained sediments[J]. Underwater Technology，1991，17（3）：11-16.

[9] 李枝文. 油气型高瓦斯隧道瓦斯突涌超前地质预报方法[J]. 建筑安全，2020，35（8）：17-20.

[10] 姚海波，高峰，张文选，孟庆明，罗世刚. 特长油气田区高瓦斯隧道地质构造与瓦斯精准探测方法研究[J]. 高速铁路技术，2020，11（3）：1-6.

[11] 李霄凯，童正洪. 高速铁路隧道地质雷达法检测技术[J]. 铁道标准设计，2012（2）：88-91 + 106.

[12] ALIMORADL A，MORAZADEH A，NADERI R，et al. Prediction of geological haZardouszones in front of a tunnel face using TSP-203 and artificial neural networks[J]. Tunnellingand Underground Space Technology，2008，23（6）：711-717.

[13] GALLARDO LA，MEJU M A. Characterization of heterogeneous near-surface materials byjoint 2D inversion of de resistivity and seismic data[J]. Geophysical Research Letters，2003，30（13）：1658-1661.

[14] PERELLO P. Estimate of the Reliability in Geological Forecasts for Tunnels：Toward aStructured Approach[J]. Rock Mechanics and Rock Engineering，2011，44（6）：671-694.

[15] 刘鑫. Q 补偿方法及其在地震资料处理中的应用[D]. 成都：成都理工大学，2007.

[16] 舒森. 如何提高 TSP203 系统在应用中的准确性[J]. 物探与化探，2011，35（5）：710-714.

[17] 林义，刘争平，王朝令，等. TSP 断层模型数值模拟[J]. 吉林大学学报（地球科学版），2015，45（6）：1870-1878.

[18] 刘阳飞，李天斌，孟陆波，贾金晓，曹海洋. 提高 TSP 预报准确率及资料快速分析方法研究[J]. 水文地质工程地质，2016，43（2）：159-166.

[19] 付代光，周黎明，肖国强，王法刚. 滤波频带对 TSP 预报结果影响分析[J]. 岩土力学，2018，39（S2）：315-325.

[20] CAI J，MECHAN G A. Ray-based synthesis of bistatic ground-penetrating radar profile[J]. Geophysics，1995，60：87-96.

[21] CARCIONE J M. Ground-penetrating radar：Wave theory and numerical simulation in lossyanisotropic media[J]. Geophysics，1996，61（6）：1664-1677.

[22] GIANNALIS I，GIANNOPOULOUS A，WARRM C. A machine learning approach forsimulating ground penetrating radar[C]//2018 17th International Conference on GroundPenetrating Radar（GPR）.

[23] 许新刚，李党民，周杰，地质雷达探测中干扰波的识别及处理对策[J]. 工程地球物理学报，2006（2）：114-118.

[24] 李术才，薛翊国，张庆松，等. 高风险岩溶地区隧道施工地质灾害综合预报预警关键技术研究[J]. 岩石力学与工程学报，2008（7）：1297-1307.

[25] 凌瑶，李天斌，孟陆波，等. 汶川震后杨家山隧道断层塌方成因及其地质雷达预报研究[J]. 现代隧道技术，2011，48（6）：11-16.

[26] 聂莉萍，侯俊敏，毛梦芸，等. 基于探地雷达的巷道超前地质预报二维正演模拟[J]. 矿业研究与开发，2016，36（6）：104-107.

[27] 张胜，李宁羽，黎永索，等. 隧道掌子面前方空洞的正演模拟与模型试验研究[J]. 四川建材，2019，45（8）：64-66.

[28] 时永阡，王连俊，白明州. 超前地质预报管理信息系统[J]. 勘察科学技术，2003（6）：12-15.

[29] 郭福安，许兆义. 复杂地质条件下隧道施工超前预报信息化系统研究[J]. 西部探矿工程，2003，15（9）：84-86.

[30] 李晓虹，汪平，李苍松. 动态设计地质信息系统软件开发[J]. 重庆师范大学学报（自然科学版），2004（4）：23-26.

[31] 周建晖，朱合华，刘学增. 公路隧道辅助设计软件的新思路研究[J]. 岩土工程技术，2006（2）：71-73 + 76.

[32] 薛翊国，李术才，苏茂鑫，等. 隧道施工期超前地质预报实施方法研究[J]. 岩土力学，2011，32（8）：2416-2422.

[33] 刘宗辉. 隧道地质综合超前预报辅助决策系统若干关键技术研究[D]. 南宁：广西大学，2017.

[34] 刘润华，李永志，王华，等. 铁路隧道超前地质预报信息管理系统研究[J]. 铁道勘察，2019，45（6）：73-78.

[35] 禚伟，谢文璐，熊波. 川藏铁路雅安-林芝段岩溶隧道钻爆施工技术研究[J]. 葛洲坝集团科技，2020（4）：13-167

[36] 张良飞. 综采工作面上隅角瓦斯综合治理技术应用[J]. 山西焦煤科技，2022，46（1）：38-40 + 46.

[37] 陈辉浩. 瓦斯隧道施工通风流场特征分析及参数优化研究[D]. 南宁：广西大学，2022.

[38] 张玉浩. 财神庙隧道施工技术研究[D]. 成都：西南交通大学，2009.

[39] 吴光松，肖昌，赵瑞桐. 瓦斯隧道施工防灾设计与监控方案[J]. 西部探矿工程，2019，31（1）：174-176.

[40] 先正平. 铁路客运专线非煤系瓦斯隧道施工技术与施工管理方案研究[D]. 成都：西南交通大学，2016.

[41] Kachurin A N，Afanasyev O A，Apete G L，et al. Aerogas dynamic regulations ventilation of construction tunnels [J]. Proceedings of the Tula States University-Sciences of Earth，2020（3）：230-243.

[42] 承伯仁. 保证独头巷道有效通风风流的诸参数[M]. 北京：煤炭工业出版社，1958.

[43] 白俊，雷建华. 大茶山高瓦斯隧道施工通风设计[J]. 铁道建筑，2013，（9）：39-41.

[44] 杨振. 特长隧道通风的需风量研究[D]. 重庆：重庆大学，2013.

[45] 王莉. 长大铁路隧道施工通风案例分析[D]. 兰州：兰州交通大学，2018.

[46] 何聪. 大丽攀铁路特长高瓦斯隧道施工通风方案研究[J]. 现代隧道技术，2019，56（S2）：478-484

[47] 闫肃. 采用平导超前和无轨运输方式的长大瓦斯隧道施工六阶段通风技术[J]. 现代隧道技术，2020，57（2）：80-85.

[48] 王闯，刘石磊，邵建霖，等，京张高铁正盘台隧道施工通风方案研究凹[J]. 铁道标准设计，2020，64（1）：153-158.

[49] 周健，邹逸伦，徐汪豪，等，米仓山公路隧道出口段施工通风方案设计[J]. 中外公路，2020，40（3）：199-204.

[50] 王永东，化思豪，何志伟，覃桢杰，王伟，刘东旭. 特长公路隧道横通道结合单风井混合式通风设计体系[J]. 交通运输工程学报，2020，20（6）：161-170.

[51] 宗志栓，王义翔，郭春，陈晨，杨航，邱泽刚. 重庆轨道交通十八号线歇台子站阶段性施工通风评价[J]. 现代隧道技术，2021，58（S1）：185-190.

[52] Phuong N L, Ito K. Experimental and numerical study of airflow pattern and particle dispersion in a vertical ventilation duct[J]. Building and Environment，2013，59（1）：466-481.

[53] Hargreaves D M，Lowndes I S. The computational modeling of the ventilation flows within a rapid development drivage[J]. Tunnelling and Underground Space Technology，2007，22（2）：150-160.

[54] Haas A, Weber A, Dorer V, et al. COMIS v3. 1 simulation environment for multizone air flow and pollutant transport modelling[J]. Energy and Buildings，2002，34（9）：873-882.

[55] 王恩元，梁栋，柏发松. 巷道瓦斯运移机理及运移过程的研究[J]. 山西矿业学院学报，1996（2）：24-29.

[56] 梁栋. 通风过程瓦斯运移规律和数值模拟[M]. 北京：煤炭工业出版社，1999.

[57] 罗周全，张朝波，鹿浩. 独头巷道掘进压入式通风流场特征数值分析[J]. 科技导报，2013，31（35）：44-47.

[58] 陈松. 机掘工作面控除尘下流场特征与粉尘分布规律的数值模拟[J]. 矿业安全与环保，2015，42（2）：24-27.

[59] 宋莹，朱萌，邓立军，等. 巷道边壁支护方式下风流场流速分布特征的 PIV 实验研究[J]. 金属矿山，2021（8）：203-207.

[60] 屈聪. 隧道施工过程中瓦斯扩散运移规律及预测预警研究[D]. 济南：山东大学，2020.

[61] 王闯，刘石磊，邵建霖，等. 京张高铁正盘台隧道施工通风方案研究[J]. 铁道标准设计，2020，64（1）：153-158.

[62] Colella F, Rein G, Borchiellini R, et al. Calculation and design of tunnel ventilation systems using a two-scale modelling approach[J]. Building and Environment, 2009, 44 (12): 2357-2367.

[63] Kayili S, Yozgatligil A, Eralp O C. Effect of ventilation and geometrical parameters of the burning object on the heat release rate in tunnel fires[J]. Combustion Science and Technology, 2012, 184(2): 165-177.

[64] Khawaja H. Validation of air ventilation in tunnels, using experiments and computational fluid dynamics[J]. The International Journal of Multiphysics, 2018, 12 (3): 295-311.

[65] Ahmadi M H, Hekmat M H. Numerical and experimental investigation of air flow behavior and H2S gas emission through an inclined traversed tunnel[J]. Journal of the Brazilian Society of Mechanical Sciences and Engineering. 2021. 43 (10): 1-15.

[66] 刘钊. 长隧道独头掘进施工通风数值模拟及通风系统优化设计[D]. 西安：西安理工大学，2012.

[67] 彭佩，方勇，周超月，等. 隧道施工压入式通风效果分析及参数优化研究[J]. 铁道标准设计. 2014，58（7）：102-106.

[68] 张恒，吴瑾，陈寿根，等. 风机布置方式对高瓦斯隧道施工通风效果的影响[J]. 安全与环境学报，2018，18（5）：1834-1841.

[69] 雷帅，方勇，刘静，等. 南大梁高速公路华蓥山隧道施工通风优化研究[J]. 现代隧道技术，2019，56（2）：194-200.

[70] 赵宁雨，吕陈伏，陈弘杨，等. 高海拔长大隧道压入式施工通风的合理长度研究[J]. 重庆交通大学学报（自然科学版），2020，39（3）：94-99 + 128.

[71] 王阅章. 基于正交试验的瓦斯隧道施工通风方案优化研究[J]. 公路，2021，66（12）：395-403.

[72] 周洋，赵宇，张志强，等. 隧道通风管道布置参数对瓦斯运移特性的影响[J]. 科学技术与工程，2021，21（29）：12718-12726.

[73] 王林峰，钟宜宏，李玲玉，等. 基于正交试验的瓦斯隧道压入式通风优化[J]. 现代隧道技术，2021，58（S1）：170-178.

[74] 陈研，王天雄，陶浩文，等. 曲线隧道射流风机通风效率优化研究[J]. 消防科学与技术，2021，40（7）：977-982.

[75] 卢毅，付帅，李论之. 矩形大断面水下隧道射流风机布设位置优化仿真[J]. 公路交通科技，2021，38（3）：81-86＋121.

[76] 刘辉，刘琳琳，邓加亮. 瓦斯隧道施工风险控制[J]. 北方交通，2013（5）：97-100.

[77] 冯波. 穿越煤系地层及采空区瓦斯隧道施工安全风险的控制研究进展[J]. 四川建筑，2013，33（3）：107-110.

[78] 谢衔光，林星，宋旭彪. 高瓦斯隧道工程施工风险综合控制技术[J]. 建设监理，2009（9）：83-85.

[79] 崔波，张睿. 谈公路瓦斯隧道施工风险的控制措施[J]. 工程建设与设计，2018（17）：273-275.

[80] 付宗运，李明亮. 煤系采空区地层的瓦斯隧道施工安全风险控制方法探讨[J]. 工程技术研究，2017（11）：182-183.

[81] Haibo Yao，Feng Gao，Shigang Yu，Wei Dang. Construction risks of Huaying mount tunnel and countermeasures[J]. Frontiers of Structural and Civil Engineering，2017，11（3）.

[82] KANG Xiao-bing，LUO Sheng，LI Qing-shan，XU Mo，LI Qiang. Developing a risk assessment system for gas tunnel disasters in China[J]. Journal of Mountain Science，2017，14（9）：1751-1762.

[83] 崔庆合，张毅新. 高速铁路瓦斯隧道施工关键技术及安全风险控制措施[J]. 施工技术，2018，47（S1）：860-864.

[84] 张雪金，方勇，彭佩，赵子成. 隧道施工开挖面瓦斯涌出及扩散规律研究[J]. 公路交通科技，2015，32（2）：119-126.

[85] 高杨，朱勇，曹磊，李济良. 铁路瓦斯隧道瓦斯设防结构体系的构建[J]. 高速铁路技术，2017，8（6）：62-67.

[86] 陈铁卫，赵舜，李固华，周静，曹波. 砂率对固定当量粉体体积机制砂自密实混凝土工作性能的影响[J]. 铁道建筑，2015（7）：134-137.

[87] 王巡. 瓦斯隧道预埋后注式注浆技术[J]. 科技创新与生产力，2017（7）：119-120.